스타트업, 드러커를 만나다

위대한 조직, 탁월한 경영을 찾는 가상 멘토링

| 일러두기 |

1. 책은 『 』, 논문·보고서는 「 」, 신문·잡지는 ≪ ≫, 영화나 TV 프로그램은 〈 〉을 사용하여 표기했습니다.

2. 외래어와 외국어는 외래어 표기법에 따라 표기했습니다.

Peter F. Drucker

위대한 조직, 탁월한 경영을 찾는 가상 멘토링

스타트업, 드러커를 만나다

• • •

평범한 조직은 경쟁하고 위대한 조직은 창조한다.
그것을 나누는 힘은 열매가 아니라 뿌리에 있다.

• • •

문정엽 지음

차례

추천의 글

정상적으로 기능하는 사회는 어떤 모습일까? 정치, 경제, 사회, 문화, 기술 등 다양한 영역에서 올바르게 균형 잡힌 상태가 아닐까? 행복한 세상의 시작은 여기에서 출발한다. 4차산업혁명이 이끄는 변화 또한 마찬가지다. 저성장과 양극화, 빈곤과 불평등의 극복이라는 과제 또한 여기에서 비롯된다. 기업가는 이러한 노력을 하는 경제주체 중에서 선두에 서 있다. 그래서 가치를 혁신하는 위대한 조직, 탁월한 경영이라는 목표를 달성해야만 한다. 그렇다면 어떻게 해야 할까? 드러커 박사의 다섯 가지 질문에서 답을 찾으면 된다. 쉴 틈 없이 빠르게 변하는 혼돈의 상황 속에서 이 책이 해결책을 찾는 바이블이 될 것으로 확신한다. 경영자들에게 필독을 권한다.

권대우
≪시사저널≫ 발행인 겸 대표이사

피터 드러커는 영원한 경영의 그루다. 이 책은 그가 제시한 다섯 가지 근본적 질문을 통하여 스타트업을 성공으로 이끌도록 하는 지혜를 찾는 기업가를 위한 책이다. 소크라테스의 교육 방법대로 대화를 통해 자신을 진단하고 대안을 찾아나가는 이 책은 쉬우면서도 깊이가 있다. 드러커 사상을 쉽게 이해하도록 돕고, 현실에 대한 명확한 진단과 자신에게 필요한 맞춤형 처방을 제시할 것이다. 기업가가 통찰해야 하는 여러 쟁점과 다양한 사례를 통해 다섯 가지 근본적 질문에 대한 대답을 스스로 발견하도록 고취하고 영감을 준다.

김재구
명지대학교 경영대학 교수
대통령직속 일자리위원회 사회적경제전문위원회 위원장

✤

지금까지 우리 사회의 발전을 이끌었던 것은 기업가정신과 혁신이었다. 그럼에도 불구하고 오늘날처럼 혁신이 요구되는 시기는 없었던 것 같다. 혁신은 새로운 변화를 과감하게 수용하는 기업가정신과 현명하고 신중한 행동이 수반되어야 하는 어려운 작업이다. 이 시점에서 가장 뛰어난 경영 사상가인 드러커 박사의 혜안이 담긴 '다섯 가지 질문'을 다시 돌아보는 것은 혁신의 근간을 돌아보는 가장 중요한 바탕이 될 것이다. 다섯 가지 질문이 소개된 시기는 오래되었지만 이 책은 저자의 오랜 연구와 실천 경험을 토대로 질문에 대한 깊은 이해와 실천, 접근방법을 함께 다룬 보석 같은 책이다. 올바른 혁신과 위대한 꿈을 꾸는 모든 기업가와 경영자들에게 강력히 추천한다.

박호군
서울벤처대학원대학교 총장, 전 과학기술부장관

피터 드러커의 다섯 가지 질문은 얼핏 생각하면 누구나 다 알고 있는 것 같지만, 정작 그 의미와 위력을 올바로 이해하는 사람은 그리 많지 않다. 오랜 현장 경험을 가진 경영자들도 스스로 내용을 잘 알고 있다고 착각하는 경우가 많은데, 하물며 경영 일선에 처음 발을 내디딘 스타트업 경영자는 말할 것이 없다. 경영자로서 일해본 경험이 많은가 적은가를 막론하고, 이 책은 가상의 대화, 실제 사례, 그리고 실무에 적용 가능한 지침들을 통해 경영자의 각성과 실행력을 이끌어내는 데 가장 빠르고 효과적인 도움을 줄 것이다.

송경모
고려대학교 기술경영전문대학원 겸임교수
(주)미라위즈 대표이사

믿음이 우리를 구원한다. 경영자 내면에 담긴 믿음의 체계를 정리하는 절차와 방법, 무엇보다도 피터 드러커의 철학을 반영한 책이다. 새로운 스타트업 조직이거나 오래된 스타트업을 지향하는 경영자에게 강력히 추천한다.

오승훈
한국 인사조직컨설팅기업 인싸이트그룹 대표
동국대학교 경영대학원 겸임교수

우리나라 경제 발전을 위해서는 중소기업이 혁신하고 성장해야 한다. 그런데 당면한 문제 해결에 쫓기다 보면 기업을 하는 목적, 사명을 잃을 때가 많다. 이럴 때마다 스스로 질문을 던져야 한다. 오랜 기간 피터 드러커 사상을 연구해 왔던 저자 문정엽 선생이 딱딱하고 어렵게 느껴질 수 있는 드러커의 이론에 자신의 경험과 지식을 녹여 기업경영에서 가장 기본이 되는 주제에 대한 근원적이고 실용적인 접근방법을 제시했다. 소상공인, 중소기업 경영진은 물론 컨설턴트에게도 매우 유용하게 꾸며졌다. 한번 읽어보고 책장에 꽂아두는 책이 아니라 책상에 두고 늘 들춰봐야 하는 책이다. 경영 문제에 봉착하여 답답할 때는 이 책에 물어보라. 분명하고 명쾌하게 답을 줄 것이다.

이경열
전 인덕대학교 교수
전 중소벤처기업진흥공단 이사

스타트업 경영자들이 위대한 피터 드러커에게 직접 멘토링을 받는 경험을 가질 수 있는 흥미로운 책이다.

이경하
전략/성과경영컨설팅기업 (주)씨스톤컨설팅 대표이사
경희대학교 경영대학원 겸임교수

서문

다윗은 어떻게 골리앗을 이겼을까?

인간은 초점과 헌신과 규율을 갖기 전까지는 성장하지 못한다

헨리 에머슨 포스딕•

이 책은 탁월함을 주제로 한다. 주제의 바탕에 있는 질문은 다음과 같다.

'위대한 조직은 어떻게 탁월함을 달성하는가? 그리고 오랜 기간 탁월함을 달성하는 조직은 어떻게 이를 유지하는가?'

탁월함은 기업가와 경영자가 늘 고민하는 '경영'이 목적으로 삼는 주제다. 당신이 기업가라면, 비영리조직을 이끄는 경영자라면, 혹은 공공조직에서 리더로 일하고 있다면, 탁월함에 대한 고민을 피할 수는 없다. ≪뉴스위크≫나 ≪포브스≫에 당신이 소개되기 위해서가 아니라 조직성과에 대해 바로 당신이 책임지고 있기 때문이다. 탁월함은 기업가와 경영자가 추구하는 가장 중요한 목적이다. 경영은 탁월함을 성취하는 어떤 것이 되어야 한다.

경영은 인간의 길을 따른다

경영은 목적을 추구하는 인간의 단합된 노력이다. 수많은 조직에서 다양한 경

• 헨리 에머슨 포스딕(Henry Emerson Fosdick, 1878~1969)은 미국의 자유주의 목사다.

영자들이 이 노력을 실천하고 있고, 그 결과로 사회는 발전했다. 불과 200여 년 전만 해도 사람들은 기업이라는 실체를 의심스러워했지만 이제 기업은 많은 사람들이 일하고 있으며 사회를 위해 가치를 제공하는 조직이 되었다. 기업이 이런 기여를 하게 만드는 것이 경영이다. 경영의 세계는 넓어져 왔다. 대학, 병원, 박물관, 그리고 구세군 같은 비영리단체에서도 경영은 지식과 노력을 결합하는 중요한 장치로서 의의를 인정받고 있다.

그렇지만 경영은 늘 성공과 실패를 안고 살아간다. 언론을 보면 이 사실을 알 수 있다. 성공 스토리는 늘 적고 실패하는 조직을 다룬 기사는 흔하다. 특히 파산, 부도, 구조조정 등 실패에 관한 스토리는 두드러진다. 마치 인간 삶을 보는 것 같다. 적은 성공과 많은 실패는 삶의 보편적 원리에 가깝다. 그렇지만 실망할 필요는 없다. 수많은 실패가 아니라 적은 성공이 삶을 성장시키듯이, 조직도 적은 성공으로 자신의 꿈을 실현해 왔다. 그래서 경영교육을 업으로 삼는 필자는 늘 다음 질문을 품에 안고 살아가고 있다.

'어떻게 하면 보다 많은 조직이 성공할 수 있을까? 효과적인 경영을 하는 원리와 실천 방법은 무엇인가?'

목표를 달성하는 지식만이 가치를 만든다

기업을 포함해서 조직이 제공하는 상품은 다르다. 또한 달라야 한다. 인간이 필요로 하고 사회가 요구하는 가치가 변하기 때문이고, 이를 실현하는 것이 조직목적이기 때문이다. 따라서 조직은 한결같이 질문해야 한다. '어떻게 새롭고 유용한 가치를 제공할 수 있을까?' 이 질문에 경영자는 매우 명료한 자신만의 답을 가지고 있어야 한다.

특히 이 질문은 소기업, 스타트업, 1인 기업과 같은 작은 기업에서 일하는 기업가에게 중요하다. 이들 모두는 자원과 능력이 부족하기 때문이다. 이 위치에 있는 기업가들은 이 질문에 어떤 대답을 하고 있을까?

현대사회는 지식사회다. 지식이 가치를 창출하고, 지식이 사회 발전을 이끄는 사회다. 20세기 중반까지 경제계를 지배했던 철강, 자동차, 전기·전자 기업들은 애플, 마이크로소프트, 구글, 아마존과 같은 지식중심기업에 자리를 내주었다. 또한 높은 국민소득과 복지수준으로 세계인의 부러움을 받는 스웨덴이나 노르웨이 같은 북유럽 국가들, 그리고 제2차 세계대전이 끝나고서야 자치 국가를 만든 이스라엘의 성장 기반은 지식이었다. 지식은 진정으로 가치를 만드는 가장 중요한 원천이 되었고, 21세기의 화폐는 지식이다.

작은 기업은 특히 지식에서 대기업에 미치지 못한다. 상대적이 아니라 절대적으로. 필자는 세계적인 글로벌기업과 국내 대기업에서 근무했고, 중소기업과 작은 비영리조직에서도 일해본 경험이 있다. 필자는 확신을 갖고 말할 수 있다. 작은 기업은 자산 규모나 인적자원에서도 뒤처지지만 지식에서 대기업을 이겨내지 못한다. 지식 우위와 지식 활용 능력이 경쟁력을 결정하는 사회에서 작은 기업의 지식 열위는 발전은 고사하고 생존에도 직결되는 문제다. 지식의 가치는 지식의 융합에 달려 있다는 점에서, 그리고 지식 발전 속도가 점점 더 가속화되고 있다는 점에서 지식 역량은 조직의 성패를 가르는 요인이기 때문이다.

그러나 지식의 가치는 영원하지 않다. 새로운 지식이 기존 지식을 대체하며, 기존 지식을 대체하는 것만이 지식의 우위를 만들어낸다. 이 점에서 작은 기업이 지식 가치를 만들어낼 수 있는 가능성이 있다. 그렇다면 작은 기업은 어떻게 지식 격차를 극복하고 지식 우위를 확보할 수 있을까? 이것이 앞서 말한 '어떻게 새롭고 유용한 가치를 제공할 수 있을까?'에 대한 실천적 질문이다. 바로 가치를 창출하는 지식을 찾고, 소유하고, 활용하는 것이다. 다른 말로 하면 '목표를 달성하는 지식'을 만들고, 사용하고, 이를 통해 조직만의 가치를 창조하는 것이다.

목표를 달성하는 지식을 어떻게 확보하고 활용하는가는 기업가가 꿈을 이루고 경영의 결과를 만드는 핵심 동력이다. 그렇다면, 어디서부터 어떻게 이 과제를 실천해야 할까?

드러커에게 배운다

필자는 드러커 경영 사상에서 가치를 창출하는 지식을 찾을 수 있다고 생각한다. 다른 뛰어난 경영이론가와 혁신적인 기업가로부터도 배울 점이 있지만, 드러커에게는 진정한 통찰이 있다. 드러커는 경영에 관한 거의 모든 영역을 통찰하고 경영에 대한 보편적 원리와 접근방법을 가르쳐준 사람이다.

드러커 경영 사상은 목표를 달성하는 지식의 클래식이라고 할 수 있다. 음악에는 모차르트가 있고 미술에는 미켈란젤로가 있다면 경영에는 드러커가 있다. 드러커를 깊이 있게 배울 때 기업가와 경영자들은 목표를 달성하는 경영 지식을 배울 수 있다. 그리고 자신만의 깊이 있는 사고와 적용 노력을 통해 가치를 창출하는 지식을 만들 수 있다. 수많은 기업가와 조직을 이끈 리더들이 드러커로부터 배운 지식을 통해 놀라운 변화, 즉 목적을 달성하는 성과를 창출했다고 고백했다.

- 항공 엔진을 만들던 무거운 제너럴 일렉트릭General Electric Company을 금융과 서비스를 중심으로 하는 기업으로 재창조한 잭 웰치는 1981년 CEO로 부임하고 나서 "GE가 이사업을 하지 않았더라면, 지금 당장 이 사업에 뛰어들 것인가?"라는 드러커의 질문에 "세계시장에서 1위 아니면 2위를 하고 있는 사업에 집중한다"라는 전략적 통찰을 했고 이후 제너럴 일렉트릭을 바꿔냈다(코헨, 2018: 212~213)

- 미국의 경쟁력 있는 금융회사인 에드워드 존스Edward Jones는 소규모 도시에 집중하고 있던 사업을 "고객은 누구인가?"라는 드러커의 질문에 따라 재정립하고 새롭게 대도시로 고객의 범위를 확장했고, 성공했다(에더샤임, 2007: 57~58).
- 국제공항의 청소와 관리 용역을 도맡아 하는 세계적인 서비스 회사인 서비스마스터 ServiceMaster의 임원진들은 드러커와의 대담에서 "당신이 하고 있는 사업의 본질은 무엇인가?"라는 질문을 받았다. 당연히 서비스라고 생각하는 경영진들에게 드러커는 "당신들이 하고 있는 사업의 본질은 교육이다"라는 조언을 했다. 이후 서비스마스터는 청소와 건물 관리같이 눈에 띄지 않고 사람들이 하기 싫어하는 용역을 수행하는 직원들에게 전문가 정신과 보람을 얻도록 하는 교육에 매진했고 세계 1위의 서비스 기업으로 성장했다(한근태, 2014: 232~233).

드러커로부터 깨달음과 지혜를 얻고 이를 자신이 일하는 조직에 적용하여 탁월한 성과를 달성한 조직과 경영자들은 많다. 드러커는 경영에 관한 지혜의 원천이다. 드러커는 조직이 경영을 통해 목표를 달성하는 지식을 평생에 걸쳐 탐구했고 그 지식을 수십 권의 저서와 강의를 통해 전달했다. 드러커의 지혜를 소기업과 스타트업 창업가, 경영자들에게 전달하는 것이 이 책을 쓰게 된 동기다. 목표를 달성하는 지식에는 규모와 경계의 차이를 이겨내는 진정한 가치가 담겨 있기 때문이다. 행운보다도 중요한 것은 실천적 지혜다.

작은 기업은 다윗이 있던 위치에 있다. 작은 기업은 골리앗과도 같은 대기업을 이겨야 한다. 그런데 다윗이 골리앗을 이긴 것은 우연도 아니고 행운도 아니다. 모든 결과는 그럴 만해서 그런 것이 아닌가? 다윗이 골리앗을 이긴 이유는 탁월한 자신의 강점인 골무가 유용하게 쓰이는 장소에서 승부했기 때문이다. 즉 다윗이 승리한 것은 전투에 대해 연구하고 성공할 가능성이 높은 방법을 선택하고 과감하게 행동했기 때문이다. 즉 목표를 달성하는 지식을 가지고 활용했기 때문이다. 작은 기업은 다윗처럼 접근하고 행동해야 한다.

그렇다면 어디에서 시작할까? 『스타트업, 드러커를 만나다』가 출발점이다. 이 책에서 다루는 드러커의 다섯 가지 질문은 조직을 만들고 이끄는 기본을 다루기 때문이다. 드러커 사상 중에서 가장 중요하고 가성비가 높은 경영 지식이기도 하다.

드러커의 다섯 가지 질문

다섯 가지 질문은 말 그대로 다섯 개의 질문이다. 당신(조직)이 누구이고, 무엇을 하려는가를 직접적으로 묻는 질문이다.

- Q1: 우리의 사명은 무엇인가?(What is our mission?)
- Q2: 우리의 고객은 누구인가?(Who is our customer?)
- Q3: 고객이 가치 있게 여기는 것은 무엇인가?(What does the customer value?)
- Q4: 우리의 결과는 무엇인가?(What are our results?)
- Q5: 우리의 계획은 무엇인가?(What is our plan?)

아마 누구나 할 수 있는 질문이라고 생각하는 사람도 있을 것이다. '내가 늘 고민하는 주제인걸' 하고 대수롭지 않게 넘길 사람도 있겠다. 그렇다면 노트를 꺼내 답을 써보라고 권하고 싶다. 그러면 이 질문에 대답하기가 매우 어렵다는 사실을 금방 알게 될 것이다. 생각이 뚜렷하지 않아서 어렵기도 하지만 본질적으로 다섯 가지 질문은 '가장 중요한 것이 무엇인가?'에 대한 확신을 요구하기 때문이다. 조직이 무엇을, 누구를 위해, 왜 하고자 하는지를 질문하기 때문이다. 또한 이 질문은 행동을 전제로 하는 질문이다. 무엇이 참인가 혹은 거짓인가라는 인식이 아니라 행동의 대상과 그 이유, 그리고 성취해야 하는 목표를 요구한다. 즉, 행동의 서약을 요구한다. 그래서 간단치 않은 질문이다.

이 질문이 나온 배경을 살펴보자. 드러커는 좋은(선한) 의도를 자랑하면서도 형편없는 성과를 문제 삼지 않는 미국 비영리기관에 대해 애정 어린 질책을 담아 이 다섯 가지 질문을 조언했다. 비영리기관은 착한 일을 하는 조직임에는 틀림없다. 그런데 착한 일을 잘하고 있는가는 다른 문제다. 드러커는 착한 일을 한다고 만족하고서는 제대로 결과를 만들고 있는가에 대해서는 무감각한 비영리기관 리더들에게 이 질문으로 올바르게 조직을 창조하라고 말한 것이다. 이 질문은 그들을 깨우쳤고 많은 기관들이 드러커의 질문을 기초로 조직을 평가하고 혁신했다. 초점을 다시 정립하고 목적을 튼튼하게 세우고 결과를 만들기 위한 행동 계획을 세웠다.

모든 조직은 사회를 위한 가치 있는 상품을 제공하기 위해 존재한다. 가치가 없거나 부족하다면 조직은 성장은커녕 생존도 어렵다. 마차가 자동차로 바뀌고 소유 개념의 자동차가 공유 대상으로 바뀐 변화는 이 사실을 잘 설명해 준다.

결국 모든 조직의 성공은 조직의 내부가 아니라 외부(고객과 사회)를 위한 강력한 사명과 비전이 이끌고, 분명한 초점을 향해 효과적으로 노력하는 단합된 사람들의 노력에 달려 있다. 이는 조직의 본질적 조건이고 경영의 본질적 요구 사항이다.

다섯 가지 질문은 조직이 진정으로 가치를 만들고 제공하는 조직이 되기 위해 반드시 신념으로 소유해야 할 것을 묻는다. 또한 모든 조직에 자신들이 과연 고객이 인정하는 그런 조직인가에 대해서 솔직한 평가를 요구한다. 이런 이유로 이 질문은 경영을 실천하는 모든 조직에 적용할 수 있다. 다섯 가지 질문을 진지하게 한다면, 지금 알고 있는 것, 지금 하고 있는 것을 넘어서서 새로운 비전과 새로운 목적, 그리고 이를 달성하기 위한 행동 계획을 세울 수 있다.

작은 기업은 더더욱 드러커의 다섯 가지 질문에 진지하게 답변해야 한다. 자원은 부족하지만 초점이 분명한 조직은 자원은 풍부하지만 초점이 분산된 조직보다 성공의 가능성이 높다. 누구를 위해 무엇을 만들려고 하는지가 명확한 조직은 최고의 헌신과 최선의 노력을 기울이기 때문이다.

『스타트업, 드러커를 만나다』를 경영의 푯대로 삼아 자신과 자신이 일하는 조직을 진정하게 평가하기를 권한다. 각 질문에 답을 만들어가는 과정에서 기업가와 함께 일하는 사람들은 진정으로 헌신해야 하는 목적과 비전, 행동의 초점을 발견할 수 있을 것이다.

탁월함의 비결은 고귀한 가치를 믿고, 분명한 초점을 향해 자신이 가진 모든 것을 헌신하는 데 있다. 위대한 조직과 위대한 인물이 그려낸 역사는 이것을 증명한다. 위대한 현자 소크라테스는 사람들이 스스로 진리를 찾도록 질문하고 따지는 자신의 역할을 산파술에 비유했다. "나는 다만 다른 사람들의 마음에 지식이 태어나는 것을, 이데아에 대한 이해가 태어나는 것을 도울 뿐이다. 나는 이렇게 발견의 수고를 하고 있는 그들을 도움으로써 이 발견의 과정이 그들에게 더 쉽고 덜 고통스럽도록 한다"(애들러, 2007: 82).

이 말에 숨겨진 깊은 뜻은 진리는 발견되는 것이고 스스로 찾아야 한다는 것이다. 그의 말은 옳다. 기업가는 기업을 일으키고 혁신을 만들고, 좋은 변화를 성취하는 아이디어와 지식을 스스로 발견해야 한다. 다만, 소크라테스가 그랬던 것처럼 드러커의 질문은 그 과정을 조금 덜 힘들게 도울 것이다.

이 책의 구성

드러커의 질문은 조직과 경영의 토대를 세우는 질문이다. 그런데 답변하기가 결코 쉽지 않다. 집을 지을 때 토대를 구축하고 기둥을 세우는 것이 가장 어려운 것과 같은 이치다. 필자는 드러커의 '다섯 가지 질문'을 수십 차례 강의했고 여러 조직에서 워크숍을 진행했는데, 많은 경영자들이 답을 만들기를 어려워했다.

첫 번째 어려움은 이 질문이 매우 솔직한 자기 성찰을 요구한다는 데 있다. 단지 일로서 혹은 업으로서의 사업이 아니라 세계에 중요한 차이를 만든다는 신념과 행동을 요구하기 때문이다. 또한 이 질문은 창업가나 최고경영자의 마음속 숨은 소망을 단지 드러내는 것이 아니다. 질문에 대한 답변은 조직 내 모든 사람의 공감을 얻어야 한다. 그런데 공감대를 형성하는 작업이란 결코 쉽지 않다. 다양한 견해를 모으고 차이를 이해하고 오랜 시간을 거쳐서 조직의 답변을 만들어야 하기 때문이다. 마지막 어려움은 대답이란 행동의 서약으로서 사람들의 실천 의지를 담아야 한다는 점에 있다. 의외로 사람들은 쉽게 결론 내리는 것을 주저할 수도 있다. 가능성에 대한 회의 혹은 목표가 주는 두려움 때문이다. 혹은 현상에 만족하고 변화에 저항할 수도 있다.

필자는 어떻게 하면 이 질문을 보다 쉽게 전달해서 기업가와 경영자들이 각자의 현장에서 가치를 창출하고 혁신을 창조하는 도구로 활용하도록 도울 수 있을까를 진지하게 고민했다. 이 책은 그 고민의 결과다.

첫 번째로 '멘토 드러커와의 대화'라는 형식을 통해 다섯 가지 질문에 담긴 온전한 의미를 독자들이 발견하도록 했다. 쉽게 답을 내리기 전에 질문에 담긴 의미를 충분히 생각하고, 드러커의 생각을 검토하고 반추하면서 독자들이 자신의 생각을 분명히 할 수 있도록 돕기 위한 의도다. 실제로 드러커는 수많은 사람의 멘토였다. 또한 그로부터 배우려고 하는 사람에게는 누구든지 진실한 대화와 만남을 아끼지 않은 겸손한 현자였다. 드러커는 미국 제너럴 일렉트릭의 부흥을 이끈 잭 웰치Jack Welch 같은 대기업 경영자들, 세계적인 베스트셀러인 『목적이 이끄는 삶』의 저자이자 미국 교회 부흥의 리더였던 릭 워렌Rick Warren을 포함한 비영리단체의 리더들, 드러커가 저술한 책을 번역한 것이 계기가 되어 만남을 청하고 이후 오랜 교분을 쌓은 고 이재규 박사와 같은 연구자들, 그가 대학원에서 만난 제자 등 다양한 영역의 사람들과 최선을 다해 교류하고 서로 배우는 삶을 실천한 사람이었다. '다른 사람의 목표 달성을 도와준 사람'으로 기억되고 싶다는 그의 바람은 문자 그대로 그의 삶에 담겨 있다. 독자들은 벽난로 옆에서 현대 경영학을 만든 드러커를 만나 다섯 가지 질문에 담겨 있는 경영과 조직, 혁신과 창조에 대한 대화를 함께 할 것이다.

두 번째로 올바른 답을 찾는 접근방법을 제시했다. 원칙이나 원리에 대한 이해란 쉽지는 않지만 가능한 일이다. 그런데 더욱 중요한 점은 경영자가 자신이 일하는 조직과 상황에 맞게 원칙과 원리를 구현하는 일이다. 어떤 유용한 이론이라도 써먹지 못한다면 무슨 소용이 있겠는가? 예를 들어 첫 번째 질문인 올바른 '사명'을 발견하려면 다양한 방식으로 사명을 고민하고 제대로 사명을 발견했는지를 평가해야 한다. 경영학의 최근 지식과 필자의 경험을 통해 정리한 접근방법은 등반 경로처럼 독자들이 답을 찾는 과정에 도움을 줄 것이다.

세 번째로, 탁월한 조직 사례를 제시했다. 위대한 조직은 기본이 튼튼하고 영구히 지킬 것과 변해야 할 것을 잘 구분하는 조직이다. 다양한 조직들이 다섯 가지 질문을 어떻게 사용하고, 어떠한 답변을 찾았으며, 또 이를 현실로 창조하기 위해 어떻게 행동했는가를 제시했고, 이는 독자들에게 깊은 영감을 줄 것이다. 이들이 도전했던 원대한 사명, 고객에 대한 진지하고 솔직한 태도, 의도를 행동으로 만들고 결국은 성과로 구현했던 경험은 경영자들에게 위대함의 경계는 없으며 완성된 노력은 없다는 점을 알려줄 것이다.

필자는 여러 조직에서 경영자로 일하면서, 또 컨설턴트로 경영자를 도우면서 성공과 실패를 수없이 경험했고 목격했다. 그럴 때마다 다음 글을 읽고 용기를 냈고 얻었고 또 얻고 있다.

> 중심인물은 53세의 남성입니다. 성인 시기 그의 인생의 대부분은 빚과 불행으로 점철된 패배하는 투쟁이었습니다. 군대에 있을 때, 그는 전투에서 왼쪽 팔을 못 쓰게 만든 부상을 입었습니다. 그리고 그는 5년간이나 포로로 잡혀서 구금되어 있었

> 습니다. …… 53세가 되었을 때는 감옥에 있었고요(처음은 아니었습니다). 감옥에서 그는 책을 쓰기로 결심했습니다. 하늘이 아는 동기에 사로잡혀서요. …… 그런데 그 책은 350년 동안 세계를 매혹시켜 온 가장 위대한 책들 중의 하나가 되었습니다. 이 죄수는 세르반테스였습니다. 책은 『돈키호테』이고요(Gardner, 1990.11.10).

감옥에 있던 세르반테스가 『돈키호테』를 창조한 것처럼 위대한 성취는 상황이 아니라 비전을 가진 사람의 마음속에서 시작된다. 그런데 비전은 분명한 초점을 통해 모든 의식과 노력을 집중하고 헌신해야만 다다를 수 있다. 드러커의 다섯 가지 질문은 기업가, 조직, 경영이 초점을 두어야 하는 것에 대한 가장 간명한 진술이다. 작은 기업을 이끌고 있거나 시작하려는 기업가와 경영자들이 이 질문을 도구로 조직을 창조하고 갱신해 가기를 응원한다. 기업 세계뿐만이 아니라 사회에서 다윗은 많을수록 좋다. 변화와 진보는 항상 주변부나 틈새에서 시작되고, 보다 좋은 세계를 만드는 혁신을 시작한 것은 언제나 작은 조직이었다. 작다는 것은 한계가 아니라 가능성이다.

2021년 4월

문정엽

1장

드러커를 만나다

왜 다섯 가지 질문인가?

나 드러커 박사님, 잘 지내셨습니까? 박사님의 다섯 가지 질문에 대해 대화할 기회를 주셔서 감사드립니다.

드러커 나는 언제나 '다른 사람의 목표 달성을 도와준 사람'으로 기억되고 싶다네.* 그러니 괘념치 말게. 특히 나는 다섯 가지 질문을 늦게 태어난 아이처럼 애착을 갖고 있네. 나는 열심히 노력하지만 성과가 빈약한 많은 조직을 알고 있어요. 이들이 성과가 없거나 부족한 이유는 초점이 없고 도구적 역량 tool competence이 부족하기 때문이야(드러커, 2010: 29). 내가 이 책에 쓰기도 했지만 신은 하지 않은 일이 아니라 한 일을 보네. 선한 의도만 있고 결과를 만들지 못한다면, 그것은 아무런 의미가 없지 않겠나? 그런데도 내가 만난 많은 비영리기관 리더들이 착각에 빠져 있었어. 아픈 사람이 있으니 병원이 필요하고 불행한 아이들이 있어서 고아원이 필요한 것이지만, 이것만이 이들을 정당하게 인정하는 이유는 아니야. 병원답게, 고아원답게 성과를 내야 하는 것이지. 그래서 정직한 자기평가를 통해 조직을 제대로 창조하는 데 도움을 주려고 이 책을 썼던 것이야.

나 어떤 말씀이신지 잘 알겠습니다.

조직이 아니라 중요한 조직이 되는 것

나 박사님의 책 『다섯 가지 질문(The Five Most Important Questions)』

---

* *Business 2.0* (2001) 인터뷰, "박사님은 어떤 사람으로 기억되고 싶습니까?"라는 질문에 대한 드러커의 대답이다.

(2010)[•]을 열심히 읽었습니다. 박사님께서는 이 책을 비영리조직을 위해 쓰셨다고 했지만, 다섯 가지 질문은 모든 조직이 반드시 대답해야 하는 중요한 질문이라는 생각이 들었습니다. 사명, 고객, 고객가치, 결과, 계획에 대해 답이 모호하거나 없다면 이는 방향도 없고, 결정의 기준도 없다는 뜻이지요. 음, 한마디로 말해서 조직을 만들 수도 경영을 제대로 할 수도 없다는 뜻이라고 생각합니다.

피터 드러커의
『다섯 가지 질문』

드러커 잘 이해했군. 이 질문은 자신이 하고 있는 일이 무엇인지, 왜 그것을 하고 있는지, 무엇을 해야 하는지를 평가하는 방법이야(드러커, 2010: 30). 모든 조직과 조직의 리더들이 제기해야 할 본질적인 질문이지. 자신이 일하는 조직이 진정으로 중요한 조직이 되기를 기대하는 리더라면 반드시 이 질문을 해야 한다는 것이 내 생각이야.

피터 드러커의 다섯 가지 질문

- Q1: 우리의 사명은 무엇인가?
- Q2: 우리의 고객은 누구인가?
- Q3: 고객이 가치 있게 여기는 것은 무엇인가?
- Q4: 우리의 결과는 무엇인가?
- Q5: 우리의 계획은 무엇인가?

이 질문을 다시 한번 음미해 보게. 단순하지만 대답하기 쉽지 않을 게야.

• 국내에서는 『피터 드러커의 다섯 가지 경영원칙』(아시아코치센터, 2010), 『피터 드러커의 최고의 질문』(다산북스, 2017)으로 번역되었다. 이 책에서는 원서의 제목을 살려 『다섯 가지 질문』이라고 표기했다.

이 질문들은 조직이 사명에 초점을 맞추도록 하고, 모든 사람이 아니라 특별한 사람에게 봉사할 것을 요구하고, 구체적으로 무엇에 책임을 질 것인지를 요구하지. 그리고 말이 아니라 어떤 행동을 할 것인가에 대해 대답하라고 묻고 있네.

나 그렇습니다, 박사님. 제가 10여 년 전쯤에 이 질문을 처음 접했을 때 몸에 번개를 맞았다고 말하고 싶을 정도로 가슴이 뛰었습니다(실제로 맞는다면 그대로 세상을 떠나겠지만요). 소중한 것이었지만 잊고 있던 보물을 발견했다고나 할까요? 처음으로 제 손으로 회사를 만들면서 설레는 마음으로 사명을 세우고 비전을 고민했던 기억도 스쳤습니다.

드러커 그랬군. 이 질문에 담긴 의미를 자네의 언어로 한번 말해보겠나?

나 약간 떨립니다. '다섯 가지 질문'에는 다음과 같은 의미가 있다고 생각합니다.

다섯 가지 질문의 의미

- 존재 이유를 명확히 하라는 것.
- 지속적으로 고객을 창조하는 기업을 만드는 것.
- 구성원들의 헌신과 몰입을 가능하게 하는 목적을 세우라는 것.
- 변하지 않는 것과 변해도 되는 것을 구별하는 것.
- 돈을 버는 기업이 아니라 위대한 기업을 만드는 것.
- CEO의 자기 점검과 성찰을 통해 지속적으로 혁신하는 것.

드러커 훌륭하네. '다섯 가지 질문'은 조직을 조직답게 하고 성장하도록 만드는 근본 토대를 묻고 있지. 이 토대는 존재 이유이기도 하고 구성원을 하나로 묶는 목적이고, 또한 오래 지속되는 가치를 말하지. 즉, 조직을 창조하거나 새롭게 만드는 여행을 이끌어가는 가장 중요한 바탕을 명확하게 세우라는 것이야.

나 맞습니다. 조직이 그저 사업을 하는 것이라면, 혹은 단지 하나의 조직으로 존속하기 위해서라면 이 질문은 큰 의미가 없습니다. 이 질문은 진정으로 중대한 차이를 만드는 조직을 만들라는 요구라고 생각합니다. 첫 번째 질문인 사명에서부터 이것이 드러납니다. '사명'은 단지 하고 싶은 것이 아니라 고객을 위해 반드시 실현해야 하는 요구니까요.

드러커 그렇지.

나 처음에 이 질문을 읽고 한참 생각했습니다. 기업가에게 사명이란 말은 생소하거든요. 경영학을 공부할 때 몇몇 기업 사례로 듣긴 들었는데요, 경제적 성과를 목적으로 하는 기업에게 어울리지 않는 말이라는 생각을 했습니다. 또한 기업을 만들 때 '이런 것이 필요할까?'라는 의문도 있었습니다.

드러커 그런데 생각이 달라진 것인가?

나 이제는 제대로 알고 있습니다. 기업가가 단지 돈을 벌기 위해서, 혹은 어쩔 수 없는 업으로서 기업을 만드는 경우도 있지만 이는 기업의 본질과는 무관합니다. 어떤 동기로 조직을 만들고 업을 수행하든지 간에 조직은 사회를 위해 가치를 제공해야 합니다. 조직의 본질은 결국 가치를 제공하는 것이니까요. 따라서 처음부터 명확하게 조직이 무엇을 하려고 하는지를 정립하는 것이야말로 가장 중요하고 필요한 것입니다. 존재이유를 뚜렷하게 세워야 하는 것이죠.

드러커 맞는 생각이야. 존재 이유란 결국 사회가 인정하는 것이지만, 조직을 만들고 운영하는 사람에게 이런 생각이 없다면 그런 조직은 평범한 조직으로 남을 수밖에 없는 것이지.

나 그렇습니다. 박사님. 그래서 "다섯 가지 질문은 조직 창조를 위한 도구"라는 박사님의 말씀이 온전히 이해됩니다. 또한 자주 잊고 있는 한 가지 사실도 명확하게 이해할 수 있었습니다. '조직은 계속 만들어지는 것이다'라는 사실 말이죠.

드러커 좀 더 자세하게 말해보게나.

나 그 어떤 조직도 처음 만들어졌을 때는 미완성입니다. 오직 창업자가 마음속에 품은 비전이나 사명만 있습니다. 16세기에 유럽에 회사라는 것이 최초로 만들어졌을 때도 그랬고, 20세기 마크 저커버그Mark Zuckerberg가 페이스북을 만들 때도 그랬습니다. 비전과 사명이 구성원들에게 공유되고 제품과 서비스로 구현되어 고객을 만나고 넓혀나가면서 비로소 조직이 뿌리를 내리는 것입니다. 페덱스FedEx를 만든 프레드 스미스Fred Smith가 미국 내 익일 배송이라는 꿈을 꿨을 때 하버드 경영대학원에서 그를 지도한 지도교수나 많은 동료들은 그의 꿈을 지지하지 않았다고 합니다. 더구나 모든 항공기가 모이는 중심 공항이 아니라 여러 개의 허브공항으로 물품을 이동하고 또 각지에 배달한다는 그의 아이디어는 비웃음을 샀죠. 오늘날 페덱스는 전 세계를 무대로 하루 수백만 건이 넘는 물품을 배송하는 세계 최대의 물류기업이 되었지요. 또한 단순히 트럭이나 비행기로 물품을 운송하는 기업이 아니라 인터넷과 정보 통신 기술을 활용하는 첨단 물류 서비스 기업으로 발전했고요.

드러커 좋은 사례를 말해줘서 고맙네. 조직은 먼저 정신적 토대가 뿌리를 내리고, 그 위에 눈에 보이는 상품과 서비스, 자원을 쌓아가면서 본 모습을 완성해 가는 것이지. 그리고 이 과정은 답이 아니라 어떤 질문을 하느냐에 달려 있네. 위대한 질문을 하지 않는다면 위대한 답변도 없는 것이지.

나 그렇습니다. 아인슈타인이 한 말이 생각납니다. "왜 신이 우주를 이렇게 만들었을까?"라는 질문이 뉴턴을 뛰어넘은 법칙의 발견으로 이어졌다고 말했죠.

드러커 영감을 주는 말이군. 나는 '조직이 사회를 위해 진정으로 가치 있는 조직이 되려면 어떻게 경영을 해야 할까?'를 늘 물었지.

나 그런데요 박사님, 저는 여러 기업에서 이 질문을 활용했던 적이 있는데요, 답을 찾는 작업이 결코 쉽지 않았습니다. 먼저 함께 참여한 경영자들과 합의를 도출하는 과정이 어려웠습니다. 경영자들마다 생각이 달랐고 단어 하나하나, 표현 하나하나를 가지고 씨름도 많이 했습니다. 어떤 질문은 시간에 쫓겨 완벽한 공감대보다는 적당한 선에서 결론을 도출하기도 했습니다. 단순한 질문일수록 심오해서 그런 것일까요?

드러커 하하, 이 질문을 활용해 보았다니 기쁘네. 그런데 사람들마다 생각이 다른 것은 당연하지 않나? 다섯 가지 질문은 문제를 해결하는 방법을 찾는 것이 아니라 조직이 지향해야 하는 가장 중요한 몇 가지를 정하는 일이야. 그러니 의견이 다른 상황은 오히려 좋은 모습이네. 내가 다섯 가지 질문을 조언하면서 건설적인 논쟁constructive argument을 특히 강조했었는데 기억이 나는가? 공개적으로 이견이 활발하게 다뤄져야만 진정한 합의가 이루어지고, 마음이 합쳐질 때 혁신과 헌신이 가능한 것이야(드러커, 2010: 35). 매우 중요한 점이니 꼭 기억하게.

나 아, 그렇군요! 솔직한 대화가 이루어지도록 하고, 이견을 공개적으로 다루면서 이 질문을 적용할 때만 진정한 행동으로 이어지는 답변을 할 수 있다는 뜻이지요?

드러커 그렇지. 조직에서 이견과 반론을 허용하는 문화는 진정으로 중요해. 만일 최고경영자나 높은 직위에 있는 몇 사람만이 결정하고 대다수 사람들은 침묵 속에서 이들의 결정을 따르는 조직이라면, 그 결정은 결코 사람들로 하여금 헌신을 이끌어내지 못해. 1920년대 제너럴모터스General Motors의 부흥을 이끌었던 앨프리드 슬로안Alfred Sloan은 이 점을 결코 잊지 않았지. 그는 모든 경영자 회의에서 어떤 사안에 대해서 만장일치가 나오게 되면 그 사안에 대한 결정을 결코 내리지 않았네.

다섯 가지 질문은 지속적 자기평가 도구

나 잘 알겠습니다. 박사님. 그런데 다섯 가지 질문을 통한 자기평가는 언제 해야 하는 것인지요? 그리고 한 번으로 충분한 것일까요? 조직을 둘러싼 환경은 항상 변하고 있는데 말이지요. 특히 최근 수십 년간은 그야말로 유래가 없는 변화의 폭풍이 닥쳐왔고 또 이로 인한 큰 변화가 예상됩니다. 1990년대 말 인터넷 혁명에 이어서 이제는 인공지능, 생명과학, 로봇, 사물인터넷을 포함한 4차산업혁명이 진행되고 있습니다. 그리고 세계화와 경제블록, 세계 곳곳의 민족 분쟁, 글로벌 금융위기로 드러난 자본주의 경제체제의 위기와 양극화 심화 등…….

드러커 매우 중요하고 큰 변화가 일어나고 있는 것이 사실이네. 또한 더욱 더 예측하기 힘든 변화가 이어질 게야. 왜 그런지 알고 있는가?

나 글쎄요. 변화는 항상 있어 왔고 불가피한 현상 아닐까요?

드러커 그렇긴 하네만 매우 중요한 사실이 배후에 있어. 20세기 후반부터 이러한 변화를 지식이 이끌고 있다는 점이지. 내가 『단절의 시대(The Age of Discontinuity)』(1968), 『자본주의 이후의 사회』(1993)에서 언급했지만 우리가 살고 있는 사회는 지식이 생산요소가 되고 지식이 가치를 만드는 지식중심사회이고 앞으로 한동안은 그럴 것이야. 이전과는 다른 변화가 벌어지고 있다는 뜻이지. 그런데 더욱 중요한 것은 변화 자체가 아니고 변화에 대응하는 자세네. 당연한 얘기지만 말이야. 즉, 이러한 변화를 무엇이라고 이해하고 인간에게 바람직한 변화가 되도록 어떻게 대응해 나갈 것인가 하는 문제지.

나 박사님이 늘 강조하시는 "연속과 변화continuity and change"라는 말이 떠오르네요. 지켜야 할 것(가치와 목적)은 지켜나가고, 동시에 변해야 할 것(제도, 양식, 규정과 절차)을 혁신하는 자세 말이죠.

드러커 그렇지. 세계는 항상 변하고 있지만 변하지 않는, 정확하게 말하자면 연속해야만 하는 가치와 목적이 있어. 예를 들어 인간에 대한 존중, 인간이 품위 있게 생활하는 것, 기회의 평등, 혹은 공동체 안에서의 협력 같은 가치를 들 수 있지. 이런 가치는 오랜 기간 연속되어야 하는 것들이야. 반면 사람들의 지각과 삶의 방식, 사회제도, 경제생활의 방식은 항상 변하는 것이야. 다른 말로 하자면 보다 좋은 세계라는 관점에서 삶의 양식이나 제도는 늘 변해야 하는 것이네. 결국, 조직에게 다섯 가지 질문은 항상 새롭게 제기되어야 한다는 것을 뜻하지.

나 변화가 있을 때마다 또는 예상될 때마다 질문을 다시 제기하고 답을 바꿔야 한다는 뜻인가요?

드러커 항상 새롭게 질문을 제기한다는 의미에서는 맞는 얘기야. 그런데 답을 항상 바꿔야 한다는 뜻은 아니야. 바꿔야 할 것도 있고 보다 분명하게 할 것도 있지. 미국의 대학을 예로 들어보겠네. 대학의 사명은 여러 번 바뀌기는 했지만 '사회를 주체적으로 살아가는 올바른 양식과 능력을 가진 시민의 양성'이 사명을 구성하는 핵심 가치라는 점에는 많은 사람들이 동의하고 있어. 그런데 눈을 현실로 돌려볼까? 이제 대학의 사명과 목표, 활동은 새롭게 도전받아야 한다는 것이 내 생각이야. 먼저 다양한 국가의 젊은이들이 대학을 찾아오는데 이들의 기대로 본다면 대학의 사명은 무엇이 되어야 할까? 시민의 정의는 그대로 두어도 좋을까? 또한 사명이 바뀌게 된다면 대학의 연구, 강의, 산학협력이라는 활동은 어떻게 바꿔야 할까?

나 대학의 사명은 그대로 두고 고객을 새롭게 정의하는 식으로 답을 찾아도 되지 않을까요?

드러커 물론 그것도 불가능하지는 않겠지. 젊은이들에 대한 교육은 본질적인 대학 기능이라는 점에서 세계의 젊은이들을 고객으로 인식하면서 사명을 재해석할 수도 있을 것이야. 요점은 중대한 변화가 있을 때마다, 혹은 변화에 앞서서 조직은 이 다섯 가지 질문을 새롭게 제기해야 한다는 점이야. 늘 환경은 변하고 고객이 원하는 가치는 변한다네. 조직이 지속적으로 (환경 변화에 대응하고 고객 요구에) 초점을 맞춰 역량을 강화하는 일은 완전히 끝날 수 없는 일이기 때문이지(드러커, 2010: 37). 이 과제는 조직의 숙명과도 같아.

나 그렇군요. 조직에게는 힘든 과업이지만 반드시 해야 할 일이라고 생각합니다.

드러커 그런데 지켜야 할 것과 지켜서는 안 되는 것을 잘 분별해야 하네. 대체로 사명에 담긴 조직의 핵심 가치, 설립 이념은 연속될 수 있지만 고객, 결과, 계획은 변화가 제공하는 기회에 맞춰 변해야 하는 것이네.

나 잘 알겠습니다. 조직이 지속적으로 중요한 존재로 남아 있기 위해서, 다른 말로 고객과 세계를 위해 기여할 수 있도록 늘 다섯 가지 질문을 자기평가의 도구로 삼아야 한다는 뜻이지요?

드러커 정확한 지적이야. 다섯 가지 질문은 조직을 늘 새롭게 하고 깨어 있도록 하는 행동의 도구야. 특히 조직의 리더라면 이를 명심해야 하네. 나는 이와 같은 자기평가에 전념하는 것은 리더로서 자신과 조직을 개발하겠다는 약속이라고 생각하고 있어(드러커, 2010: 36). 이제 질문 하나하나에 대해서 자세하게 얘기해 보도록 하지.

2장

첫 번째 질문

우리의 사명은 무엇인가?

들어가기 전에

우리는 사명에 입각한 행동원칙을 체득해야 합니다.
우리는 한정된 자원인 사람과 자금을 최대한 효과를 내도록 관리해야 합니다.
그리고 우리는 어떤 결과들이 우리 조직을 위한 것인지
매우 명확하게 고민해야 합니다.

피터 드러커

사명 이야기: 파타고니아

파타고니아는 개성이 넘치고 매력적인 미국 기업이다. 필자는 아웃도어 활동에 그다지 취미가 없어서 이 회사 제품을 구매한 적은 없지만, 이 회사는 등산복을 포함해서 스키, 서핑, 낚시를 위한 다양한 아웃도어 의류를 제조하고 판매하는 세계적인 기업이다. 등반 애호가인 창립자가 한때 주한 미군으로 근무하면서 북한산을 자주 등반했고, 자신의 이름을 딴 등산로(북한산 인수봉 쉬나드 A 코스, 쉬나드 B 코스)를 개척하기도 하는 등, 한국과의 인연도 독특하다.

1973년 이본 쉬나드Yvon Chouinard가 창립한 이 회사는 창립할 때부터 지구 환경을 보전한다는 사명과 가치를 철저하게 준수하기 위해 노력하는 기업이다. 원재료 선택부터 제조공정까지 환경기준을 지키기 위해 노력하며, 매년 1%의 기금을 환경보전을 위해 기부하고 있다. 이러한 노력의 바탕에는 자원을 인간에게 제공하는 지구에 책임을 져야 한다는 창업자의 이념이자 회사의 이념이 있다.

환경을 사명이자 핵심 가치로 삼는 기업은 훌륭한 사명 때문에 오히려 운명이 평탄하지 않다. 환경보호론자들로부터 더욱 높은 주목을 받게 되고 충성도가 높은 고객들은 회사가 조금만 실수하면 비판론자로 돌아선다. 파타고니아에도 이런 일이 종종 있다. 그렇지만 파타고니아는 사명과 가치를 일관성 있게 지키려는 흔치 않은 진정성 있는 기업으로 평가받고 있다. 요식 행위가 아니라 진지한 고민과 믿음을 담은 사명이 있기 때문이다. 이 회사의 「사명선언문」과 '우리가 존재하는 이유'를 소개한다.

사명선언문

가장 좋은 상품을 만들고, 불필요한 해를 끼치지 않으며, 환경위기에 대한 해결책을 고취하고 실행하는 데 사업을 이용한다(Build the best product, cause no unnecessary harm, use business to inspire and implement solutions to the environmental crisis)(https://www.patagonia.com/home/).

우리가 존재하는 이유 Our Reason for Being

파타고니아에 있는 우리에게 야생의 아름다운 장소에 대한 사랑은 이들을 보전하고 우리가 사는 행성의 전반적인 환경적 건강이 가파르게 악화되고 있는 상황을 역전시키도록 돕는 싸움에 참여할 것을 요구한다. 우리는 우리의 시간, 서비스, 최소한 매출액의 1%를 시류를 역전시키려고 노력하는 전 세계의 수백 개 풀뿌리 환경운동 그룹에게 기부한다.

우리는 우리의 사업 활동(조명 숍에서 염색 셔츠까지)은 부산물로 오염을 유발한다는 사실을 인식한다. 그래서 우리는 이러한 피해를 줄이기 위해 꾸준하게 노력한다. 우리는 우리가 만드는 많은 의류에서 재활용 폴리에스터를 사용하고, 농약으로 오염된 재료보다는 오직 오가닉 목화를 사용한다.

30년이 넘는 기간 동안 사업을 수행해 오면서 우리의 핵심 가치에 진실하게 머물렀던 것은 우리가 운영하고 일하기를 자랑스럽게 생각하는 기업을 만들 수 있도록 도왔다. 그리고 가능한 최고의 제품을 만들겠다는 우리의 초점은 우리가 시장에서 성공하도록 만들었다(https://www.patagonia.com/home/).

1

사명이란 무엇을 말하는가

리더의 첫 번째 일은 조직의 사명을 정의하여 모든 구성원으로 하여금 사명을 이해하도록 하고, 그것에 의해 행동하도록 만드는 것이다.

피터 드러커

사명의 의미

나 박사님 첫 번째 질문입니다. 앞에서 잠깐 얘기했지만, 사명이라는 말이 무엇을 뜻하는지에 대해서 먼저 얘기하고 싶습니다.

드러커 자네는 사명이라는 말을 무엇이라고 생각하고 있는가?

나 저는 사명이라는 단어를 떠올리면, 젊은 시절에 보았던 영화 〈미션(The Mission)〉의 몇 장면이 떠오릅니다. 제목이 그대로 영화를 말해주죠. 〈미션〉은 1986년 제작된 영국 영화인데요, 18세기 남아메리카에서 선교 활동을 하던 예수회 선교사들이 겪었던 실화를 다룬 영화입니다. 선교를 위해 봉사하던 마을을 선교사가 태어난 조국이 침공하는 비극 앞에서 선교사들이 내린 선택과 희생을 이야기하고 있죠. 영화 속에는 기독교 선교라는 사명과 인류애라는 보편적 가치 사이에 갈등하면서 끝내

영화 〈미션〉

죽음을 맞는 세 명의 신부가 나옵니다. 저는 그들의 삶에서 깊은 감동을 받았습니다. 생명을 걸고 무엇인가에 몸을 던지는 삶에서만 느낄 수 있는 위대함과 슬픔이 느껴졌습니다. 사명은 온몸과 마음을 바치는 어떤 과업이라는 의미가 있지 않을까요?

드러커 인상적인 얘기군. 많은 사람들이 종교와 연관해서 사명을 생각하는데, 이 생각이 아주 틀린 것은 아니야. 기독교 역사는 곧 선교의 역사이고 많은 종교인들이 목숨을 걸고 낯선 땅으로 가서 신앙을 전파했으니까 말일세. 이들에게 선교라는 사명은 반드시 달성해야만 하는 과업이자 책임이었네. "위대한 누군가가 부여한 신성한 것"이라는 사명의 뜻이 종교에서 나왔다고 볼 수 있지.

나 네, 맞습니다. 사명이라는 말에는 무엇인가 고귀한 것, 원대한 것이라는 의미가 담겨 있습니다. 그렇지만 현대사회에서 현대인에게 혹은 조직에게 이러한 의미는 다소 무겁게 다가옵니다. 사명의 의미를 새롭게 정의해야 하지 않을까요?

드러커 지당한 말이야, 내가 사명을 찾으라고 말한 것이 목숨을 걸라는 뜻은 아니니까 말일세. 우리는 사람들이 진정으로 믿고 따를 수 있는 어떤 목적을 얘기하고 있는 것이네. 자네가 생각하는 현대적 정의는 무엇인가?

나 제가 생각하는 사명은 '가장 중요한 과업이자 부여받은 과업'을 말합니다. 과업의 내용은 다양할 수 있겠죠. 음, 정치적 과업으로서 나라를 세우는 일이나 민족국가의 통일 같은 위대한 과업일 수도 있고, 어떤 정치적 변화가 될 수도 있습니다. 또는 사회문제를 해결하는 일도 될 수 있고요. 기업으로 보면 사람들에게 보다 편안하고 풍요로운 생활을 하도록 돕는 것도 사명입니다.

드러커 좋은 설명이야. 방금 자네가 사명의 한 가지 중요한 특성을 언급했네. 사명은 먼저 사명을 받아들이는 사람에게 매우 중요한 것이어야 한다는 것이지.

나 그렇습니다. 또한 저는 '사명이란 사명을 수행하는 사람에게 주어지는 것'이라고 생각합니다. 사명을 실천하는 사람의 바람이 아니라 사명을 내리는 주체가 사명의 정당성을 제공한다는 뜻이지요. 예를 들어 선교는 신이 요구하는 것이고, 독립이나 통일, 자유롭고 평등한 세계는 민족이나 국민이 요구한 것입니다. 사명은 자신보다 위대한 존재에 의해 내려지는 혹은 부여되는 어떤 것이 아닐까요? 저는 기업이 지향하는 경제적 성과도 인류가 원하는 복지 향상이라는 진지한 의미를 담을 수 있다고 생각합니다.

드러커 사명에 대해서 여러 가지로 진지한 생각을 했군. 좋은 자세야. 어떤 개념을 그저 통념으로 받아들이지 말고 자신의 머리로 깊게 생각해 보는 태도는 매우 좋은 사고 습관이야. 자신만의 독자적 생각을 할 수 있게 도와주거든. 이런, 내가 옆길로 새버렸군. 계속해 보게. 사명이 자신을 넘어선 존재, 즉 권위 있는 존재에 의해 부여된 것이라는 주장은 증명할 수는 없지만 가능한 생각이야. 예를 들어 고아원을 운영하는 사람이 이런 믿음에 따라 삶을 헌신하는 것은 충분히 존중할 만한 가치가 있지.

나 저는 충분히 근거가 있다고 생각합니다. 영어 'mission'이라는 단어의 연원을 찾아보니 1530년대에 처음 사용된 것으로 추정하는데요, "주어진 과업 즉, 개인 또는 그룹에 부과된 특정한 과제(a specific task with which a person or a group is charged)", "어디로 보내거나 임무를 맡기다(to send on or entrust with a mission)"라는 뜻이 담겨 있다고 합니다(https://www.merriam-webster.com/dictionary/mission).

드러커 그렇다면 사명은 소명과 가까운 의미를 가지게 되지. 계속해 보게.

나 현대사회는 자유로운 세계입니다. 모든 나라가 자유세계는 아니지만 대부분의 인류는 자유를 누리고 있고, 또한 목숨을 바쳐서 달성해야만 하는 무거운 소명은 없습니다. 이러한 세계에서 '자신에게 주어진 어떤 것'이라는 사명의 요점은 자신보다 큰 목적이나 가치를 의미합니다. 물론 현대사회에서 무소불위의 권력을 가지고 명령을 내리는 신이나 왕은 없죠. 하지만 인간은 항상 원대한 목적과 가치를 추구하는 존재입니다. 이제는 다른 사람의 명령이 아니라 스스로 이것을 선택해야 합니다. 현대인은 자신이 살아갈 삶의 목표와 기업이든 비영리조직이든 자신이 일하는 공동체를 선택할 자유와 책임이 있다는 뜻이죠.

드러커 깊은 생각을 했군. 그렇다면 사명은 인간에게 꼭 필요한 어떤 것이겠군.

나 네, 그렇습니다. 저는 일생을 통해 자신이 남기고 싶은 무엇이자 자신의 모든 것을 바칠 수 있는 과업이 사명이라고 생각합니다. 세계에 남기고 싶은 유산이라는 뜻이죠.

드러커 좋은 말이야. 사명은 본질적으로 개인이 최선을 다해 헌신할 수 있는 깊은 의미를 제공하는 어떤 것이지. 내가 경영을 연구하고 이를 통해 조직이 목표를 달성하도록 돕겠다고 결심한 것도 이런 의미가 있었네.

나 박사님이 젊은 시절에 영국에서 존 케인스John Keynes의 경제학 강의를 들으셨을 때 "케인스와 강의실에 있던 모든 명석한 학생들이 상품의 행동에 대해 관심을 가지고 있던 데 반해 나는 인간의 행동에 관심을 가지고 있었다는 사실을 갑자기 깨달았다"(https://www.drucker.institute/)라고 말씀하신 일화가 생각납니다. 박사님이 그런 생각을 해서 참으로 다행이었다고 생각합니다.

드러커 비행기 태우지 말게나. 갑자기 그 시절이 생각나는군. 그때 나는 히틀러가 권력을 잡고 전 세계에 공포의 그림자를 드리우기 시작한 독일을 떠나 아무런 연고도 없는 런던에서 불안한 20대를 보내고 있었지. 미래에 대한 목표도 없었고 앞으로 무엇을 할 것인가에 대해 번민하고 있었네. 그렇지만 그 시절은 내가 진정으로 원하는 것이 사람과 관계가 있고 자유로운 사회라는 것을 깨달은 소중한 시간이었지. 이제 개인에게 사명이 뜻하는 의미는 충분히 얘기한 것 같네. 조직과 사명은 어떠한 관계가 있는지를 생각해 보도록 하지. 내가 왜 첫 번째 질문으로 사명을 얘기했는지 생각해 보면 좋겠네.

사명은 조직의 영혼이다

나 사실 사명은 조직에는 더 중요한 것이 되었다고 생각합니다. 인간의 신체로 말하자면 사명은 '심장'과도 같죠. 조직과 사명의 관계를 설명해 보겠습니다.

조직과 사명

사회에서 조직이 필요한 이유, 가치 있는 이유가 사명이다. 현대사회에서 사명은 조직에게 '존재이유'라는 가장 중요한 이념이다. 존재이유란 어려운 말이 아니다. 만일 '당신이 일하는 조직이 내일 당장 없어진다면 어떤 일이 있겠는가?'라는 질문에 '별일이 없겠는데요'라고 구성원이 대답하는 조직이라면 존재이유가 없는 것이다.

사명은 조직이 추구하는 궁극적 목적이다. 그래서 사명은 조직의 출발점이자 종착점이라고 표현되기도 한다. 사명이 없거나 불확실한 조직이라면 탁월한 업적을 성취할 가능성은 없다.

사명은 조직 구성원들에게 정체성을 제공한다. 자신이 왜 이곳에서 일을 하는지를, 무엇을 위해 노력할 것인지 등 말이다. 이렇게 노동의 의미를 제공하는 핵심 요소가 사명이다. 따라서 사명은 조직을 조직답게 하고, 구성원들 간의 신뢰와 협력을 공고하게 만드는 핵심 장치이다. 사명이 없거나 희미한 조직은 조직으로서의 정체성이 모호하고, 동시에 실질적인 운영 능력에 장애를 갖게 된다. 구성원이 저마다 다른 생각을 하기 때문이다.

조직에서 사명은 다음과 같은 의미가 있다.

- **조직의 존재 의의**: 왜 우리 조직이 사회에 필요한가?
- **조직의 근본 목적**: 우리는 무엇을 달성하려고 하는가?
- **조직의 정체성**: 왜 우리는 이곳에 모여 있는가?

드러커 제대로 보았네. 모든 조직은 나름대로 인간의 삶과 사회에 기여하기 위해 존재하지. 이런 기여가 조직의 사명이며, 존재이유이며, 목적이라고 할 수 있네. 특히 비영리단체는 '사람의 삶을 변화시키는 것'이 언제나 출발점이자 목적지야(드러커, 2010: 41). 이것이 구체적으로 어떤 것을 성취하겠다는 사명으로 표현되어야 하지. 결국 사명이란 '우리 조직은 무엇으로 기억되기를 바라는가?'에 대한 솔직한 답변을 말하네.

나 전적으로 동의합니다. 저는 위대한 기업을 볼 때마다 이들이 달성한 성과(매출액, 이익, 세계적 위치)보다 창업자들이 씨를 뿌려놓은 사명과 가치에 깊은 감동을 받습니다. 인간의 생명 연장이라는 사명을 실천하기 위해 배터리로 작동하는 인공심장박동기를 최초로 만든 메드트로닉Medtronic, 하늘을 나는 버스를 만든다는 저가항공사의 개척자인 사우스웨스트 항공Southwest Airlines, 소비자가 원하는 상품을 가장 빠르게 공급한다는 스페인의 패션 브랜드 자라Zara가 제가 좋아하는 기업입니다. 사명은 조직에게 영혼과도 같습니다. 메드트로닉의 전 CEO였던 아트 콜린스Art Collins는 이런 말을 남겼습니다.

> 우리는 고통을 줄이고 건강을 회복하며 인간의 생명을 연장하는 제품을 연구, 설계, 제조해서 판매하는 생명공학 기업입니다. 우리는 이 사실을 지속적으로 얘기합니다. 메드트로닉이 계속해서 사업을 번영시켜 나갈 수 있게 하는 중요 핵심이죠(클락, 2008: 189).

드러커 조직이란 다른 무엇보다 사람들이 모인 곳이야. 사람의 마음에 있는 깊은 정신적 가치나 신념을 영혼이라고 해석한다면 조직에 영혼이 없으리라는 법은 없지.

나 네, 맞습니다. 영혼이라는 말은 흔한 용어는 아니지만, 기업도 사람이 모여 있는 공동체라는 것을 상기시켜서 제가 좋아하는 말입니다. 사람은 영혼이 있는 존재이고, 따라서 조직이라면 명확한 사명을 가질 수 있고, 또 가지고 있어야 한다고 생각합니다. 그 어떤 조직이라도 스스로 중요한 조직이 되고 싶어야 하고 구성원들에게 그러한 조직을 만들자고 요구해야 하니까 말입니다.

드러커 그렇지. 그래서 기업, 공공기관, 대학이나 병원 같은 비영리기관 등 다양하고도 많은 조직들이 「사명선언문mission statement」를 만들고 또 유지하는 것이네. 사명선언문을 통해 조직목적과 사업 초점을 명확하게 하고 정체성을 확고히 세우려는 것이지.

나 네, 그렇습니다. 저도 제가 근무한 여러 기업에서 사명선언문을 본 적이 있습니다. 제가 일했던 세계적인 유럽계 자동차 회사(볼보)에서는 "현대 가족을 위해 세계에서 가장 안전한 자동차를 만든다"라는 사명이 있었지요.

드러커 좋은 정의군. 그렇다면 이렇게 말해도 좋지 않을까? 사명은 개인 차원에서는 스스로가 선택하는 가장 중요한 삶의 목적이고, 조직에게는 모든 사람들이 공감하고 힘을 합쳐 구현하려는 존재의 이유이고 궁극적 목적이다.

나 전적으로 동의합니다, 박사님.

드러커 그렇다면 사명에 대해 정의를 내려보겠나?

나 이렇게 정의하고 싶습니다. "사명은 조직의 존재 이유로서 창업자와 구성원이 바라보는 세계관과 사회를 위한 가치를 담은 것이다."

드러커 좋은 정의라고 생각하네.

나 감사합니다, 박사님. 그런데 작은 조직에도 사명이 필요할까요? 이제 막 사업을 시작한 작은 기업이 원대한 목적을 세운다는 것은 지나친 자신감의 표현이 아닐까 하는 생각도 듭니다. 혹은 어떠한 미래가 있을지 모르는데 스스로 부담을 지는 것이 아닌가 하는 생각도 합니다.

드러커 그런 생각은 전적으로 잘못된 생각이야. 오히려 작은 기업일수록 사명에 대해 더욱 철저히 생각해야지.

나 어떤 말씀이신지요?

드러커 기업을 만든다는 것은 크든 작든 사회를 위해 가치 있는 무엇을 만들겠다는 의지의 표현 아닌가? 그리고 고객은 자신에게 분명한 가치를 제공하는 것만을 선택하지. 가치가 크거나 작은 것, 규모가 크거나 작은 것은 중요하지 않네. 명백한 가치가 중요한 것이지. 사명을 왜 세워야 하는가? 바로 이 가치를 밝히는 일이기 때문이네. 즉, 존재이유 말일세. 만일 이것이 모호하다면, 기업은 규모 때문이 아니라 명백한 가치를 제공하지 못해서 존속할 수 없을 것이네. 결국 사명에는 창업자가 조직을 세운 세계관이 담겨 있는 것이야. 조직 자체보다 위대한 궁극적 목적, 실현하고 싶은 목표라는 뜻이 담겨 있지. 규모가 작거나 처음 출발한다는 변명이 사명을 생각하지 않는 이유가 될 수는 없네.

나 잘 알겠습니다. 한국의 상황이 떠오릅니다. 뛰어난 실력을 갖췄음에도 실패하는 창업가들이 참 많거든요. 이들이 실패하는 이유를 알겠습니다. 많은 창업가들이 뛰어난 아이디어와 기술력을 가졌지만 왜 창업을 하는지, 무엇을 고객에게 제공하려고 하는지, 즉 사명을 제대로 정립하지 못했거든요.

드러커 맞아. 나는 한때 한국을 뛰어난 기업가정신을 갖춘 모범 국가라고 생각했네. 20세기 후반에야 독립한 나라에서 이렇게 빠른 시간 안에 뛰어난 발전을 이룩한 것은 위험을 감수하고 기회를 혁신으로 연결한 기업가들이 있었기 때문이야. 하지만 이젠 경쟁의 무대와 사회환경이 달라졌네. 분명한 존재이유를 세우고 이를 행동으로 실현하는 기업가만이 자신의 비전을 제대로 실현할 수 있을 것이야. 작은 기업은 더더욱 사명을 제대로 세워야 하지. 적은 자원을 집중하고 구성원의 헌신을 통해 혁신을 달성해야만 작은 기업은 진정으로 자신의 자리를 만들 수 있지 않겠나?

나 네, 깊이 공감합니다.

사명은 조직을 살아 있도록 만든다

드러커 그렇다면 이런 사명이 조직에서 어떤 역할을 하는지 구체적으로 생각해 보세. 앞에서 자네가 사명은 정체성이자 구성원을 하나로 묶는 핵심 장치라고 말했지만 좀 더 구체적으로 조직에 사명이 필요한 이유, 사실 구성원들에게 필요한 이유 말일세.

나 저는 조직을 조직답게 하는 원천이 사명이라고 생각합니다. 그런데 자세하게는 사명이 어떤 역할을 하는지는 생각해 보지 못했습니다.

드러커 사명은 멋진 액자로 꾸민 선전 구호가 아니라 조직이 행동하고 살아 있도록 만드는 힘이 되어야 하네. 사명이 구성원들이 하는 모든 활동과 노력에 구현되어 있어야 한다는 뜻이지.

사명의 역할

- 사업의 근본 방향을 정해준다.
- 원하는 성과를 얻도록 한다.
- 고객을 얻도록 하고 유지시켜 준다.
- 결과를 명확하게 해준다.
- 자원배분에 관한 결정을 내리도록 해준다.

나 그렇군요. 사명은 행동으로 옮기는 것이어야 한다는 박사님의 말씀을 이해하겠습니다. 사명은 나침반처럼 조직 구성원에게 무엇을 위해 어떤 일을 해야 할 것인가를 알게 해줍니다. 사명은 조직이 봉사해야 할 고객이 누구인지를 말해줍니다. 갈 곳을 알고 있는 탐험대는 길을 만들어나가죠. 일일이 지시하지 않아도 구성원들은 사명에 담긴 목적을 알고 있으므로 이를 위해 노력하고 결국 성과를 만들 수 있습니다.

드러커 그렇네.

나 그런데, 박사님. 박사님이 말씀하신 '기업이론Business Theory'에서도 사명에 관해 언급하셨습니다. 기업이론과 사명은 어떻게 연결되는 것인지요?

드러커의 기업이론

기업이 기본적으로 가지고 있고 사업 활동의 전제로 믿고 있는 가정이자 신념. 기업을 운영하는 기본 이론이다.

- **조직의 환경에 대한 가정**: 우리는 어디에 있는가?
- **조직의 사명에 대한 가정**: 우리는 무엇을 달성하고자 하는가?
- **조직의 사명을 달성하는 데 필요한 핵심 역량에 대한 가정**: 우리는 무엇으로 결과를 만드는가?(드러커, 2008: 89)

드러커 기업이론을 분명하게 이해하고 넘어가도록 하지. 기업이론은 조직이 가치를 창출하기 위해서 반드시 가지고 있어야 하는 기본 가정을 말하네. 기업이 무엇을, 왜, 어떻게 하려는 것인가에 대한 분명한 생각이지. 이 가정이 없다면 혹은 가정이 틀렸다면 기업은 자신이 하는 사업이 무엇인지 제대로 모르는 것이고, 자연히 결과를 제대로 만들 수 없네. 1980년대 정보통신산업을 선도했던 두 기업인 IBM과 마이크로소프트Microsoft를 살펴보면 기업이론이 얼마나 중요한지를 이해할 수 있을 것이야.

IBM의 기업이론과 Microsoft의 기업이론

환경에 대한 가정	중대형 컴퓨터 시대에서 개인용컴퓨터로 컴퓨터 산업의 전환	
사명에 대한 가정	IBM	하드웨어를 기반으로 하는 정보통신 산업 선도
	Microsoft	운영체제를 중심으로 하는 정보통신 산업 선도
핵심 역량에 대한 가정	IBM	하드웨어 제작 기술, 부품/중간 제작 업체를 묶는 능력
	Microsoft	운영프로그램(OS) 제작 기술, 기업응용프로그램 제작 기술

이렇게 같은 산업에 속했지만 두 기업은 다른 기업이론을 가지고 있었고 이것은 다른 발전 경로를 선택하도록 했다네.

나 정말 그렇군요. 기업이론이 기업 활동에 앞서서 먼저 제대로 정립되어 있어야 하는군요.

드러커 그렇네. 기업이론은 세 가지 가정으로 구성되는데 사명이야말로 세 가지 가정을 함께 묶어주는 것이야. 사명을 규정하려면 조직이 어디에 있는가, 즉 환경을 이해해야 하고 사명을 달성하려면 그것을 실현할 수 있는 역량이 있어야 하지 않겠나?

나 사명을 제대로 정립해야만 기업이론을 제대로 갖출 수 있는 것이군요. 다섯 가지 질문을 구성하는 나머지 질문(고객, 고객가치, 결과)과도 자연스럽게 연결됩니다.

드러커 제대로 봤어. 다섯 가지 질문을 제대로 하게 되면 사업의 기본 가정인 기업이론을 충실하게 만들 수 있지. 그래서 다섯 가지 질문은 경영의 초점을 명백하게 밝혀주는 것이네.

2

올바른 사명 만들기

효과적인 사명이란

나　　　그렇다면 이제 사명이 담아야 하는 내용을 얘기하고 싶습니다. 진정한 사명, 즉 박사님 표현대로라면 효과적인* 사명을 어떻게 만들 수 있을까요? 가슴을 뛰게 하고 진정한 성과로 이어지는 사명 말입니다. 드러커 박사님께서는 많은 기업과 비영리조직을 자문하시고 컨설팅을 하셨는데요, 어떻게 접근해야 할까요?

드러커　　　효과적인 사명은 '단순하고 간결하면서도 포괄적인 것'이어야 하네.

나　　　명료하고 간결하게 표현할 수 있어야만 가장 중요한 무엇을 표현할 수 있다는 뜻이라고 이해됩니다. 초점을 분명히 했다는 뜻이기도 하고요.

드러커　　　바로 그렇지. 티셔츠 한 장에 담길 정도로 단순하고 간명해야 하지. 만일, 사명을 말하는 데 여러 문장을 동원해야 한다면, 아마도 그것은 초점을 잃은 것이고 따라서 사람들에게 호소력을 가질 수 없을 것이야. 내가 한 다음 말을 잘 기억하게.

---

* 드러커는 조직이나 경영이 결과를 창출해야 한다는 것을 매우 강조했으며 이를 '효과성(effectiveness)'이라고 표현했다. 경영은 본질적으로 효과를 창출하는 것이다.

효과적인 사명은 간결하고 초점이 분명하다. 사명은 티셔츠를 입는 것만큼 쉬워야 한다. 사명은 과업을 '어떻게 해야 하는지'가 아니라 '왜 해야 하는지'를 말해준다. 사명은 포괄적이고 영원한 것이라서 미래에도 계속 올바른 일을 하도록 방향을 알려주기 때문에 조직의 구성원들이 '내가 하는 일이 목표 달성에 기여한다'라고 말할 수 있게 해준다(드러커, 2017: 49~50).•

내 철학을 바탕으로 비영리단체의 올바른 경영을 통한 사회 혁신을 사명으로 삼고 있는 드러커재단Drucker Institue의 사명문을 살펴보게나.

미국 드러커재단의 사명문
조직을 향상시킴으로써 사회를 향상시킨다(Strengthening organizations to strengthen society)(https://www.drucker.institute/about/).

나 참 좋네요. 한 문장으로도 무엇을 하는 곳인지 알겠습니다. 그런데 포괄적이어야 한다는 말에 대해 좀 더 설명해 주실 수 있을까요? 사명이 담고 있는 내용이 넓어야 한다는 뜻인가요?

드러커 이 말은 조직이 성취하고 싶은 가장 높은 목적과 가치를 사명에 담아야 한다는 뜻이네. 예를 들어 엔진을 만드는 어떤 기업의 사명이 '가장 효율적이고 경제적인 자동차엔진을 제공한다'일 수도 있지만 '가장 안전하고 친환경적이면서 경제적인 동력장치를 제공한다'일 수도 있겠지. 이 중에서 어떤 사명이 더 원대한 목적을 담고 있는지 생각해 보게.

나 아, 알겠습니다! 조직이 선택하는 목적으로서 가능한 한 가장 높은 수준을 지향해야 한다는 뜻이군요. 한 가지 경험이 생각납니다. '다섯 가지 질

• 드러커의 원문에 표기된 '미션'을 '사명'으로 수정했다.

문'을 주제로 경영자들에게 강의를 한 적이 있는데요, 강의 도중에 논쟁이 붙었습니다. 중소기업을 운영하는 한 기업가가 기업은 돈을 버는 조직이니 경제적 성과(최고의 매출액과 이익을 달성한다, 혹은 세계 최고의 기업이 된다, 최고의 제품을 만든다 등)를 표현하는 사명이면 충분하지 않겠냐는 의견을 제시했고, 이에 대해 수강생들과 열띤 토론을 했죠.

드러커 어떻게 결론이 났지?

나 경제적 목적만을 담은 사명은 적합하지 않다는 의견이 많았습니다. 경제적 성과는 중요하지만 이것이 조직의 존재 이유, 구성원들이 온 힘을 다해 성취하려는 원대한 목적이 되겠는가라는 것이죠.

드러커 기업은 어떤 목적이라도 자신의 사명으로 선택할 수 있네. 최선을 다해 달성하겠다는 의지를 담을 수도 있고 말이야. 그렇지만 경제적 가치만으로는 사명으로서 의미를 가질 수는 없다고 생각하네. 그런 사명은 직원들에게 '내가 무엇을 위해 이곳에서 일하는가'에 대해 답을 줄 수가 없기 때문이지. 최고로 헌신하려는 열정을 불러일으킬 수 없다는 말이네.

나 저도 같은 생각입니다. 결국 '돈을 많이 벌자'라는 것이고, 이러한 생각은 기업 내부만을 위한 것입니다. 기업 바깥의 사람들을 위한 가치라고는 없죠. '왜 우리 조직이 중요한가?'라는 질문에 답을 줄 수도 없고요.

드러커 제대로 보고 있군. 사명으로서 올바른 것인지 판단하려면 사명은 누구의 것인지를 생각해 보면 되네. 이 사명은 창업자의 개인적 생각인가? 그런 것이라면 그것은 사명이 아니라 창업자의 욕심이나 바람으로 머물 것이야. 사명이란 결코 그런 것이 아니야. 사명은 조직 구성원 모두의 것이어야 하고 그럴만한 가치와 의미가 있는 것이어야 하네. 그래서 사명은 사람들이 혼신의 힘을 다해서 성취하려는 궁극적 목적과 가치, 그리고 넓은 사업 범위를 지향해야 하지. 만일 평범한 목적을 지향하고 달성 수준이 그다지 어렵지 않은 사명이라면 사람들로부터 전적인 헌신을 이끌어내지 못할 것이야. 그리고 사업

범위는 환경 변화와 기업의 성장에 따라 언제나 바뀌게 마련이네. 명심하게나! 깊고 넓은 목적을 담은 사명이야말로 조직의 모든 자원과 활동, 구성원을 한 방향으로 묶는 진정한 힘을 제공할 수 있는 사명인 것이네.

나 알겠습니다. 다음과 같은 기업의 사명은 어떨까요? 저는 이들의 사명선언문이 참 마음에 듭니다. 사명답다고 할까요?

기업	사명선언문
구글	세상의 모든 정보를 쉽게 접근하고 사용할 수 있도록 하는 것
킥스타트	킥스타트의 사명은 수백만의 사람들을 신속하고, 비용 효과적으로, 그리고 지속 가능한 방식으로 빈곤으로부터 자립하도록 하는 것이다
월트 디즈니	사람들을 행복하게 만들자
한국 마이다스아이티	기술로 행복한 세상 만들기

드러커 음, 매우 좋은 사명선언문이군. 간결하면서도 조직의 목적과 조직이 하려는 사업을 잘 표현했어. 이처럼 효과적인 사명선언문을 보면 다음과 같은 특징이 있지.

효과적인 사명선언문의 특징

- **명확한 초점** Focus: 구체적이고 단순명료한 방향과 목적을 담았다.
- **분명한 목적** Purpose: 왜 조직이 존재하는지, 조직이 무엇으로 기억되길 원하는지가 분명하다. '사업의 방법'에 관한 기술이 아니라, 충분히 광범위하고 포괄적인 내용을 담았다.
- **영감** Inspiration: 강력하고, 행동을 유발하며, 동기를 부여한다.
- **핵심 고수** Preservation of the Core: 변해야 할 것과 변하지 말아야 할 것을 분명히 밝혔다(드러커, 2010: 43~45, 48).

드러커 이 특징들을 한번 설명해 보겠나?

나 네. 사명이란 당연히 초점이 분명해야 합니다. 조직이 무엇을 성취하려는 것인가에 대한 초점이 명확하지 않다면 조직이 관심을 기울이고 집중해서 노력할 대상이 없다는 뜻이기 때문입니다. 박사님께서도 "토머스 에디슨조차도 오직 전기 분야에서만 일했다"라고 말씀하시기도 했죠.

다음으로 사명은 분명한 목적을 담고 있어야 합니다. 목적은 곧 존재 이유입니다. 존재 이유는 '조직이 왜 사회에 필요한가'에 대한 답변입니다. 즉, 봉사하려는 고객이 누구이고 제공하는 가치가 무엇인가에 대한 답으로서, 존재 이유는 조직 구성원과 고객을 연결시켜 줍니다. 또한 사명은 미래에 반드시 이루려는 성취를 전제로 합니다. 따라서 구성원들에게 선언이 아니라 행동강령으로서 영감을 고취시켜야 합니다. 인간은 자신이 어디에 있고, 무엇을 위해 최선을 다해 일해야 하는지를 알 수 있을 때 헌신하는 존재입니다. 사명은 이 헌신을 이끌어낼 수 있어야 합니다.

마지막으로 사명은 조직의 설립 이념으로 가장 중요한 토대입니다. 따라서 사명은 튼튼하게 유지되어야 합니다. 이것이 핵심을 지킨다는 뜻이라고 생각합니다. 박사님의 제자이기도 한 미국의 경영학자 짐 콜린스Jim Collins 교수는 "변화의 가장 큰 패러독스는 변화하는 세계에 가장 잘 적응하는 조직들이 무엇이 변화해선 안 될지를 가장 먼저 알고 있다는 점이다"라고 말했는데요, 사명과 가치라는 조직의 토대를 굳건히 지켜야 한다는 것을 잘 설명했습니다. 연속과 변화에 대한 박사님의 설명과도 일치하는 견해인 것 같습니다.

짐 콜린스의 연속과 변화

- **보존되어야 할 것**: 사명, 가치, 목적.
- **발전되어야 할 것**: 변화, 개선, 혁신(드러커, 2010: 49).

드러커 잘 정리했군. 특히 지켜야 할 것이 분명할수록 더욱 유연하게 변할 수 있다는 것을 기억하면 좋겠네.

사명 세우기: 고객과 고객가치를 정립하라

나 그렇다면 초점이 분명하고 목적이 뚜렷하며 지켜야 하는 핵심 가치를 담은 사명을 어떻게 만들 수 있을까요? 가장 중요한 요소는 고객과 가치라는 생각이 듭니다.

드러커 잘 보았어. 최소한 사명에는 누구를 위해 조직이 존재하는지, 그들에게 무엇을 제공하려는 것인지에 대한 내용이 반드시 포함되어야 하지. 이를 위해서 다음과 같은 질문이 도움이 될 것이야.

사명의 핵심 요소

- **고객**

  우리의 고객은 누구인가?
  우리의 고객은 어디에 있는가?
  어떤 고객을 선택할 것인가?

- **핵심 가치**

  우리의 고객은 무엇을 구입하는가?
  고객에게 가치 있는 것은 무엇인가?
  왜 고객은 우리의 제품/서비스를 구입하려고 하는가?

나 알겠습니다. 쉽게 대답할 수는 없지만 반드시 명확하게 대답해야 하는 질문입니다.

드러커 그렇지. 탁월한 기업은 이러한 질문을 결코 회피하지 않지.

나 네, 그렇습니다. 인터넷전화 사업을 개척한 스카이프skype의 사명을 보면 그런 특징이 잘 나타나 있습니다. 온라인 사업 분야의 리딩 기업인 이베이ebay가 이 기업을 26억 달러에 인수한 이후 4년 동안 CEO가 네 번이나 바뀔 정도로 기업 방향이 혼란스러웠던 적이 있는데요, 조시 실버먼Josh Silverman이 새 CEO로 부임한 이후 새롭게 사명을 정립한 일이 있습니다. 그에 따르면 그가 취임할 시점에는 현재의 핵심 사업인 '영상통화 기능'은 부가서비스였다고 합니다. 조시는 영상통화가 핵심 기능이 되어야 한다고 판단하고 신제품을 출시하면서 영상통화 기능을 중심으로 새롭게 기업을 포지셔닝합니다. 점차 스카이프는 영상회의 서비스 브랜드로 고객에게 인식되었죠. 그 결과 기업가치는 3년 사이에 26억 달러에서 85억 달러로 증대했습니다.

> 우리는 무료 통화를 제공하는 브랜드에서 같은 장소에 있지 않은 사람들을 연결해 주는 브랜드로 전략을 바꿨습니다(스마트 외, 2016: 37).

드러커 조시가 제대로 일했군. 무료 통화라는 현재의 사업에 매몰되지 않고 사업의 본질과 고객이 원하는 가치를 원점에서 고민했고, 이를 새롭게 사명으로 정립했군.

나 네, 그렇습니다. 그런데요, 박사님, 한 가지 헷갈리는 것이 있습니다. 고객과 고객가치에 대한 질문은 다섯 가지 질문 중에서 두 번째와 세 번째 질문에 해당합니다. 그런데 사명을 묻는 첫 번째 질문에서도 이 질문을 하게 되는데요, 각각 다른 의미가 있을 것 같은데 잘 모르겠습니다.

드러커 사명을 정립할 때는 분명하게 고객과 고객가치에 대한 판단을 내려야 해. 그런데 첫 번째 질문에서는 포괄적으로 고객과 고객가치를 판단하고 이를 사명에 담는 것이야. 두 번째, 세 번째 질문은 좀 더 구체적으로 고객을 정의하고 고객이 중요하게 생각하는 가치를 세부적으로 파악하라는 것이지.

그런데 이 단계에서 다시 첫 번째 질문으로 돌아가 다시 사명을 다듬는 경우도 생길 수 있네. 첫 번째 질문을 통해 정립한 사명이 충분하지 않았기 때문이지. 사명이 지향하는 고객이 모호했다거나 고객가치가 추상적이었을 수도 있고, 나중 질문을 하면서 고객을 새롭게 선택하는 경우도 있을 수 있기 때문이야. 사실 다섯 가지 질문은 단절적으로 분리된 채 답할 수는 없는 것이야. 질문 사이를 왔다 갔다 하면서 올바른 답변을 만드는 것이지. 다섯 가지 질문에 충실하게 답해보면 내 말을 이해할 수 있을 것이네.

나 네! 잘 알겠습니다. 예를 들면 첫 번째 질문에서 '여성을 위한 가장 뛰어난 건강 서비스를 제공한다'를 사명으로 정했다면, 두 번째 질문에서는 20대 여성 혹은 40대 중년 여성을 대상 고객으로 정의할 수도 있겠고, 세 번째 질문에서는 건강 서비스라는 고객가치를 질병의 조기진단 또는 아름다운 피부 등으로 명확하게 정립하는 것이지요. 그리고 단계마다 다른 질문에 답변하지만, 다른 답변과 연결하면서 답변을 수정하고 결국 다섯 가지 질문을 통합해 최종적인 답변을 만드는 것이군요.

드러커 그렇지. 제대로 이해했군.

사명선언문 만들기: 기회, 역량, 헌신

나 그렇다면 박사님, 이제 사명선언문을 만드는 작업에 대해 얘기하고 싶습니다. 의도를 말로, 문장으로 만드는 작업 말입니다. 저는 이 작업이 결코 쉽지 않다는 것을 잘 알고 있습니다. 영리기업과 공공단체의 사명선언문을 만드는 프로젝트도 해봤고, 중장기전략계획을 수립하면서 사명과 비전을 재정립하는 일도 해봤지만 만만치 않았습니다.

드러커 어떤 어려움이 있었는지 말해보게나.

나 사명을 만드는 저의 첫 작업은 한 대기업에서 중견 간부들과 함께 진행한 것이었습니다. 이때는 최고경영자가 사명에 대한 자신의 생각을 제안했고, 이를 중견 간부들이 검토하면서 사명을 만들어갔는데요, 대화 과정이 무척 힘들었습니다. 먼저 최고경영자가 생각하는 사명의 실현 가능성에 대한 정직한 평가가 어려웠습니다. 어떤 간부 직원들은 최고경영자의 뜻이니 그저 수용하려고만 했고, 어떤 임원은 사명으로 인해 자신의 일이 힘들어질 것을 우려해서 비판하기만 했죠. 그리고 사명에 대해 이해하는 내용이 각기 달라서 대화 과정에서 요점을 명확히 하는 데 상당한 시간이 걸렸습니다.

드러커 대체로 기업에서는 사명이나 비전을 만들 때 최고경영자가 주도하는 방식, 중견 간부들이 함께 기초안을 만들고 최고경영자가 이를 검토해서 정하는 방식, 아니면 외부 전문가 혹은 자문단을 구성해서 만드는 방식을 사용하지. 첫 번째 방식은 최종 책임자가 참여한다는 점에서 의미가 있지만 자네가 경험한 대로 다양한 생각을 가진 사람들끼리 많은 대화를 해야 하는 어려움이 있네.

나 두 번째는 스타트업 창업자를 도운 경험입니다. 창업자는 매우 야심이 있고 큰 꿈이 있었습니다. 그런데요, 원대한 비전을 품고 세상을 바꾸겠다는 창업자의 의도는 감동적이었지만 그는 너무나 폭넓은 고객층을 지향했습니다. 고객 범위가 넓어 사명의 실현 가능성이 보이지 않았고, 이를 이해시키는 데 힘든 과정을 겪었습니다.

드러커 좋은 경험을 했군. 효과적인 사명은 단지 대화를 한다고 해서 만들어지지는 않아. 시간을 많이 투자한다고 발견되는 것도 아니지. 사명을 만드는 일이란 체계적이고 의식적으로 올바른 내용을 고민하고 이를 정직하게 성찰하는 것이네. 조직을 오랜 기간 이끌어갈 나침반이 되고, 구성원들의 헌신을 이끌어내야 하는 사명이라면, 쉽게 만들어지지 않는다는 점은 당연하지 않겠나? 그래서 사명을 제대로 만들기 위해서는 중요한 것에 집중해야 하지. 바로 '기회Opportunity', '역량Competence', '헌신Commitment'이 그것이네.

나　　네, 어떤 의미인지 자세히 설명해 주시겠어요?

드러커　　효과적인 사명을 이끌어내려면 기회, 역량, 헌신을 정확히 조화시켜야 한다네(드러커, 2010: 44).

효과적인 사명: 기회, 역량, 헌신의 조화

- **기회**: 사명은 외부의 요구에 대응해야 한다. 한정된 자원으로 도달 가능한 새로운 차원의 성과를 만들어내는 기회는 어떤 것인가?
- **역량**: 사명은 이를 실현할 수 있는 역량과 부합해야 한다. 기회를 활용하여 성과로 만들어낼 역량을 우리는 갖추고 있는가? 사명을 달성하기 위해 요구되는 역량은 우리가 잘하고 있거나 잘할 수 있는 것과 부합하는가?
- **헌신**: 사명은 구성원이 최선을 다해 공헌하려는 목적이어야 한다. 우리 조직의 구성원들은 이 사명에 진정으로 헌신할 수 있는가?(드러커, 2010: 44).

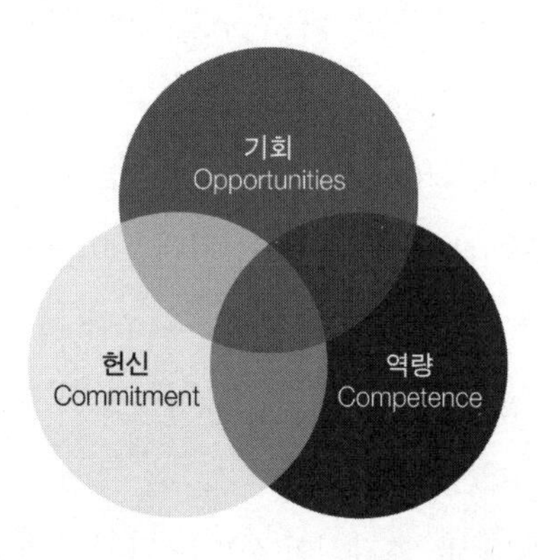

나　　아, 그렇군요! 단지 희망만이 아니라 사회의 요구에 부합하고, 사명을 실천할 사람들이 진심으로 동의할 수 있고, 실질적으로 달성할 수 있는 '바로 그 무엇'을 찾아야 한다는 뜻이지요?

드러커　　바로 그거야. 사명은 결국 누구의 것인지 자문해 보게나. 사명은 조직의 것이면서 조직 외부를 위한 것이야. 사명은 꿈이 아니네. 사회가 필요로 하는 것이어야 하고 현실적 토대가 부족한 꿈이어서는 안 된다는 말이지. 또한 결과를 성취할 수 있는가에 대한 정직한 인식 없이 그저 최선을 다해 행동하는 것도 아니야. 사회에 도움이 되는 것이면서 구성원들이 최고의 몰입으로 헌신할 수 있고 달성 가능한 목적이 되어야 한다는 뜻일세.

나 알겠습니다. 말씀을 듣고 보니 사명을 제대로 정립하지 못해서 실패한 여러 경우가 생각납니다. 1990년대 말 인터넷이 주도하는 신경제新經濟가 등장하면서 많은 기업가들이 인터넷 사업에 도전했습니다. 그러고는 불과 수년 만에 많은 기업이 소리 소문도 없이 사라졌죠. 미국 전역을 대상으로 가장 큰 온라인 상점이자 식료품을 가장 빨리 배달하겠다는 포부를 가졌던 웹밴webvan이 대표적인 기업입니다. 이 기업은 창업 팀도 훌륭했고 유명한 투자가들이 후원했지만, 결국 인터넷 거품을 상징하는 큰 실패 사례만 남기고 사라졌죠. 대부분의 전문가들은 이 기업을 포함해서 많은 기업의 실패는 타이밍을 못 맞춘 데 있다는 점에 동의했습니다.

드러커 기회와 역량이라는 요소를 제대로 구현하지 못한 것이지. 따라서 사명을 만들 때는 기회, 역량, 헌신을 주제로 필요한 질문을 적절하게 하면서 진지하게 대화해야 하네. 이를 통해 도전과 기회를 분석하고, 조직이 제일 잘할 수 있는 것을 분별하고, 구성원들이 헌신하도록 영감을 주는 사명을 발견할 수 있을 게야.

나 깊이 기억하겠습니다. '기회-역량-헌신을 조화시키라.'

드러커 특히 기회를 잘 이해해야 하네. 기회는 조직 바깥에서 벌어지는 일을 진지하게 탐색하고 중대한 변화를 활용하는 것이야. 곧 혁신의 기회를 창조하려는 태도를 경영자에게 요구하지. 내가 『미래사회를 이끌어가는 기업가정신(Innovation and Entrepreneurship)』(1985)에서 제시한 일곱 가지 혁신의 원천을 잘 살펴보기 바라네.

혁신의 원천

- 예기치 못한 사건(예기치 못한 성공, 예기치 못한 실패, 예기치 못한 변화)
- 불일치
- 프로세스상의 필요
- 산업구조의 변화
- 인구통계
- 인식, 의미, 분위기의 변화
- 신지식

나 변화를 기회로 활용하여 새로운 가치를 창조하는 혁신을 추구하라는 말씀이시죠?

드러커 그렇지. 미국 자동차 기업인 포드Ford의 성공과 실패를 보면 잘 알 수 있어. 포드는 1955년 2인승 스포츠카 썬더버드Thunderbird를 출시했으나 아쉽게도 손익분기점을 간신히 넘어선 제한적 성공에 만족해야 했네. 그런데 포드는 바보 같지는 않았어. 포드는 소비자들이 스포츠카를 좋아하지만 2인승보다는 더 널찍한 차를 필요로 한다는 사실을 재빨리 알아차렸어. 그래서 포드는 1958년에 썬더버드를 4인승 스포츠카로 재디자인해 큰 성공을 거뒀지. 1957년에 2인승 썬더버드의 생산량은 대략 2만 1000대였으나 4인승은 1959년에는 6만 7000대 이상, 1960년에는 약 9만 3000대가 판매되었네. 예기치 못한 성공과 실패를 기회로 활용한 것이지. 자동차 구매자들이 사회경제적 기준에 매이기보다는 라이프스타일에 대한 선호도에 따라 구매를 결정한다는 변화를 알아차린 것이네(마시아리엘로·링크레터, 2013: 446~447).

나 잘 알겠습니다. 사명을 만들 때 '기회가 무엇이 있는가, 변화를 통한 혁신의 기회를 사명에 담고 있는가'를 판단하라는 것이지요? 사명은 기다리는 것이 아니라 창조하는 것이라고 말해도 되겠죠?

드러커 하하, 멋진 표현이네.

나 박사님, 사명이 조직에 얼마나 중요한 것인지 알겠습니다. 또한 사명을 발견하는 과정은 경영자가 가장 솔직하고 진지하게 안과 밖을 성찰하는 과정이라는 것도 깨달았습니다. 아울러 대화를 통해 건설적으로 논쟁해야 하며 기회, 역량, 헌신을 조화시키는 사명을 찾아야 한다는 점도 이해했습니다. 또한 사명은 티셔츠에 인쇄할 수 있을 정도로 단순하고 포괄적으로 표현되어야 하고요.

드러커 내가 다섯 가지 질문에서 왜 사명에 관한 질문을 첫 번째 질문으로 제시했는지를 이해했으리라 생각하네. 바라는 목적이 없다면 그 누구도 결코 항해할 수 없어. 사명은 조직이 사회에 기여하기 위해서 반드시 찾아야 하는 북극성이지. 그리고 사명은 모든 경영자, 중간 관리자, 직원, 자원봉사자들이 '맞아, 나는 바로 이 사명대로 기억되고 싶어'라고 말할 수 있어야 하는 것이네(드러커, 2010: 44).

사명과 리더십

나 네, 그런데 사명을 만드는 과정에서 리더의 역할은 무엇일까요? 그리고 사명선언문을 만드는 작업은 누가 담당하는 것이 좋을까요?

드러커 매우 중요한 질문을 했네. "리더의 첫 번째 역할은 나팔수다"라는 나의 말을 기억하고 있나? 사명을 명확하게 하고 또 제대로 전달하는 일은 리더에게 부여된 책임 중에서 가장 중요한 것이네.

나 네, 저도 동의합니다. 다중지능으로 유명한 하워드 가드너Howard Gardner 교수는 리더를 주제로 저술한 『통찰과 포용』이라는 책에서 리더의 특징을 "이야기의 능숙한 창조와 명확한 전달은 리더의 근본적인 자질이다"(가드너, 2006: 103)라고 말하면서 "자신이 누구이고 어디에서 왔으며 어디로 향하고 있는가에 대해 느끼고 생각하는 데 도움을 주는 이야기"(가드너, 2006: 103)를 리더가 해야만 하는 이야기라고 강조했습니다. 사명은 바로 리더가 하는 이야기입니다!

드러커 딱 들어맞는 얘기네. 리더는 무엇이 중요하고 중요하지 않은지를 가장 먼저 분명히 해야 하는 사람이야. 사명은 첫 번째 페이지 첫 줄에 나오는 이야기이고 말이야. 리더는 사명을 가장 먼저 말하고 직원들이 공감하도록 확실히 소통하는 사람이지.

나 네, 깊이 공감합니다. 그렇다면 항상 리더가 사명을 만들고 제시해야 할까요?

드러커 자네는 어떻게 생각하는지 말해보겠나?

나 제가 대표로 일했던 비영리조직에서 다섯 가지 질문을 활용했던 경험을 말씀드리겠습니다. 그 조직은 규모가 큰 비영리조직의 사업부로 시작했다가 어느 정도 성장하자 막 독립한 상태였습니다. 명확한 사명과 비전을 재정립해야 할 필요성이 컸죠. 이 조직은 50여 명도 안 되는 작은 조직이라 모든 직원이 대화에 참여할 수 있는 조건을 갖추고 있었습니다. 저는 모든 직원이 대화에 빠짐없이 참여해 대답을 함께 찾기를 기대했습니다. 비영리조직으로서 함께 사명을 세워나가고 이 과정에서 강력한 공감대를 얻을 수 있다고 생각했기 때문입니다. 그래서 저의 역할을 코치로 생각했습니다.

드러커 구체적으로 어떤 일을 했는가?

나 저는 다섯 가지 질문의 취지를 설명하고 직원 각자가 이 질문에 관한 대화에 참여하는 의미와 역할에 대해서 설명했습니다. 저는 제가 답을 찾아야 한다는 생각은 하지 않았습니다. 이 조직에 막 부임한 제게 답이 있지도 않았고 모든 직원이 진지하게 고민하고 다양한 생각을 모을 때 가장 좋은 답이 나오리라 기대했기 때문입니다. 그래서 저는 방향을 설정하고 전체 과정이 잘 진행되도록 후원하는 역할에 집중했습니다. 답을 찾는 과정은 직원들이 훌륭하게 수행했습니다. 대략 6개월이 걸렸지만 만족스러운 답을 찾았죠.

드러커 아주 잘했네. 조직에 따라서 리더가 수행하는 역할은 다를 수 있어. 반드시 리더가 모든 것을 답해야 하는 것은 아니네. 앞서 말했지만 여러 가지 방식이 있는 것이지. 그러나 그 누구에게도 이전할 수 없는 리더만의 책임이 있네. 바로 다섯 가지 질문을 제기하고 답을 만들어가는 과정이 제대로 진행되도록 하는 것이지. 이것은 선장의 역할과도 같아. 선장은 항해에 대해 전적인 책임을 지지만 배를 운전하지는 않네. 그러면 배는 어떻게 항해를 하는가? 항해의 목적을 아는 선원들이 각자 역할을 맡아서 수행함으로써 배는 올바르게 나아가는 것이네. 모든 직원이 각자 담당하는 몫은 다르겠지만, 대화에 참여하고 적극적으로 의견을 제시하는 과정은 꼭 필요해. 대화 과정 자체가 답변을 자기 것으로 생각하고, 행동으로 이어지는 결의를 만들기 때문이네. 이 점을 잊지 말게나.

나 네, 맞습니다. 많은 경영자들이 사명이나 비전같이 고차원적인 이념은 경험도 많고 직급이 높은 경영자들만이 제대로 제시할 수 있다고 생각하는데 이 생각은 근거가 없습니다. 물론 창업자나 최고경영자가 핵심 아이디어를 제시하기는 하지만 이 아이디어만으로 사명이 만들어지는 것은 아닙니다. 직원들도 아이디어와 신념을 가지고 있습니다. 더욱 많은 사람이 참여할수록 모두가 공유하는 사명을 만들 수 있습니다.

드러커 전적으로 공감하네. 특히 사명이나 비전을 통해 사람들의 시야가 보다 높은 쪽을 향하도록 하는 것은 경영자에게 부여된 중요한 책임이기도 하지. 위대한 조직의 역사를 생각해 보게. 리더와 구성원이 어떻게 위대한 업적을 이룰 수 있었을까? 위대한 사명이 그것을 가능하게 하는 가장 중요한 토대라네. 사명이 리더와 구성원을 하나로 묶고 비로소 조직이 되도록 만들지. 때로 역경이 닥쳐도 하나가 된 조직은 이를 극복할 힘을 발휘할 수 있네.

나 잘 알겠습니다. 정리하면 리더는 사명이 분명해지도록 만들고, 모든 구성원이 사명을 공유하도록 하고, 조직이 사명을 향해 나아가도록 하는 책임을 전적으로 지는 사람입니다.

사명과 비전

나 박사님, 사명의 정의와 관련해서 한 가지 얘기하고 싶은 주제가 있습니다. 사명Mission과 비전Vision의 관계인데요, 어떤 기업에서는 사명 대신 비전이라는 말을 사용하기도 하고 또 사명과 비전을 다르게 정의하기도 합니다. 제가 근무했던 유럽계 기업에서는 사명선언문과 비전선언문이 달랐습니다.

드러커 사명과 비전은 명확하게 다른 것이야. 자네는 어떻게 생각하는가?

나 사명이 '우리는 왜 존재하는가'에 대한 답변이라면, 비전은 '우리는 어디로 가고 싶은가'에 대한 답변입니다.

드러커 좀 더 자세하게 설명해 보게나.

나 제가 좋아하는 글이 있습니다. 『어린 왕자』를 쓴 생텍쥐베리가 한 말인데요, 그는 비전의 가치를 아름답게 표현했습니다. "당신이 배를 만들고 싶다면 사람들에게 목재를 가져오도록 하고 일감을 나누고 일을 지시하지 마라. 대신에 그들에게 저 광대하고 끝없는 바다를 동경하도록 하라."

드러커 역시 문장가다운 표현이군. 사명과 비전을 함께 설명해 보겠나?

나 네, 비전을 좀 더 자세하게 설명하자면 다음과 같습니다.

사명과 비전

사명과 비전은 유사해 보이지만 다르다. 사명은 조직의 기본 목적과 존재 의의를 말하고, 사명이 달성되어 가는 조직의 모습이 비전이다. 따라서 사명은 비전을 통해 구체화된다. 예를 들어 사명이 세계 8000m 이상의 고봉을 정복하는 것이라면, 5년 내에 히말라야 에베레스트산을 정복하는 것이 비전이 될 수 있다.

비전은 조직이 미래에 성취하고 싶은 열망을 담은 것이다. 비전은 조직이 활동하는 특정한 사업 분야에서 조직이 도달하고 싶은 미래상을 담고 있다. 따라서 구성원들이 공유하는 공동의 목표이자 사명을 실현해 나가는 행동의 방향과 경로를 알려준다.

드러커 잘 정리했군. 그렇다면 비전이 조직에 의미하는 것을 자세히 설명해 보겠나?

나 네, 사명과 비전은 조직 정체성을 만드는 두 개의 기둥입니다. 사명은 조직이 사업을 하는 이유를 말해주고 비전은 사업의 방향과 목적지를 말해줍니다. 그리고 비전은 사명과 동일하게 구성원을 하나로 묶어줍니다.

비전의 역할

- 장기적 목표를 제시해 준다.
- 봉사해야 하는 고객과 집중해야 하는 사업 영역을 제시한다.
- 결과를 명확하게 해준다.
- 구성원을 하나로 결집시킨다.
- 최선의 동기를 갖도록 고취한다.

드러커 동감하네. 사명과 비전은 한 몸이야. 우리에게는 존재 이유도 필요하지만, 이를 실현하는 구체적 이상도 필요한 것이네. 그렇지만 먼저 사명이 명확해야 하네. 사명이 담고 있는 목적이 분명해야 비전도 제대로 정립할 수 있기 때문이지. 왜 항해를 해야 하는지를 모른다면, 어디로 갈 것인지를 찾기는 불가능하지 않겠나?

나 네, 공감합니다. 앞에서 언급했던 기업들의 비전을 살펴보면 더욱 명확하게 사명과 비전을 이해할 수 있습니다.

구글의 비전

전 세계의 정보를 단 한 번의 클릭으로 접속하도록 돕는 것(to provide access to the world's information in one click)(https://www.google.com/intl/en/about/company/).

이 비전은 구글이 하는 사업이 무엇인지를 말해주며(인터넷 검색), 이 분야에서 최고의 속도와 편리성을 제공하는 혁신적인 기업이 되겠다는 목표를 명시한다.

킥스타트의 비전

킥스타트의 성공에 대한 비전은 수백만의 사람들이 지속가능한 방식으로 빈곤에서 자립하는 것이고, 이렇게 함으로써 세계가 빈곤을 극복하는 방식을 변화시키는 것이다. 우리는 세계에서 가장 가난한 사람들이 잠재되어 있는 기업가정신을 인식하고 거대한 변화를 위한 이 잠재력을 드러나게 한다(https://kickstart.org/about-us/#our-mission).

드러커 음, 방향이 뚜렷하고 무엇을 성취하겠다는 것인지도 명확하네. 많은 고민을 거쳐 만들어진 비전선언문이야. 기업가들은 나름대로 많은 고민을 통해 창업을 했기 때문에 사업을 하는 이유나 목적, 사업 분야가 분명하다고 안심하는 경향이 있어. 그러나 과연 자신이 생각한 사명과 비전이 고객과 구성원에게도 명확할까? 사명과 비전의 본래 의미를 생각하고 조직을 세우는 튼튼한 토대로서 진지하게 검토해야 하네.

나　　　네, 그렇습니다.

사명과 변화

나　　　이제 사명의 의미와 중요성, 리더의 역할, 사명을 만드는 올바른 접근 방법을 이해했습니다. 그런데요 박사님, 이미 사명이 정립되어 있는 조직의 경우는 어떨까요? 역사가 있고 규모가 있는 조직 대부분은 사명선언문이나 비전선언문을 갖고 있습니다.

드러커　이런 조직이야말로 사명에 대해 새롭게 검토해야 하네. 특히 리더가 이 점을 잘 인식하고 있어야 해. 성공 경험도 많고 역사가 있는 조직일수록 기존 사명에 대해 누군가가 이의를 제기하기란 어렵지 않겠나? 그 어디에도 영원한 사명은 없어. 사회가 변하고 고객이 변하면 사명도 변할 수 있는 것이야. 고객이 당면한 상황이 변하면, 사명을 새롭게 해석해야 할 필요성이 제기되지.

나　　　어떤 경우를 말씀하시는지요?

드러커　나와 깊은 관계를 맺은 뛰어난 리더인 프랜시스 헤셀바인Frances Hesselbein이 미국 걸스카우트연맹의 총재로 일했을 때(1976년 7월~1990년 2월)의 일이라네. 당시 걸스카우트의 사명이 뭐였는지 아나? "미국 백인 소녀를 지도자로 이끈다"였지. 어떤가? 명확하고 초점이 분명한 사명이었네. 그리고 이 사명은 걸스카우트가 미국 시민들에게 꼭 필요한 조직으로 자리매김하도록 이끈 토대였네. 그런데 헤셀바인이 부임하고 보니 큰 변화가 진행되고 있다는 것을 알게 되었지. 이민자의 나라인 미국에서는 백인 소녀만이 아니라 라틴계·아시안계 소녀들의 비중도 점점 늘고 있었다네. 이들 또한 걸스카우트가 제공하는 리더십 훈련이 꼭 필요하다고 생각했지. 이런 필요는 걸스카우트에게는 도전이자 기회였지. 즉, 걸스카우트의 사명은 큰 도전을 받고 있었던 것이야. '백인 소녀만을 위한 조직으로 남을 것이냐, 인종과 상관없이 미국 내 모든 소녀를 위한 조직으로 목적을 바꿀 것이냐?'라는 큰 도전이지.

나 성공적으로 자리를 잡아온 조직도 이런 도전을 맞이하는군요.

드러커 그렇지. 그런데 도전이나 기회 앞에서 조직의 존재 이유나 새로운 목적에 대해 문제를 제기할 수 있는 사람은 바로 리더야. 리더는 조직 전체에 대해서 사고하고 전적인 책임을 지는 사람이기 때문이지.

나 그렇군요, 박사님. 누가 말했는지는 기억나지 않는데요, "리더는 조직과 사회를 연결하는 최종적인 사람"이라는 말이 기억납니다.

드러커 좋은 표현이군. 리더는 항상 조직 전체를 생각하고, 환경 변화를 그 누구보다 먼저 주시하며, 조직과 사회가 바람직한 관계를 맺을 수 있도록 늘 고민해야 하네.

나 잘 알겠습니다. 결국 어떻게 되었나요?

드러커 현재 걸스카우트는 백인 소녀만이 아니라 모든 미국의 소녀들을 위한 리더십 기관으로 일하고 있네. 또한 5~6세의 어린 소녀들도 참여하고 있지. 변화를 직시한 헤셀바인은 기관의 핵심 가치인 '소녀들을 위한 리더십 훈련'은 고수하면서 새롭게 사명을 정의했지. 그것이 이 기관을 높이 신뢰받는 기관으로 유지되도록 했다네.

나 그렇군요. 사명과 변화의 관계를 잘 알겠습니다. 그리고 리더는 최종 책임을 지는 사람이라는 것을 다시 한번 깊이 새기도록 하겠습니다.

드러커 이제 사명에 대해 할 말은 어느 정도 한 것 같네. 내가 다섯 가지 질문을 조언하면서 사명을 찾으라는 질문을 첫 번째로 둔 것을 이해했으리라 생각하네. 위대한 인물이나 위대한 조직에는 반드시 명확한 사명이 있다네. 위대한 성취의 출발점은 위대한 사명이야. 명심하면 좋겠네.

| 요약 |

드러커와 사명에 대해 이야기했다. 사명에 담긴 본래 의미는 사람이 일생을 통해 추구하는 삶의 목적이자 과업이다. 목적이 없어도 삶은 가능하다. 이런 삶이 꼭 잘못된 것이라고 말할 수는 없지만, 최선을 다하는 충만한 삶을 만들지는 못한다. 모든 사람이 사명을 갖고 있지는 않지만 사명을 가진 사람은 삶에 최선을 다한다. 사회에 큰 공헌을 할 가능성도 커진다.

조직에는 사명이 있어야 한다. 조직은 사람의 공동체로서 추구하는 목적이 있다. 사명은 '조직이 무엇으로 기억되고 싶은가'에 대한 답변으로서 조직이 추구하는 근본 목적, 핵심 가치, 가장 중요한 성과를 담고 있다. 사명은 조직의 정체성을 만들고 구성원들에게 최선을 다해 사명을 추구하도록 동기를 부여한다.

올바른 사명은 초점이 분명하고, 근본 목적을 담고 있으며, 영감을 고취하며, 변하지 않는 핵심 가치를 담고 있다. 이러한 사명을 정립하려면 기회, 역량, 헌신을 조화시켜야 한다고 드러커는 조언한다. 세계가 필요로 하는 무엇이면서 조직이 기여하고자 하는 영역, 조직이 실제로 실현할 수 있는 역량, 구성원이 최선을 다해 노력할 수 있는 가치가 사명에 담겨 있어야 한다는 뜻이다. 사명은 희망과 능력과 가능성을 모두 담고 있어야 한다.

사명은 발견되고 선택되는 것이다. 사명을 찾기 위해 리더와 구성원은 체계적이고 진지하며 솔직한 자기평가를 해야 한다. 드러커는 리더의 역할을 강조한다. "리더십의 기본 책무는 모든 사람이 사명을 알고 이해하여 사명에 따라 살도록 하는 것이다"(드러커, 2010: 44)라고 말했다.

사명과 비전의 정의는 명확히 다르다. 두 가지는 함께 조직의 토대를 구성한다. 사명은 조직이 필요한 이유이고, 비전은 조직이 되고 싶은 무엇이다. 사명은 궁극적 지향점이고 비전은 사명이 실현되어 가는 조직의 모습이다.

창업자, 기업가, 경영자는 가장 먼저 올바른 사명을 만들기 위해 최선을 다해야 한다. 다만, 「사명선언문」에 대한 궁극적인 테스트는 "아름다운 표현이 아닌 성과에 있다"라는 드러커의 말을 기억하라.

| Action Point |
효과적인 사명 만들기

사명은 '왜 내가 중요한가'에 대한 답변으로서 세계를 위해 무엇을 공헌할 것인가에 대한 선택이고, 최선을 다해 노력하겠다는 용기다. 삶에서 반드시 위대한 업적을 이루어야 하는 것은 아니지만, 사명 없이는 의미 있는 업적을 달성하기 어렵다. 사명에 담긴 가장 중요한 의의는 보다 충실한 삶, 보다 목적 지향적인 행동을 하도록 만든다는 데 있다. 사명은 삶의 의미와 가치를 낳는 필요충분조건이다. 사명이 있는 인생, 사명으로 이끄는 조직을 만들기 위해 다음 행동을 실천하라.

1. 개인 사명선언문을 만든다

사명을 성취하는 첫걸음은 사명을 '선언문'으로 만드는 것이다. 인생에서 장기적으로 초점을 맞추고 싶은 목적이나 의미, 성취하고 싶은 것, 되고 싶어 하는 존재상을 사명선언문에 담는 것이다. 사명선언문을 통해 의지와 행동과 결정의 초점을 분명히 만들게 된다. 목표를 달성하려면 목표를 종이에 적으라는 조언은 효력이 있다.

미국의 케네디 대통령은 1961년에 다음과 같이 사명을 선언했다.

"금세기가 지나기 전에 인간을 달에 보내고 안전하게 지구로 돌아오도록 한다는 목표를 성취한다."

이 사명은 1969년 7월에 실제로 성취되었다.

인도의 마하트마 간디는 인도 민족을 해방시키고 평화를 이룩한다는 사명에 평생을 헌신했다. 또한 비폭력 평화라는 그의 사상은 인도를 넘어 전 세계적으로 평화·독립·인권에 대한 꿈을 사람들이 받아들이고 행동하도록 영향력을 발휘했다.

사명을 찾기 위해 다음 질문을 해보라.

- 내가 생각하고 꿈꾸는 미래는 어떤 것인가?
- 나는 이 미래를 위해 무엇에 공헌하고 싶은가?
- 사명을 실현하기 위해 지금 무엇을 할 것인가?

2. 조직의 사명선언문을 만든다

사명선언문은 조직을 만든 이유, 조직이 세계에 존재해야 하는 이유를 선언한다. 사명은 구성원들과 조직이 봉사하려는 고객에게 분명해야 한다. 사명은 조직의 영혼과도 같다. 조직은 자기평가를 통한 구성원 간의 솔직한 대화를 통해 사명을 정립할 수 있다.•

사명선언문을 만드는 간단한 방법부터 자세한 접근방법들을 소개한다. 첫 번째 방법은 사명선언문을 문장으로 기술하는 방법이다. 필자가 여러 조직과 기업의 사례를 참조해 정리했다. 그다음 방법들은 사명선언문에 담겨야 하는 핵심 내용을 도출하는 질문 방법과 접근 방법이다. 최종적인 방법은 작성된 사명선언문을 검토하는 것이다.

• 『피터 드러커의 다섯 가지 경영 원칙 자가평가 워크북(The Five Most Important Questions Self Assessment Tool: Participant Workbook)』(아시아코치센터, 2011)을 활용해서 대화를 진행하기를 권한다.

조직의 사명선언문 기술 방법

필자는 다양한 기업과 비영리조직의 사명선언문을 접해보았고, 직접 만들었다. 사명선언문은 많은 내용이 아니라 반드시 필요한 핵심 아이디어를 단순하고 명확한 문장으로 표현해야 한다. 사명을 다음과 같이 정리하라(이 형식이 사명을 도출하고 정리하는 데 가장 효과적이다).

- **핵심 요소**: 주체 + 목표고객 + 행동(결과)

  예시 우리는 ~를 위해 ~를 한다.

- **착안점**: 해결하고 싶은 가장 심각한 문제, 목적과 가치에 대한 단순하고 명료한 표현, 신선하고 새로운 어휘, 사업의 본질

우리 조직은 _____에게 ______를 하기 위해 존재한다.

사명을 발견하기 위한 핵심 질문 도출 방법

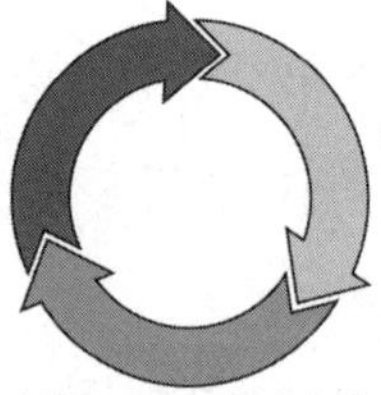

사업의 정체성과 사업 영역을 질문하면서 사명에 접근한다.

- **기존 사업 정의/재검토**

  우리의 고객은 누구인가?

  우리의 고객은 어디에 있는가?

  고객에게 가치가 있는 것은 무엇인가?

- **기존 사업 변경/확장**

  시장에서 어떤 변화가 일어날 것인가?(경기 동향, 유행과 기호 변화, 경쟁 관계 변화 등).

혁신을 통해 고객의 욕구 변화를 일으킬 가능성이 있는가?
충족시키지 못하는 고객 욕구는 없는가?

• **신규 사업 전망**
향후 사회·경제·시장 기술 변화는 어떠할까?
잠재적인 혁신 영역은 어디일까?
혁신의 방향성과 성과는 어떤 것일까?(자사 혁신과 경쟁사를 포함한 외부 혁신 포함).

3. 피터 드러커의 다섯 가지 질문을 적용하기

효과적인 사명선언문의 요건을 이해한다

- 명확한 초점 Focus
- 분명한 목적 Purpose
- 영감 Inspiration
- 핵심 지키기 Preservation of the Core(드러커, 2010: 44).

다음 질문을 통해 대화하면서 사명을 정립하라

- 우리가 지금 이해하고 있는 사명은 무엇인가?
- 우리는 무엇으로 기억되기를 원하는가?
- 우리 조직의 존재이유는 무엇인가?
- 조직이 직면하고 있는 중요한 도전들은 무엇인가?
- 우리가 활용할 수 있는 기회는 어떤 것이 있는가?
- 사명을 재정의해야 할 필요가 있는가?
- 우리가 가지고 있는 강점들은 무엇인가?
- 우리의 약점, 즉 강화해야 할 영역들은 무엇인가?(드러커, 2010: 133~134).

| Business Case |

다양한 조직 사례를 살펴본다. 분명한 초점, 명확한 목적, 풍부한 영감, 불변하는 가치를 담고 있는 사례를 모았다. 왜 이들은 이러한 사명을 수립했는가? 이 사명은 무엇을 표현하는가? 사업, 중시하는 고객, 제공하려는 가치를 유의해서 살펴보기 바란다.

1. 다양한 조직의 사명문

조직	사명문(번역)	사명문(원문)
월트 디즈니	사람들을 행복하게 만들자	To make people happy
월마트	보통 사람에게도 부자처럼 구매할 수 있는 기회를 제공하자	To give ordinary folk the chance to buy the same thing as rich people
한국 마이다스아이티	기술로 행복한 세상 만들기	
메카로	우리는 독창적인 기술과 혼을 담은 제품으로 우리 산업 분야의 심장 역할을 하며, 우리의 삶의 질을 향상하기 위해 존재한다	
플리머스 크리스천 유스 센터	가족과 공동체와 협력하여 미니애폴리스 북부 지역의 청소년과 성인들의 기술과 잠재력, 정신을 풍요롭게 한다	To enrich the skills, prospects and spirit of North minneapolis area youth and adults, in partnership with families and communities
할렘 RBI	우리는 도심의 청소년들이 자신이 가진 잠재력을 깨닫고 꿈을 실현하도록 고취시키고, 야구와 소프트볼, 그리고 팀의 힘을 통해서 경기하고 배우고 성장하는 기회를 제공한다	Harlem RBI uses baseball and softball, and the power of teams to provide inner-city youth with opportunities to play, to learn and to grow, inspiring them to recognize their potential and realize their dreams

2. 사명선언문 사례

◈ 구글

구글은 정보통신산업의 두 번째 혁명을 개척한 세계적인 IT 기업이다.* 1998년 창립 이후 미국 전체 인터넷 검색 시장의 3분의 2, 전 세계 시장의 70%를 장악한 인터넷 검색 분야의 선도 기업이면서 클라우드 컴퓨팅, 사물인터넷, 무인자동차, 로봇, 드론, 생명과학, 우주사업 등 미래를 내다보는 혁신 사업을 전개하고 있다. 2016년 3월 우리나라 이세돌과 대국한 인공지능 프로그램인 알파고를 만든 딥마인드DeepMind는 구글의 자회사이기도 하다. 정보통신 산업과 함께 미래의 신산업을 이끄는 대표 기업으로서 매우 간단명료한 사명을 가지고 있다.

> **구글의 사명**
>
> 구글의 목표는 전 세계의 정보를 체계화하여 모두가 편리하게 이용할 수 있도록 하는 것(Google's mission is to organize the world's information and make it universally accessible and usefu(https://about.google; https://about.google/intl/ALL-us).

◈ 애플

애플Apple은 컴퓨터 기업으로 출발했지만 현재는 스마트폰과 모바일기기를 포함하는 혁신적인 모바일 미디어와 컴퓨팅 제품을 생산하는 최고 수준의 기술 기업이다. 애플의 역사는 산업의 지형을 바꾸는 혁신의 역사로 가득 차 있

* 첫 번째 혁명은 애플과 마이크로소프트에 의한 개인용컴퓨터 산업이고, 두 번째는 인터넷 산업이다.

다. 최초의 개인용컴퓨터 중 하나이며, 최초로 키보드와 모니터로 구성된 애플 I을 1976년에 출시했고, 애플 II는 공전의 히트작이 되어 개인용컴퓨터 시대를 열었다. 이후 매킨토시Macintosh로 마우스를 이용한 컴퓨터 조작과 그래픽 사용자 인터페이스의 보급을 선도했다.

현재 개인용컴퓨터 매킨토시, MP3 플레이어 아이팟, 아이폰, 가정용 멀티미디어 기기인 애플 TV, 태블릿 PC인 아이패드 등의 제품을 판매하고 있다. 그리고 아이팟에서 재생할 수 있는 음원을 인터넷을 통해 제공하는 아이튠즈 스토어와 OS X, 아이폰 사용자의 편의를 위한 인터넷 서비스인 아이클라우드iCloud를 제공하고 있다. 또한 2014년 애플워치를 출시했다. 2011년 8월 10일 미국 증시에서 엑손모빌을 누르고 시가총액 1위가 되었다. 2015년 2월 11일 세계 최초로 주식 종가 시가총액이 7000억 달러를 넘은 기업이 되었다.

애플은 공식적으로 사명선언문을 발표한 적이 없다. 홈페이지 투자자 섹션에 '사명'으로 기술한 내용이 있지만 애플의 역사, 사업 분야와 주요 제품을 포괄한 내용으로서 다른 기업의 사명선언문이 담고 있는 원대한 목적은 나타나 있지 않다. 그렇지만 창립자인 스티브 잡스가 언급한 내용과 함께, 창립자의 이념이 일부 반영된 2008년의 보도자료에 사명에 준하는 내용이 담겨 있다.

1980년 스티브 잡스가 만든 사명

인류를 이끌어가는 마인드를 위한 도구를 제공함으로써 세계에 기여한다(To make a contribution to the world by making tools for the mind that advance humankind)(*The Economist*, 2009.6.).

2008년 보도자료

애플은 1970년대에 애플 II를 통해 개인용컴퓨터의 혁신을 시작했고 1980년대에는 매킨토시로 개인용컴퓨터를 재창조했다. 오늘날 애플은 최고 수준의 컴퓨터, OA X 운영시스템, iLife와 전문 애플리케이션을 통한 혁신으로 산업을 계속 리드하고 있다. 또한 애플은 아이팟과 아이튠즈 온라인 스토어를 통해 디지털미디어 혁명을 선도하고 있으며 혁신적인 아이폰을 통해 이동전화 시장에 참여하고 있다.

애플의 사명, 2015

애플은 OS X, iLife, iWork, 전문 소프트웨어와 함께 세계 최고의 개인용컴퓨터인 맥을 만든다. 애플은 아이팟과 아이튠즈 온라인 스토어를 통해 디지털 음악 세계의 혁명을 이끈다. 애플은 혁신적인 아이폰과 앱 스토어를 통해 모바일 폰을 발명했으며 아이팟를 통해 모바일 미디어와 컴퓨팅 기기의 미래를 만들고 있다.

◈ 홀푸드마켓

홀푸드마켓은 건강한 식품을 모토로 하는 미국의 수퍼 식품 체인이다. 인공첨가물, 색소, 향료, 감미료, 경화유지가 없는 식품을 공급한다. 미국에서 최초로 유기농식품 유통기업으로 인증을 받은 식품산업의 혁신기업이자 기업과 직원, 기업과 지역 관계에서 존중과 사회적책임을 실천하는 윤리를 행동으로 실천하는 기업이다. 2017년 6월에 아마존이 인수했다.

홀푸드마켓의 사명

홀푸드마켓은 고품질 식품산업의 역동적인 리더이다. 우리는 식품 소매업체를 위한 탁월성의 표준을 세운다는 사명이 이끌어가는 기업이다. 우리는 우리가 하는 모든 활동에서 높은 기준이 실현되는 사업을 만들어나가고 있다. 품질은 홀푸드마켓의 마인드 자체이다(Whole Foods Market is a dynamic leader in the quality food business. We are a mission-driven company that aims to set the standards of excellence for food retailers. We are building a business in which high standards permeate all aspects of our company. Quality is a state of mind at Whole Foods Market)(www.wholefoodsmarket.com).

◈ 존슨앤드존슨

존슨앤드존슨Johnson & Johnson은 미국의 세계적인 제약 및 의료 장비 기업이다. 100여 년이 넘는 역사와 지속적 성장, 세계적 규모만이 아니라 사회적책임에 대한 의식과 윤리적 행동으로 높은 신뢰를 받는 기업이다. 이 기업은 오래전에 만든 신조가 자신들을 올바르게 이끌어간다고 공개적으로 얘기하는 몇 안 되는 기업들 중의 하나다. 존슨앤드존슨의 신조는 의료인, 환자(고객), 직원, 지역사회를 포함한 공동체, 주주 등 기업에 관계를 맺고 있는 다양한 이해관계자에 대한 책임을 서약한 것이다. 이들에 대한 책임을 제대로 수행하는 것이 존슨앤드존슨의 사명이다.

우리의 신조 Our Credo

'우리의 신조'는 존슨앤드존슨의 모든 의사 결정의 바탕이 되는 철학으로, 우리 고객들의 필요와 삶의 질을 가장 먼저 고려하도록 독려합니다. '우리의 신조(Our Credo)'는 존슨앤드존슨을 설립한 존슨가 3형제 중 한 명이자 1932년부터 1963년까지 회장직을 맡았던 '로버트 우드 존슨Robert Wood Johnson이 1943년에 직접 작성한 것으로, '기업의 사회적 책임'이라는 단어가 나타나기 훨씬 이전에 만들어진 것입니다. '우리의 신조'는 도덕적인 가치기준 이상의 것으로 존슨앤드존슨 성장의 비결이었던 신념이자 가치입니다. 존슨앤드존슨은 100년이 넘는 오랜 시간 동안 고객, 직원, 주주, 및 지역사회에 대한 보살핌을 제공함으로써 동시에 기업이 성장할 수 있다는 것을 증명하고 있습니다.

우리의 첫 번째 책임은 의사, 간호사, 환자와 환자의 가족, 그리고 우리의 제품을 사용하는 모든 사람들에 대한 것입니다. 우리는 그들의 요구를 충족시키기 위해서, 모든 제품과 서비스의 품질을 항상 최고로 유지합니다. ……

우리의 두 번째 책임은 전 세계 존슨앤드존슨 직원에 대한 책임입니다. 모든 직원은 집단이 아닌 반드시 개개인으로 존중받아야 합니다. 우리는 직원들의 존엄성을 존중하고, 그들의 장점을 높이 평가합니다. ……

우리의 세 번째 책임은 우리가 생활하고, 근무하는 지역사회뿐만 아니라 세계 공동체에 대한 책임입니다. 우리는 훌륭한 사회 구성원으로서, 선행을 하고, 기부 사업을 지지할 뿐 아니라, 공정하게 세금을 부담합니다. ……

우리의 마지막 책임은, 존슨앤드존슨 주주에 대한 책임입니다. 우리는 건전한 이익을 창출하는 사업을 운용합니다. 우리는 새로운 아이디어를 끊임없이 창출합니다. 우리는 철저한 조사 연구 활동을 하고, 혁신적인 프로그램을 개발하고, 실패도 마땅히 감수합니다. …… 원리 원칙을 토대로 사업을 운영하여, 주주들이 정당한 이익 배당을 받을 수 있도록 노력합니다(http://www.jnj.com/about-jnj/jnj-credo).

◈ 스타벅스

스타벅스의 사명

우리의 사명은 자연과 인간 정신을 고양하고 육성하는 것이다 - 한 번에 한 명의 사람, 하나의 컵, 그리고 한 사람의 이웃을(To inspire and nurture the human spirit - one person, one cup and one neighborhood at a time(https://www.starbucks.com/about-us/company-information/mission-statement)

◈ 킥스타트

킥스타트KickStart, kickstart.org는 마틴 피셔Martin Fisher와 닉 문Nick Moon이 1991년 창립한 비영리조직이다. 빈곤 극복을 목적으로 하지만 원조나 봉사가 아니라 적정 기술을 통해 가난한 사람들이 필요로 하고 구매할 수 있는 제품을 개발하여, 그들이 스스로 자립하도록 돕는 사업을 전개해 왔다. 케냐를 시작으로 지금은 10여 개가 넘는 아프리카 빈곤 국가의 소농에게 관개용 펌프(70달러, 170달러)를 공급해 왔으며, 100만 명의 농민들이 이 제품을 통해 빈곤을 극복하고 있다고 보고한다. 현재는 태양열을 활용한 펌프 제품을 개발하고 있으며, 기술과 기업가정신을 바탕으로 하는 빈곤극복모델을 통해 2000만 명의 아프리카 소농들이 자립하도록 돕는다는 비전을 실천하는 혁신적인 사회적기업이다.

킥스타트의 사명

킥스타트는 수백만의 사람들을 신속하고, 비용효과적으로, 그리고 지속적으로 빈곤으로부터 자립하도록 하는 것을 사명으로 하는 비영리 사회적기업이다(KickStart International is a non-profit social enterprise with a mission to lift millions of people out of poverty quickly, cost-effectively and sustainably)(https://kickstart.org/about-us/#our-mission).

3장

두 번째 질문

우리의 고객은 누구인가?

들어가기 전에

기업의 목적을 효과적으로 설명한 정의는 한 가지뿐이다,

고객을 창출하는 일.

고객은 기업의 토대이며 기업을 존속하게 만드는 요인이다.

피터 드러커

고객 이야기 1[•]: 기업을 위해 데모하는 고객

마켓바스켓Market Basket은 구멍가게로 시작해서 매출 5조 원의 슈퍼마켓 기업으로 발전한 100년의 역사를 가진 미국 기업이다. 이 기업은 창립 때부터 저소득층을 위한 기업이 되겠다고 결심했고, 현재도 이 정책을 실천한다. 이것은 월마트, 쇼앤스톱, 웨그먼스 등 미국의 다른 대형 유통기업과는 전적으로 다른 점이다. 이 기업은 1914년 제1차 세계대전이 발발했던 시기에 그리스 이민자인 아타나시오스 디물러스Athanasios Demoulas가 설립한 양고기 전문 식료품점이 효시다. 디물러스는 여섯 명의 자녀 중 조지와 마이크 디물러스에게 가게를 넘겼고 이들은 15년 만에 구멍가게를 현대식 스타일의 슈퍼마켓 체인

• 이 글은 코션·웰커(2016)를 요약·정리했다.

으로 변모시켰다. 마켓바스켓은 초기부터 지역사회와 밀착한 사업모델을 유지했다. 지역 주민을 직원으로 고용하고 저소득층을 위한 식료품점으로서 고품질의 상품을 저가격에 높은 서비스로 제공하려고 노력했다. 2015년을 기준으로 이 기업은 미국 세 개 주(매사추세츠, 뉴햄프셔, 메인)에서 75개의 체인점을 운영하고 있으며, 200만 명 이상이 매주 쇼핑하고 있으며 45억 달러 매출을 달성했다. 이 기업에 대한 외부 평가를 보자.

> 평균 5인 가족이 마켓바스켓에서 쇼핑할 때, 연간 1500달러를 절약한다.
>
> – 미국, 전략자원그룹
>
> 마켓바스켓은 50개 대형 유통업체 가운데 가장 싼 식료품점이다.
>
> – 미국, 컨슈머리포트

현 CEO인 아서 T. 디물러스는 창업자의 손자로 3대 CEO로 일하고 있다. 그는 청소년 시절부터 점원으로 일을 시작했고, 사업에 대한 높은 열정과 함께 경영진의 결정이 각 개인에게 어떤 영향을 미칠지 내다보는 능력을 소유했다고 평가받고 있다. 그는 항상 어떤 제안이 고객에게 어떻게 더 나은 경험을 제공할까를, 직원들의 업무에 어떤 영향을 미칠까를 주의 깊게 고민하는 CEO다. 궁극적 목표는 기업을 키우는 것이고, 개인적 목표는 선량한 상인이 되는 것이라는 철학을 가지고 있다.

이 철학은 진실한 행동으로 실천되고 있다. 그는 "마켓바스켓은 사람이 먼저고 식료품은 그다음인 사업을 하는 기업이다"라고 말한다. 이 철학에 따라 직원들은 우수한 서비스를 고객에게 제공해야 한다고 교육받고 있으며, 직원들은 진심으로 이것을 실천한다. 회사는 직원들에게 자율적인 책임 수행을 장려하며 내부 승진을 고수하고, 이익을 공유한다. 고객에게는 품질 좋은 상품을 저렴하게 공급하기 위해 최선을 다한다.

지역사회와 언론, 공급업체로부터 사랑받는 기업으로 성장하던 이 기업은 지난 2013년 위기에 빠진다. 기업을 공동으로 소유했던 가족 주주(조지의 후손으로 아서 S. 디물러스와 그의 형제자매들, 총 50.5%의 지분 소유)가 기업을 매각하려고 했기 때문이다. 그러나 이들의 뜻은 이루어지지 못했는데, 마켓바스켓을 지키려 행동했던 직원, 고객, 공급업체, 지역사회의 행동이 이들을 막았다. 마켓바스켓을 만들어온 기업 이념과 정책을 지지하는 직원들은 아서가 해임되자 파업으로 저항했고, 고객들은 불매운동과 언론 광고와 SNS를 통한 후원으로 이 기업을 지지하는 마음을 행동으로 표현했다. 또한 납품업체는 납품 거부로 지원했다. 결국 아서는 CEO로 복귀했고, 회사는 사람이 먼저라는 아서와 직원들의 공유된 가치에 따라 변함없이 운영되고 있다. 고객이 기업을 지키기 위해 자발적으로 행동한 기업, 마켓바스켓은 기업이 어떻게 사회와 관계를 맺는가에 대한 독특하지만 분명한 가치를 담고 있는 조직으로 전설이 되었다.

고객이야기 2•: 직원을 희생해서 고객을 사랑한 기업

1990년대 후반 미국에서 두 번째로 큰 식료품 체인으로 떠오른 세이프웨이 Safeway는 고객 한 사람 한 사람에게 관심을 보이는 '친구 같은 서비스'로 유명했다. 세이프웨이의 경영진들은 …… 전 직원이 고객을 친구처럼 대하도록 하는 구체적인 규정을 만들었다.

1993년 세이프웨이는 훨씬 더 공격적인 캠페인을 통해 직원들에게 표준화

• 이 글은 장정빈(2009: 58~59)을 인용했다.

된 행동을 실천하도록 교육했다. …… 직원들은 고객의 요구를 미리 예상해서 제안하고, 고객의 이름을 불러주고, 심지어 고객의 바구니를 들도록 강요받았다. ……

1998년에는 서비스를 한층 강화하는 방법으로 미스터리 쇼퍼(모니터 요원)를 채용하여 매장 직원들이 표준 행동에 맞게 근무하고 있는지를 체크하고 직원들의 표준 행동 준수 여부를 채점했다. 직원들이 먼저 고객과 눈을 마주치는지, 진심에서 우러나오는 웃음으로 맞이하는지, 고객의 요구 사항을 미리 간파하고 도움을 주는지, 또 기회가 있을 때마다 고객의 이름을 불러주는지 등이 모두 점수에 반영되었다. 채점 결과는 직원 휴게실에 게시되었다. 평균 이하의 점수를 받은 직원들은 재교육을 받거나, 경위서 등을 써야 했고 심한 경우 해고당했다. 이러한 서비스 프로그램 덕택에 1990년대 세이프웨이의 매출과 이익이 껑충 오르고 고객의 불평도 큰 폭으로 줄었다.

이 서비스 프로그램이 고객을 행복하게 만들고 회사의 재정을 최고의 상태로 올리기는 했지만, 직원만족과 고객만족은 반대 방향으로 움직였다. 결국 세이프웨이는 장기 파업으로 말미암아 심각한 타격을 입었고, 2002년과 2003년에는 적자를 기록했다.

3장 소개

이번 장은 '고객'이 주제다. 고객의 정의와 의미, 고객을 제대로 이해하는 일의 중요성과 접근방법을 살펴본다.

오늘날 '고객'이란 일반 용어다. 경제활동을 하는 모든 조직과 이곳에서 일하는 사람들이 가장 많이 쓰는 용어가 '고객'이라는 단어다. 이제는 비영리조직도 이 말을 빈번히 사용한다. 학교의 고객은 학생이고 병원의 고객은 환자라는 말은 많은 사람에게 익숙하다. 가히 현대사회는 고객의 시대다. 조직 사회이기도 한 현대사회는 거의 모든 사람이 상품을 교환하는 사회이고, 모든 사람이 고객인 사회이다. 이 점에서 고객은 사회에 꼭 필요한 존재다. 모든 조직이 고객을 필요로 하고 고객은 조직으로부터 필요한 서비스를 제공받는다.

그런데 과연 그러한가? 그렇게 느끼는가? 상품을 구매함으로써 조직을 지속시키는 고마운 고객이 때로는 까다롭고, 변덕스러우며, 정체를 알 수 없는 실체로 느껴지지 않는가? 뛰어난 아이디어와 기술로 만든 상품을 사줄 고객을 찾지 못해서 실패하는 기업은 또 얼마나 많은가? 아이러니한 것은 고객조차도 자신이 정당하게 대우받고 있지 못하며, 속임을 당한다고 울분을 토로하는 경우가 많다는 사실이다. 고객센터가 실제로는 고객불만센터라는 것은 잘 알려진 사실이다. 그렇다면 조직과 고객의 관계는 서로를 돕는 관계에서 멀어진 것 같다. 이는 고객에 대한 조직의 생각이 바뀌었기 때문인가, 고객이 변했기 때문인가?

고객을 찾지 못하거나 고객을 확장하지 못하는 조직에게는 단 하나의 이유가 있다. 그들이 고객을 제대로 이해하고, 고객의 바람을 제대로 충족시키지 못하기 때문이다.

드러커는 사명에 이어서 '우리의 고객은 누구인가'를 질문한다. 사명과 고객은 불가분의 관계에 있다. 사명을 실천하는 궁극적 이유는 특정한 사람들, 즉 고객에게 특별한 가치를 제공하는 데 있기 때문이다. 사명은 고객을 지향하고 고객은 사명의 실현을 증거한다. 이 점에서 고객은 조직의 출발점이자 종착점이다. 고객이 없다면 조직도 없다.

드러커와 나는 먼저 고객의 정의를 얘기한다. '잘 알고 있지요'라고 생각하는 고객에 대해 구체적이고 현실적인 의미를 생각해 본다. 의외로 고객에 대한 생각이 분명하지 않다는 점이 드러나고, 고객은 하나의 그룹이 아니라 다양한 그룹일 수 있다는 것과 고객이 조직에서 차지하는 의미를 발견한다.

고객이 누구인가를 잘 알고 있어야 한다는 당위성과 실제로 고객을 잘 알고 있느냐는 다른 문제다. 드러커는 고객을 잘 알고 있다고 믿고 있는 경영자의 맹점을 경고한다. 나아가 드러커와 나는 조직이 맹점을 만드는 장벽에 대해 얘기한다. 드러커는 간명하게 주장한다. 실제로 고객을 만나고 고객의 생각을 들어보라고. 말 그대로 직접적인 행동을 요구한다.

올바른 고객과 올바른 사명은 한 몸이다. 기업가와 경영자는 사명만큼이나 진지하게 고객이 누구인가를 묻고 제대로 알아야 한다. 진정한 성과는 조직이 들인 노력이나 경영자가 만족하는 결과가 아니라, 고객이 인정하는 성과뿐이다. 끝으로 드러커와 나는 고객을 제대로 선택하고, 고객을 만족시키는 뛰어난 조직의 사례를 살펴본다.

1

고객을 제대로 알고 있는가

나 드러커 박사님, 이제 두 번째 질문입니다. '우리의 고객은 누구인가'라는 질문입니다. 박사님, 대부분의 조직들은 고객을 잘 알고 있지 않나요? 제가 만난 어떤 경영자들은 "이 질문을 왜 또 해야 하지?"라고 말하기도 합니다. 이미 고객을 잘 알고 있고, 또 고객을 이해하려고 열심히 노력하고 있다고 생각하기 때문이죠.

드러커 그들의 말이 사실일까? 실상은 그렇지 않네. 내가 기업의 목적은 고객 창조라고 지적하면서 누누이 얘기했지만, 고객을 제대로 알고 있는 조직은 많지 않아. 또한 고객을 제대로 아는 일은 의외로 쉽지 않은 일이야. 이것이 쉽다면 모든 기업이 항상 성장하고 영광의 축배를 들고 있어야 할 텐데 말이지. 경제 세계는 고객에게 버림받은 수많은 기업의 무덤으로 넘쳐나지 않는가? 기업의 성과가 정체되거나 감소하고 있다는 것은 고객을 만들지 못한다는 것인데, 이는 고객을 제대로 모르고 있다는 가장 확실한 증거네.

고객이란 누구를 말하나

나 네, 그렇군요. 그런데 참 이해가 안 됩니다. 모든 조직은 고객이 있어야만 존재할 수 있고 대부분의 조직은 고객을 만들고 유지하기 위해 엄청난 노력을 쏟아붓고 있는데 말입니다. 고객헌장, 고객만족경영, 고객만족센터, 고객만족도조사 등 기업이 고객을 위해 쏟는 노력은 눈물겹도록 많습니다. 아마존의 CEO인 제프 베이조스Jeff Bezos는 이런 말을 하기도 했습니다.

> 여러분은 모두 아침마다 이불이 땀에 흠뻑 젖을 정도로 두려움에 떨며 일어나야 합니다. 여기서 두려움의 상대는 경쟁사가 아니라 고객입니다. 돈을 가진 사람은 바로 고객이니까요(사이먼스, 2015: 38).

드러커 베이조스는 누구보다도 진정성 있게 고객을 생각하는 사람일세. 그렇지만 아직도 많은 경영자들이 고객을 잘 모르고 있어. 자신이 고객을 모른다는 사실을 아예 의식하지 못하는 경영자들도 있지. 차분하게 얘기해 볼까? 먼저 자네가 고객에 대해 정의를 내려보게나.

나 간단하게는 고객이란 '재화나 서비스를 구매하는 사람 또는 조직'이라고 생각합니다. 조금 상세하게 설명할 수도 있습니다.

> **고객 정의 1**
> 고객은 상품(제품과 서비스)을 반복적으로 구매하는 사람이다. 기업을 포함한 경제 조직들은 상품을 생산하고 고객은 상품을 구입한다. 상품은 고객이 구입함으로써 상품으로서의 가치를 갖는다. 즉 고객은 조직이 제공하는 상품의 가치를 인식하여 상품을 구매하는 사람이다. 고객은 조직을 존립하게 하고 지속가능하게 하는 가장 중요한 존재이다.

드러커 흠, 괜찮은 정의야. 고객은 조직이 제공하는 상품의 가치를 인정하고 반복적으로 자신의 필요를 조직이 해결해 준다고 생각하는 사람들이네. 그리고 고객이 있어야 조직은 지속가능하게 되지. 내가 오래전에 했던 말을 생각해 보게.

> 사업이 무엇인지를 결정하는 것은 고객이다. 왜냐하면 고객이, 그리고 오직 고객만이 어떤 재화 또는 어떤 서비스에 대해 대가를 지불할 의사를 갖고 있으므로, 경제적 자원들을 부로 전환하고, 재료를 재화로 전환하도록 하기 때문이다(드러커, 2006: 63).

나　　고객이야말로 조직을 성립시키는 존재라는 뜻이라고 생각합니다.

드러커　　그렇지. 그런데 좀 더 나가보세. 예를 들어 같은 산업, 업종에 속한 조직들은 같은 고객을 가지고 있는 것인가?

나　　그렇지는 않습니다. 항공사를 예로 들어보겠습니다. 미국의 아메리칸 항공American Airlines, Inc과 사우스웨스트 항공을 보면, 그들의 고객은 항공기를 이용하려는 사람들로 보면 같지만, 실제로는 다른 고객을 상대합니다. 아메리칸 항공이 생각하는 고객은 상당히 넓은 범위로, 직업을 가지고 있고 가격에 크게 부담을 느끼지 않는 사람, 장거리 여행을 필요로 하는 사람이라면 사우스웨스트 항공은 중저가로 단기 여행을 필요로 하는 사업가나 직장인을 고객으로 생각하고 있지요.

드러커　　좋은 예시네. 같은 산업, 업종에서라도 고객은 다를 수 있네. 또한 달라야 하지. 그 어떤 조직도 모든 사람을 만족시킬 수 없기 때문이고, 조직의 모든 노력을 통해 반드시 만족시켜야 하는 특정한 사람들이 고객이기 때문이지. 결국 고객은 조직의 선택에 달려 있다는 점을 알 수 있겠지? 또한 첫 번째 질문에서 사명은 초점이 분명하고 목적이 명확해야 한다고 했던 말을 기억하는가? 사명에 담겨 있는 목적은 명확한 고객을 선택해야 한다는 뜻이기도 하지.

나　　그렇군요. 조직은 특정한 고객을 스스로 선택하고 정의해야 합니다. 지속가능한 관계를 통해 궁극적으로 만족시키려는 대상으로서 말입니다. 그렇다면 고객을 이렇게 정의할 수 있겠습니다. 영리조직과 비영리조직 모두를 포함해서 말이죠.

고객 정의 2

조직은 고객의 필요(수요)를 충족하는 것을 사업의 출발점이자 궁극적 목적으로 삼으며 이것이 조직의 사명이다. 이러한 조직에는 기업과 함께 공공기관, 대학, 병원 등 다양한 비영리조직이 있다. 사명은 최종적으로 고객의 필요를 충족시키는 것으로 달성되며, 고객은 조직의 존재 근거이자 사명 달성을 위해 만족시켜야 하는 특별한 사람이다. 즉 조직이 제공하는 상품의 가치를 인식하고 이를 구매하는 모든 사람이 고객이다. 고객은 상품을 매개로 자신의 욕구를 실현하고 가치를 증진하는 모든 사람이다.

드러커 훌륭한 설명이야. 고객은 모든 조직의 존재 근거로서 조직이 제공하는 상품의 가치를 인정하고, 원하며, 그것이 그들에게 중요하다고 느끼는 사람이라네(드러커, 2010: 56). 그리고 조직과 지속적으로 특별한 관계를 맺는 사람이지.

나 그런데 박사님, 마지막에 언급하신 조직과 고객과의 관계는 현재 큰 변화를 겪고 있습니다. 고객은 상품을 구매하는 행위를 넘어서서, 상품에 대해 평가·판단·요구하는 존재로 바뀌고 있습니다. 인터넷을 통한 자유로운 정보 접근과 소통이 이를 촉진하고 있고요. 저명한 미래학자 앨빈 토플러Alvin Toffler는 이런 현상을 빗대어 고객을 '프로슈머prosumer'라고 지칭했습니다. 이제 고객은 단순한 구매자가 아니라 상품을 매개로 조직과 적극적인 관계를 맺는 존재처럼 보입니다. 마치 조직의 지지자나 파트너처럼 행동합니다. 기업도 고객을 그렇게 생각하고요.

- **지지자처럼 행동하는 고객**: 조직을 좋아하고 아끼고 친구로 생각한다.
- **파트너처럼 행동하는 고객**: 상품에 대해 적극적으로 요구 사항을 제시하고 조직이 이를 구현하기를 원한다. 또한 조직은 고객의 의사와 필요에 대해 적극적인 공유를 기대하고 참여를 촉진한다.

많은 사람들이 상품평을 적극적으로 교환하고 기업을 평가합니다. 또한 상당한 사람들이 상품 생산과정에서 기업이 노동기준이나 환경기준을 지켰는지를 따지거나, 생산자와 공정한 거래를 했는지를 중요하게 생각합니다. 이러한 윤리적 소비자의 등장은 고객 인식의 변화를 잘 알려줍니다.

드러커 중요한 지적이야. 현대사회에서 조직과 고객의 관계는 상품의 판매와 구매라는 관계를 넘어 보다 넓고 적극적인 관계로 확장되고 있는 것이 사실이네. 이 추세를 어떻게 보는가? 조직의 입장에서 보면 더더욱 고객을 발견하고 고객의 욕구를 파악하고 고객과 관계 맺는 일을 어렵게 만드는 셈이지. 아쉽지만 어쩔 수 없네. 고객과 함께 사는 것이 조직의 본질이니 말이지.

나 그렇습니다.

고객을 부르는 다양한 말

나 그런데요, 박사님. 고객의 중요성이 높아지는 만큼 다양한 용어가 만들어져서 혼동이 발생하는 것 같습니다. 고객과 소비자, 내부고객과 외부고객, 비고객이라는 말도 있고요.

드러커 나는 정의를 좋아하지는 않네. 내가 책을 쓰면서 이 말은 이런 뜻이라고 정의를 내리지 않았다는 것을 잘 알게야. 어떤 개념에 대해 무리하게 정의를 내리게 되면, 오히려 설명하고자 하는 의미를 흐리게 되니까 말일세. 그렇지만 자네가 말한 용어들은 필요성이 있어서 생긴 말이네. 한번 설명해 보게나.

나 제가 생각하는 이 말들의 정의는 이렇습니다.

고객과 관련된 다양한 용어

- **고객** customer/ **소비자** consumer

고객은 상품의 가치를 인식하고 구매하는 사람을 말하며, 소비자는 상품을 사용하는 사람이다. 최종소비자 ultimate consumer도 소비자에 포함된다.

- **내부고객** internal customer/ **외부고객** external customer

고객은 조직의 외부에 있고, 조직이 제공하는 상품을 구매하는 사람으로서 조직과 직접적인 연관이 없는 사람이다. 외부고객은 이러한 뜻을 정확하게 표현하는 용어다. 내부고객은 조직과 직접적인 관련을 맺고 있는 사람으로서, 주주, 종업원, 이해관계자를 말한다. 그렇지만 넓은 의미로 내부고객은 채권자, 투자자, 감독 조직을 포함한다. 내부고객이라는 용어는 외부고객을 제대로 만족시키기 위해서는 내부고객을 먼저 만족시켜야 한다는 주장이 널리 받아들여지면서 확산되었다(만족한 종업원이 고객을 만족시킨다!).

- **고객이 아닌 사람** Not-customer/ **비고객** Non-customer

고객이 아닌 사람은 조직이 제공하는 상품을 구매하지 않고 유사한 효용을 주는 상품을 다른 조직에서 구매하는 사람을 말한다. 비고객은 다른 시장 세그먼트에서 다른 상품을 구매하는 사람이다. 조직의 입장에서는 고객이 아닌 사람과 비고객 모두 중요하다. 그 어떤 조직이라고 해도 (심지어 독점기업이라고 해도) 고객보다는 고객이 아닌 사람이 많기 때문이다. 특히 비고객은 상품에 대한 가치 인식이 변할 때 고객이 될 수 있는 가능성이 크기 때문에 특별히 주목해야 한다.

예시 와인 전문 판매점: 고객이 아닌 사람(백화점에서 와인을 구매하는 사람), 비고객(와인이 아니라 위스키를 구매하는 사람)

드러커 잘 설명했네. 나는 진정한 고객은 외부고객이라는 점을 강조하고 싶네. 내부고객으로 범위를 넓히면서 직원 만족, 직원들 간의 협력에 주목하는 것은 좋지만 조직 목표는 언제나 조직 바깥에 있다는 점을 망각해서는 안 되지. 직원의 만족은 외부고객들이 진정으로 원하는 성과를 제공할 때만 의미가 있다는 뜻이네. 그리고 비고객은 매우 중요한 존재로 특별히 주목해야 하네. 현재는 고객이 아니지만 상황과 욕구의 변화에 따라 이들은 언제든 고객이 될 수 있기 때문이지. 또 한 가지 중요한 점은 왜 이들이 고객이 아닌가에 대한 질문이 조직의 사업과 성과에 중요한 시사점을 주기 때문이라네.

나 김위찬 교수가 제안한 블루오션 전략blue ocean도 비고객을 중시했습니다. 이 전략은 기업이 미처 충족하지 못하고 있는 고객가치를 발견해서 이를 혁신적인 상품으로 개발하면 고객을 창출할 수 있다고 주장합니다. 새로운 수요를 창출한다는 뜻이지요.

드러커 맞는 말이야. 고객과 혁신은 매우 밀접한 관계에 있지. 고객의 수요를 새로운 방식으로 충족시키는 것이 혁신이기 때문이네.

나 고객이 누구인가를 정의하면서 다양한 고객이 있다는 것, 고객은 고정되어 있지 않고 늘 변한다는 것, 고객은 자동으로 주어지는 것이 아니라 기업이 만족시키려는 고객을 의식적으로 선택하는 것이 중요하다는 점을 잘 알겠습니다.

2

우리의 고객은 누구인가?

고객은 하나가 아니다

나 지금까지 얘기한 것을 종합해 보면 고객은 조직의 존재 근거로서 가장 중요한 존재이고, 고객이 누구인가를 제대로 이해하는 것은 조직이 해야 하는, 그것도 가장 먼저 해야 하는 일입니다. 고객에 대한 정의는 사명과 전략, 사업과 제품, 경영활동과 조직 운영의 바탕이 됩니다. 그렇다면 '우리의 고객은 누구인가'에 대해 구체적인 답을 어떻게 찾아가야 할까요? 박사님께서는 고객을 핵심고객과 지원고객으로 구분하라고 조언해 주셨습니다. 경영학에서는 '목표고객target customer'이라고 표현하는데, 이 말과는 조금 다른 뜻이라고 생각합니다.

드러커 분명히 다르지. 고객은 하나가 아니네. 상품을 구매하는 사람(비영리조직이라면 서비스를 제공받는 사람)으로 보면 하나지만, 고객의 구매 행위는 단순하지 않네. 구매 상황에는 상품의 가치를 판단하는 여러 사람들이 있고 이들이 구매 상황에서 나름대로 영향력을 미치는 것이지. 조직은 이 사람이 우리 상품을 인정하고 구매한다고 생각하지만 구매를 결정하는 사람은 다른 사람일 수도 있고 그 과정에 영향을 미치는 사람들이 있다는 뜻일세. 조직은 이 모든 사람들을 고객으로 이해해야만 하네. 고객이 생각하는 가치가 무엇인지, 누가 그 가치를 판단하는지, 누가 구매 과정에 결정력을 행사하는지를 조직이 이해할 때 비로소 고객이 원하는 가치를 제공하는 상품을 만들고 적절하게 그 가치를 전달할 수 있지 않겠나?

나　　그렇군요. 목표고객은 상품을 소비하는 특정한 사람을 지칭합니다. 핵심고객과 지원고객은 가치 체험, 가치 판단, 구매 결정, 구매 과정에서 영향력을 행사하는 사람을 의미합니다. 이렇게 고객을 폭넓게 이해할 때만이 제대로 가치를 제공할 수 있습니다.

드러커　　맞네. 조직에게는 항상 핵심고객과 지원고객이 있지.

핵심고객과 지원고객

고객은 '조직의 사명을 달성하기 위해 만족시켜야 하는 사람'이다.

- **핵심고객** Primary Customer

  사명 달성에 직접 연결되며, 이를 달성하기 위해 효과적인 상품을 제공해야 하는 사람들이다.
  조직의 상품을 통해 삶이 변화되는 사람들이다.
  둘 이상의 세그먼트로 분류할 수 있다.
  조직의 가치에 대한 중대한 결정을 내릴 때 기준점을 제시한다.

- **지원고객** Supporting Customer

  핵심고객 외에 조직의 사명을 달성하기 위해 만족시켜야 할 대상이다.
  핵심고객과 연관되어, 중요한 관계가 있는 사람들이다.
  조직의 사명을 달성하는 데 공헌하고 기여하는 사람들이다.
  조직이 최종적으로 만족시켜야 하는 사람은 핵심고객이다. 그러나 지원고객의 만족이 없거나 부족하다면 핵심고객을 만족시키는 것은 불가능한 일이다.

나　　잘 알겠습니다. 고객은 하나가 아니며 핵심고객을 먼저 만족시켜야 하지만 지원고객의 필요도 소홀히 할 수가 없는 것이군요. 이 구분을 여러 조직에 적용해 보겠습니다.

다양한 조직과 고객

고객이 누구인가에 대한 예시를 들었다. 조직의 판단에 따라 고객은 다양하게 정의된다.

조직	핵심고객	지원고객
학교	학생, 교사	학부모, 교육청, 후원자, 지역사회, 상급학교(대학 등)
병원	환자	의사, 간호사, 보험사, 식약청, 자원봉사자, 후원자
종교 기관	신도	지역사회, 공공기관, 자원봉사자, 종교인
지방자치단체	주민	공무원, 지역사회, 상급 행정기관, 오피니언 리더
정당	국민	당원, 자원봉사자, 관련 공공기관, 시민단체
교향악단	시민	연주자, 예술 지원 단체, 음악가, 대학, 지역사회, 후원자
기업	타깃고객	직원, 주주, 지역사회, 공공기관, 시민단체, 채권자

드러커 훌륭하네. 핵심고객과 지원고객이라는 시각으로 고객을 생각하면 조직이 사회와 맺고 있는 실질적 관계, 상품이 고객과 맺은 관계를 이해할 수 있지. 그리고 조직의 활동을 통해 영향을 받는 모든 사람들을 제대로 파악할 수 있게 된다네.

나 네, 고객을 입체적으로 파악하고 조직의 시각만으로 단정하지 말아야겠다는 생각을 하게 됩니다. 마케팅 이론에서도 고객을 구매자, 영향자, 결정자, 지불자로 구분하기도 합니다. 특히 기업간거래Business to Business: B to B에서는 이런 구분이 매우 중요합니다.

드러커 명심하게, 고객을 제대로 정의하려면 먼저 고객에 관한 좁은 생각을 바꿔야 한다네. 조직의 상품을 구매하거나 소비하는 사람에서 조직 상품의 가치를 평가하는 사람, 이를 통해 만족하는 사람, 이를 통해 삶이 변화하는 사람으로 말이지.

핵심고객은 하나여야 한다

나 그런데요 박사님, 핵심고객은 반드시 하나여야 할까요? 지원고객은 다양한데 말입니다.

드러커 '절대로'라고 말할 수는 없네. 그렇지만 조직이 모든 자원을 투입해서 만족시켜야 할 고객이 여럿이라면 조직은 에너지를 낭비하고 성과를 달성하기가 어렵게 되네. 타당한 이유가 없다면 핵심고객은 하나로 한정해야 하지.

나 저도 그렇게 생각합니다. 특히 현대 기업을 보면 핵심고객을 하나로 한정하는 것이 올바르다고 생각합니다. 이전에는 기업은 소비자 혹은 구매자로 고객을 생각했습니다. 직접적으로 매출을 일으켜주는 사람만 신경 쓴 것이죠. 그런데 이제 고객은 단지 매출과 연계되는 존재만은 아닙니다. 기업의 비즈니스모델이나 가치사슬이 복잡해지면서 최종 구매자가 아닌 원재료 공급업체나 중간 유통자가 더욱 중요한 기업도 많아졌습니다.

드러커 자세하게 말해보게.

나 예를 들어 세계적인 제약 회사 머크Merck의 경우, 핵심고객은 회사의 약품을 사용하는 환자도 아니고 이를 처방하는 의사도 아닙니다. 머크는 전 세계 연구소 및 대학에 근무하는 과학자들을 핵심고객으로 삼았습니다. 이에 따라 머크에서는 회사가 보유한 세계적 수준의 연구자들이 기초 연구를 수행하고, 논문을 펴내며, 각종 학술회의에서 연구 결과를 발표하는 등 마치 대학의 과학자들처럼 행동하도록 장려하는 것을 성공의 관건으로 실천하고 있습니다. 이렇게 하는 목적은 획기적인 합성물의 발견, 그리고 상품화라고 합니다(사이먼스, 2014). 세계적으로 경쟁하는 제약 기업으로서 신약 개발이 가장 중요한 기업의 목적이기 때문에 여기에 집중하겠다는 뜻이죠.

드러커 일리가 있네. 핵심고객은 사업의 초점이고 자원을 집중하는 대상이고 모든 노력을 다해서 요구를 충족시켜야 하는 대상이지. 비영리조직의 경우에는 삶을 변화시키는 사람들이기도 하고.

나 기업이 비영리조직처럼 고객을 생각한다면 핵심고객이 누구인지를 쉽게 이해하리라 생각합니다. 예를 들어 다음과 같은 조직은 핵심고객을 잘 정의했다고 생각합니다.

- **월마트**
  일상적인 서비스나 제품에서 가치를 찾는 매일매일의 고객(The everyday consumer who is looking for value in everyday services and products).

- **스타벅스**
  높은 품질의 서비스와 더불어 높은 품질의 음료를 원하는 고객(The consumer who wants a quality beverage with quality service)

- **미국 걸스카우트**
  조직을 통해 결과(리더로 성장)를 성취할 모든 소녀들(All the girls to be satisfied for the organization to achieve results)

고객을 제대로 정의한다

나 박사님, 그렇다면 핵심고객과 지원고객을 정의하는 방법을 알고 싶습니다.

드러커 두 가지의 중요한 포인트가 있네. 먼저 조직의 사명을 의미 있게 생각하는 사람을 찾아야 하네. 사명을 통해 삶이 변화하는 사람, 사명의 실현을 가장 간절하게 필요로 하는 사람들이지. 다음은 조직의 강점과 자원을 고객의 니즈needs와 매칭시키는 것이지. 고객이 아무리 원한다고 해도 조직 능력이나 자원이 부족하다면 결코 의미 있는 결과를 만들 수 없네. 성전을 지으려면 대리석과 건축가와 석공이 필요하다는 뜻이지. 이 조건에 유념한다면 사명을 따르면서 조직이 갖고 있는 자원과 역량을 통해 진정으로 만족시킬 수 있는 고객이 누구인지를 파악할 수 있을 것이야.

나 그렇군요. 그런데 경영학에서는 '세그멘테이션Segmentation'과 '타기팅Targeting'을 통해 고객을 파악합니다. 세그멘테이션은 기업이 접근 가능한 고객 범위를 제품 특성, 수요와 공급, 경쟁 관계 등을 통해 정하는 것이고, 타기팅은 정해진 세그먼트에 대한 상세 분석(잠재수요, 경쟁우위, 예상 규모 등)을 통해 최종 고객 그룹을 도출하는 것입니다.

드러커 분석적 방법론은 당연히 필요하지. 그리고 기업 상황에 따라 상세한 분석이 필요하다면 해야 하네. 그런데 요점은 고객이 있기 때문에 조직이 존재하는 것이지만, 조직은 자신이 최선을 다해 만족시키려는 고객을 스스로 선택해야 한다는 점이야. 일단 선택하면 모든 자원을 고객을 위해 투입한다는 각오를 바탕에 두고 말이지. 따라서 시장규모나 잠재적인 수익 규모에 치중하지 말고 과연 조직은 이런 고객을 위해 이들의 바람을 탁월하게 만족시킬 수 있는가에 대해 정직하게 답을 내려야 하네.

나 전적으로 공감합니다. 결국 핵심고객과 지원고객을 파악하는 일은 고객의 상황을 철저하게 이해하는 일이라고 생각합니다. 어떤 고객이 어떤 욕구를 가지고 있고, 어떤 과정을 거쳐 어떻게 상품을 이해하고 받아들일지를 이해하는 것 말입니다. 고객에 관한 지식이라고 말해도 좋겠습니다.

드러커 그렇네. 그래서 고객이 누구인가라는 질문은 단순하지만 깊은 고민과 철저한 자세가 필요한 질문이지.

나 구체적으로 어떤 지식을 파악해야 할까요?

드러커 최소한 다음 네 가지 질문을 해야 하고, 이 속에서 올바른 답을 찾아야 하네.

고객 정의를 검토하고 재정의하는 질문

- 우리의 고객은 누구인가?(핵심고객, 지원고객 판단하기)
- 우리의 고객은 어떻게 변할 것인가?
- 우리는 올바른 고객에게 봉사하고 있는가?
- 우리는 어떤 고객들을 추가하거나 빼야 하는가?

나 기존 고객을 포함해서 잠재고객을 전망해 보고, 또한 고객의 변화까지 예측해 보라는 말씀이시군요. 또한 현재의 고객 정의가 올바른지를 검토하고 만일 고객을 제대로 만족시킬 수 없다면 과감하게 고객 정의를 바꿔야 한다는 것이지요? 또한 비고객에 대해서도 폭넓게 살펴봐야 하고요.

드러커 그렇네. 고객 정의를 생각하는 작업은 아까 사명에 관한 대화에서도 얘기했지만 고객을 둘러싼 변화를 함께 보는 작업이야. 그 어떠한 일도 진공상태에서 이루어지는 일은 없지 않나? 고객이 살고 있는 환경의 변화, 기술 변화, 사회적 변화를 함께 살펴보고 현재의 고객이 어떻게 달라질지, 환경 변화에 따라 새롭게 유입될 고객이 있는지를 생각해 봐야 하지.

나 좋은 사례가 없을까요?

드러커 실패한 사례와 성공한 사례가 있지. 성공 사례는 내가 자주 컨설팅을 했던 기업이기도 하네.

제록스의 실패*

제록스XEROX는 사무용 복사기를 최초로 개발해서 성공시킨 대단한 기업이다. 복사기를 만드는 원천기술을 제록스가 개발한 적은 없다. 다만, 관련 기술을 복사기라는 새로운 효용을 가진 제품에 접목시키고 실현했다는 점에서 탁월한 기업이었다.

제록스는 초기에 고가의 상품을 구매할 수 있는 대기업을 주요 고객으로 해서 승승

장구했다. 그런데 복사기 시장이 포화 상태가 되자 전략을 바꿔 대형 소비자, 즉 복사기의 대량 구입자 또는 높은 가격의 고성능 복사기 구입자에게 초점을 맞추었다. 제록스는 소규모 소비자들을 …… 적극적으로 찾지는 않았으며 적극적으로 서비스하지도 않았다. 결국 소규모 고객들은 경쟁사의 복사기를 구입했고 이들이 이렇게 하도록 만든 것은 제록스가 이들에게 제공하는 서비스에 대한 불만 때문이었다(이재규, 2005: 250).

금융 서비스 회사 에드워드 존스의 성공

드러커는 회사의 고객이 누구인가 하는 것을 두고 당시 에드워드 존스의 사업파트너였던 테드 존스Ted Jones와 의견이 달랐다. 결정적 순간은 드러커가 테드에게 "지점들을 설치할 장소를 어떻게 결정합니까?"라고 질문하면서 시작되었다. …… 테드는, 경쟁자가 없는 중소 도시들을 목표로 삼았고 그런 마을에서는 에드워드 존스만이 유일한 증권중개회사였다고 설명했다. 드러커는 계속 질문했다. "그렇게 한 이유는 무엇입니까?" 테드는 대답했다. "우리가 좀 더 잘하니까요." 드러커는 얼마나 더 잘하는지 물었고, 그리고 사실을 제대로 파악하라고 제안했다. 에드워드 존스에서는 전국적으로 지점 설치를 완료했을 때 경쟁자들이 있는 곳보다도 자사의 성과가 25% 정도 더 높다는 것을 파악했다. 테드는 시장을 지리적으로 보았고, 그리고 자사의 고객을 증권시장에 접근할 방도가 달리 없는 시골에 사는 미국인으로 규정했다. 사실, 에드워드 존스의 고객은 개인적인 밀착 서비스를 바라고, 또 상대적으로 위험도가 낮은 투자를 선호하는 사람들이었다. 드러커의 질문은 에드워드 존스가 그때까지 갖고 있던 고객에 대한 이해와 고객에 대한 가치 제안을 근본적으로 바꾸도록 했던 것이다(에더샤임, 2007: 57~58).

나　　제록스가 새로운 확장기를 맞아 제품을 원하고 사용할 니즈가 있는 잠재고객에 대한 대응에 실패한 것이 결국 경쟁기업인 캐논Canon에 주도권을 빼기게 된 원인이 된 셈이군요.

• 원문은 드러커의 *Managing For Results*(1964)에서 인용했다.

드러커 그렇지. 잘못된 고객 정의가 미치는 중대한 영향을 말해주지.

나 제가 아는 사례 하나를 말씀드리겠습니다. 독일 통일 이후 각광받고 있는 관광지인 크로아티아 얘기입니다. 속사정을 들여다보면 흥미롭습니다.

> **크로아티아 관광위원회의 마케팅 실패**
>
> 1990년대 말에 크로아티아 관광위원회는 신생 공화국을 위한 관광 마케팅 전략을 수립하기로 작정했다. …… 그들은 타깃그룹을 '문화 관광객들'로 정했다. 이들은 경제적 여유가 있는 나이 든 여행객들로 크로아티아 정부가 제공할 수 있다고 자신하는, 편안하고 고급스럽고 수준 높은 삶에 흥미를 느끼는 사람들이었다. 그래서 이 대망의 고급 관광객들에게 부응하는 새로운 5성급 고급 호텔들이 속속 세워졌고 최고급 레스토랑과 다른 관광 인프라의 변화도 뒤따라 마련되었다.
>
> 그러나 떼를 지어 크로아티아로 줄줄이 몰려든 사람들은 체코와 폴란드의 배낭 여행객들, 그리고 가족들을 태우고 아드리아해 반대편 해안 지방을 구경하려고 몰려드는 이탈리아 자동차들의 행렬이었다. 이 단체 여행객들은 그들이 목표로 삼았던 '문화 관광객'들과는 거리가 멀었다. 자기들이 먹을 것도 싸가지고 왔고, 주로 캠핑장에서 숙박을 했다. …… 그때 그들은 최악의 결정을 했다. 사람들이 자기들 먹을 음식을 크로아티아 국내에 반입 못 하게 금지한 것이다. …… 그러면 크로아티아는 다시 '제대로 된' 관광객들을 유치하는 데 집중할 수 있을 거라는 생각이었다. 그러나 현실은 달랐다. 이웃의 관광 중심지인 이탈리아와 그리스 같은 나라들만 휴가지로 음식들을 싸가지고 여행하기를 원하는 고객들을 맞이하느라 신이 났다.
>
> …… 이 나라는 눈이 부시게 아름다운 경치와 엄청나게 많은 텅 빈 최고급 호텔과 레스토랑이 넘치는 나라가 되었다(린드비스트, 2010: 129~131).

드러커 좋은 사례네. 조직의 기대와는 다르게 원하는 고객으로부터는 외면당하고 엉뚱한 고객이 응답하는 일은 그다지 흔한 일이 아니지.

나 네, 그렇습니다. 고객에 대한 정의는 CEO를 포함해서 모든 사람이 주의를 기울여서 해야 하는 일이라고 생각합니다. 기존 고객에 대해서도 충실하게 질문하고, 또 현재의 비고객이 고객이 될 수 있는지 원점에서 살펴봐야 합니다. 박사님이 엘리자베스 하스 에더샤임과 인터뷰했던 내용을 정리한 책 『피터 드러커, 마지막 통찰(The Definitive Drucker)』(2006)에서도 IT업계의 선도 기업인 인텔Intel이 비고객을 고객으로 바꾸면서 성장했다는 이야기가 나옵니다.

인텔은 비고객을 고객으로 바꾸면서 성장했다

1990년대 초 인텔은, 무선전화 회사라는 핵심적인 비고객들이 필요로 하는 것이 무엇인지 이해하기 시작했다. 지금까지 비고객이었던, 빠르게 성장하는 무선전화 시장의 수요를 채우기 위해 인텔은 모토로라와 노키아 같은 회사에 대한 전통적인 간접 거래 방식을 포기하고 직접 거래를 추진했다. 그리하여 인텔은 무선전화 회사들에 초점을 맞추고, 그리고 그런 회사들이 새로이 필요로 하는 문제를 해결하기 위해 컴퓨터 칩을 판매하고 성능을 개량했다. 오늘날 인텔은 또 다른 분야로서 개발도상국에 휴대용 컴퓨터를 판매하고 있다. 즉 PC에 필요한 칩을 판매하는 것이 아니라 인텔의 PC를 판매하는 사업을 추진하고 있다. PC 회사들은 인텔의 고객이었으나 지금은 경쟁 상대이다. 인텔은 광범한 지역에서 지금까지 무시했던 지역 세계의 비고객들을 고객으로 만들고 있다. …… 교사들은 인텔이 새로 발견한 또 다른 고객이다. 인텔의 CEO 폴 S. 오텔리니 Paul S. Otellini는 5년간 10억 달러를 투입하여 교사들을 훈련시키고 무선 디지털 인터넷을 전 세계로 확대한다고 발표했다. 목표는 전 세계의 교사 100만 명을 훈련시키고, 교사와 학생들에게 이른바 에듀와이즈Edu-wise라고 불리는, 값도 싸고 MS와 호환 가능한 컴퓨터와 접속하도록 하려는 것이다(에더샤임, 2007: 67~68).

드러커 항상 고객보다 비고객이 큰 법이지. 인텔 같은 대형 기업도 고객에 대해 이렇게 숙고하는데, 규모가 작은 기업이라면 더더욱 비고객이 누구이고, 어떻게 하면 이들을 파트너로 만들 수 있을지를 진지하게 물어봐야 하겠지.

나 맞습니다. 고객이 누구인지를 찾는 과정을 정리해서 설명해 주실 수 있을까요?

드러커 다음과 같은 접근방법을 고려해 보게.

고객 정의 접근방법

- 조직의 사명을 가장 의미 있게 받아들이는 사람들은 누구인가를 찾는다.
- 제공하는 서비스(제품)의 수혜자라는 관점을 벗어나 반드시 만족시켜야 할 대상이자, 제공하는 서비스(제품)의 가치를 인정하고 원하며 그것이 중요하다고 느끼는 사람이 누구인가에 초점을 맞춘다.
- 조직이 보유하고 있는 역량과 자원을 고객의 니즈 및 타깃그룹과 매칭시킨다.
- 환경의 변화가 기존 고객, 신규 고객에게 미칠 영향을 파악한다.
- 고객은 절대 멈춰 있지 않는다. 고객은 점점 다양해지고 고객의 필요, 욕구, 꿈은 계속하여 진화한다는 것을 명심한다.
- 조직의 사명으로부터 더 이상 혜택을 받지 않는 대상은 과감하게 포기한다.

나 자세하게 설명해 주셔서 고맙습니다. '유일한 고객은 없다'는 자세로 고객과 고객을 둘러싼 환경을 넓고 깊게 살펴보라는 말씀이라고 생각합니다. 그런데, 한 가지 마음에 걸리는 것이 있습니다. '우리는 고객을 포기해야 하는가?'라는 질문입니다. 고객이 기업을 선택하듯이 기업도 고객을 선택한다는 것은 말로는 이해되지만, 실행이 결코 쉽지 않습니다. 고객이 부족해서 항상 스트레스를 받는 경영자에게는 가혹한 말이 아닐까요?

드러커 경영자의 심정은 이해가 가네. 그렇지만 아주 마땅한 질문이고 대답을 해야 하는 질문이야. 내가 조언을 했던 DLJ Donaldson, Lufkin & Jenrette의 공동창업자인 빌 도널드슨Bill Donaldson은 이런 말을 했네.

우리의 고객이 아닌 사람은 누구인가

DLJ의 공동 창업자 빌 도널드슨은 내게[엘리자베스 하스 에더샤임을 가리킨다 - 저자 주] 드러커의 '부정의 질문'이 DLJ가 성공하는 데 크게 공헌했다고 말했다. 드러커가 내게 준 가장 큰 교훈은, DLJ의 설립에서 중요한 의사결정 중 하나가 누구와는 사업을 하지 않을 것인지에 대한 결정이라는 사실을 깨닫게 한 것이다. 1960년대, 그리고 다시 1980년대와 1990년대 증권시장이 번창할 때 DLJ 성공의 많은 부분은 드러커의 '부정의 질문'에 공을 돌려야 한다. 성장시장에서 고객의 기업윤리에 의문이 들 때 우리는 그 고객과는 사업을 하지 않는다. 우리는 그런 고객과는 사업을 하지 말아야 했고, 그리고 그런 부정의 질문을 공개적으로 하여 의사결정을 그만큼 쉽게 했다. 도널드슨은 더 나아가 그런 문제를 해결하면서 회사 내부의 정체성을 확인하는 데 도움이 되었다고 했다. 종종 복도에서 그는 동료들이 누가 DLJ의 고객이고 누구는 고객이 아닌지에 대해 논의하고, 또 토론을 벌이는 것을 듣고자 한다는 것이었다(에더샤임, 2007: 66).

사랑이 변하듯 고객은 변한다

나 잘 알겠습니다. 결국 고객을 선택(정의)하다 보면 조직은 기존에 생각했던 고객과는 다른 선택을 하게 된다고 생각합니다. 고객은 고정되어 있지 않고, 조직이 진정으로 원하는 것은 그런 고객을 만족시키는 일이니까 말이죠.

드러커 공감하네. 고객은 항상 변하는 존재야. 고객이 변한다는 사실을 무시해서 많은 조직이 실패하지. 화살을 잘못된 과녁에 쏜다는 뜻이네.

나 많은 기업이 사실 이런 실수를 합니다.

드러커 고객은 사람이라는 사실을 경영자는 종종 잊어버리지. 분석이 주는 함정이기도 하고, 그 어떤 사물도 언어로 표현되면 실제 세계를 떠나기 때문이기도 하네. 내가 어떤 말을 하는지 알겠는가?

나 고객은 사람이고, 사람은 욕구, 희망, 불안, 기대를 가지고 있는 존재라는 것, 그리고 사람의 욕구와 감정은 항상 변한다는 뜻이라고 생각합니다.

드러커 그렇네. 한 가지 추가하자면 종종 고객은 조직보다 한발 앞서간다는 사실도 유념해야지. 현대 경제에서 고객은 더 이상 기업이 제공하는 상품을 수

동적으로 받아들이기만 하는 사람이 아니라, 상품을 만들거나 개선하는 데 참여하기도 한다네. 모든 산업에서 혁신이 확산되는 방식을 생각해 보게나.

나　　자동차가 마차를 이기고, 비행기가 철도를 이기고, 휴대전화기가 유선전화기를 이긴 것은 기술 발전에만 원인이 있는 것이 아니라, 진정한 원인은 고객의 변심이라고 말할 수 있겠네요.

드러커　　적절한 예일세. 변심하니까 고객이야. 기업이 제품을 만들면 그냥 구매하는 고객이란 없어요. 그래서 나는 '우리의 고객은 누구인가?'를 되풀이해서 항상 물어보라고 강조했지. 근본적이고 본질적인 부분에서 결과를 내려고 애쓰는 조직이라면 고객이 변화할 때 그에 맞추어 변화할 것이네(드러커, 2010: 62~63). 미국의 걸스카우트는 미국 청소년들의 리더십 개발을 사명으로 하는 유서 깊은 조직인데, 원래 걸스카우트가 봉사하는 고객은 '백인 소녀'였어. 그런데 1976년경에 앞서 말했던 프랜시스 헤셀바인이 연맹 총재로 취임하고 나서 걸스카우트의 고객은 '모든 미국 소녀'가 되었지. 또한 연령층도 5세까지 낮아졌고 말이야. 다양한 민족이 모여 사는 미국의 현실, 출신 배경이 다른 어머니들도 소녀만큼 중요한 고객이라는 점, 어린 소녀에 대한 리더십 교육이 필요하다는 요구를 받아들인 결과라네. 빠르게 성장하는 라틴계 인구를 확보한 것은 1980년대 걸스카우트 연맹이 가장 빨리 성장하는 비영리단체가 되는데 일조를 했지(에더샤임, 2007: 63).

나　　시대 변화, 환경 변화, 고객 요구의 변화에 조직은 대응해야 합니다. 고객의 요구를 충족시키는 것이 조직의 사명이니까요. 조직은 조직이 충족시키려는 고객을 반드시 제대로 찾아야 합니다. 저도 사례를 하나 들까 합니다. 햄버거를 파는 미국의 맥도날드McDonalds는 처음에는 부동산개발업자와 매장 점주를 고객으로 생각했다고 합니다. 프랜차이즈를 확장하기 위한 상식적인 판단이었죠. 그러다가 일반 소비자로 핵심고객을 다르게 정의했습니다. 2008년 금융위기가 발발했을 때 맥도날드는 유일하게 주가가 상승한 두 개의 기업 중

하나였죠. 다른 하나는 월마트였습니다(사이먼스, 2014).

드러커 잘 정리했네. 마케팅은 항상 기업은 자사의 고객을 모르고 있다는 가정에서 출발해야 하네. 또한 조직은 어쩌다 고객을 만족시키는 것이 아니라 탁월하게 만족시켜야 하는 것이네(드러커, 2010: 66). 마케팅의 대가인 필립 코틀러 Philip Kotler가 한 멋진 말이지.

고객이 원하는 것은 무엇인가

나 잘 알겠습니다. 이제 다음 질문으로 넘어갈 때가 된 것 같습니다. 바로 고객의 욕구를 아는 일이죠. 기업 마케터의 머리를 쥐어짜는, 음, 사실 경영자들이 가장 고민하는 문제입니다. '어떻게 하면 고객의 마음을 알 수 있을까? 고객이 중요하게 생각하는 가치는 무엇일까?'라는 고민입니다. 박사님께서 최초로 쓰신 경영서 『경영의 실제(The Practice of Management)』(1954)에서 "기업의 목적은 고객 창조다"라고 선언하신 이래로 경영자들은 고객의 중요성을 새롭게 발견했습니다. 어쩌면 현대적인 마케팅이 이때 만들어진 것이 아닐까 생각합니다.

드러커 고객이 가치 있게 여기는 것은 무엇인가? 아마 다섯 가지 질문 중에서 가장 까다로운 질문일 수도 있지. 두 번째 질문을 통해 고객 정의를 하면서 어느 정도 고객가치를 파악했겠지만, 아직은 대략적으로만 살펴본 것이야. 세 번째 질문은 직접적으로 보다 상세하고 깊게 고객의 욕구, 희망, 불편함을 찾으라는 질문이야.

| 요약 |

드러커가 제기한 두 번째 질문은 고객을 발견하고 선택하라는 질문이다. "기업의 목적은 고객 창조에 있다"라는 드러커의 말은 조직과 고객이 맺는 관계를 가장 명료하게 설명해 준다. 고객은 조직에게 시작이자 끝이다. 존립의 기초이자 지향점이다.

고객을 말하는 다양한 표현이 있다. 손님, 소비자, 내부고객, 외부고객, 클라이언트 등……. 표현이 무엇이든 고객은 조직의 존립 근거이며 고객을 만들지 못하는 조직은 생존하거나 지속할 수 없다는 점은 분명하다.

고객은 조직이 제공하는 상품의 가치를 인정하고 반복적인 구매를 통해서 조직과 깊은 관계를 맺는 사람이다. 조직은 이러한 고객에게 봉사한다는 사명을 가지고 보유한 자원과 강점을 통해 고객의 욕구를 실현한다. 고객은 핵심고객과 지원고객으로 나눌 수 있다. 핵심고객은 조직의 사명이 지향하는 직접적 대상으로 조직이 제공하는 상품의 가치를 결정하거나 상품을 통해 삶이 변화되는 사람들이다. 학교라면 학생이, 병원이라면 환자가, 기업이라면 상품이 제공하는 기능을 가장 필요로 하는 사람이다. 조직은 하나 이상의 핵심고객을 정해야 한다. 그런데 고객은 하나가 아닐수도 있다. 상품의 구매, 유통, 소비 과정에서 다양한 사람들이 관여하기 때문이다. 드러커는 고객을 고객팀이라고도 말했다. 이들은 직접적으로 상품이 제공하는 혜택을 누리지는 않지만 핵심고객이 가치를 실현하는 과정에 간접적으로 영향을 미치는 사람이다. 구매자, 의사결정자, 영향력 행사자이다. 조직은 핵심고객과 지원고객 모두의 필요를 충족시킬 수 있어야 한다.

고객을 정의하는 일은 역동적인 과정이고 체계적인 질문을 통해 접근할 수 있다. 질문에는 고객 범위, 환경 변화, 조직 역량에 대한 질문이 포함되어야 한다. 먼저 사명이 지향하는 사람이 누구인가를 폭넓게 고찰해야 한다. 그리고 고객이 살아가는 환경을 살펴봐야 한다. 고객의 상황과 고객이 겪는 문제는 변하기 때문이다. 또한 현재 고객과 신규 고객에 대해서도 검토해야 한다. 환경의 변화에 따라 조직을 필요로 하는 고객은 달라질 수 있기 때문이다. 나아가 고객의 필요와 조직의 역량이 매치되는지 검토해야 한다. 고객에 대한 조직의 관심은 탁월하게 고객을 만족시키는 것, 만족시킬 수 있는 고객을 선택하는 것이기 때문에 이처럼 포괄적 맥락에서 고객을 정의해야 한다.

고객을 올바르게 정의하는 것 자체가 큰 성과다. 히말라야 정상이 사명이라면 해발 5000m에 있는 베이스캠프에 도착한 셈이다(실제로 히말라야를 등반하는 베이스캠프는 해발 5000m 이상에 있는 지역에 있다). 이제 다음은 고객이 무엇을 진정으로 원하는가에 대해서 상세하게 이해하는 것이다.

| Action Point |
효과적으로 고객 정의하기

자신이 하는 사업이 진정으로 무엇을 추구하는지, 어떻게 사업의 목적을 달성할 것인지에 대해 명확하게 인식하는 일은 경영자가 해야 하는 중요한 과업이다. 이 과업은 대기업이든 중소기업이든, 스타트업이든, 혹은 소규모 자영업을 운영하는 경영자에게도 동일하다.

또한 이러한 인식은 고정될 수 없다. 창업기에 가졌던 믿음이 성장기에는 달라질 수 있고, 또 달라져야 한다. 고객이 달라지고, 환경이 달라지고 상품이 달라지기 때문이다. 사업의 정의와 목표, 사업모델에 대한 고민과 개선을 위한 노력은 사업 활동을 하는 동안 지속되어야 한다.

고객 정의는 사업의 핵심 요소다. 고객을 정의하는 방법은 복잡할 필요는 없지만 체계적이어야 한다. 효과적인 방법을 몇 가지 소개한다. 첫 번째는 다섯 가지 질문에서 설명하는 상세한 질문을 활용하는 방법이고, 두 번째는 고객세분화 방법이다. 조직규모가 크지 않고, 어느 정도의 고객 지식이 있다면 첫 번째 방법으로도 고객 정의가 가능하다.

1. 피터 드러커의 다섯 가지 질문을 적용하기•

우리의 고객은 누구인가?

- 우리 조직의 상품이나 서비스를 사용하는 사람들의 리스트를 만든다. 비영리단체들은 리스트에서 핵심고객 즉 자신들의 과업을 통해서 삶이 변화되는 사람들이

• 이 글의 내용은 드러커(2010: 135~137)를 인용했다. 이 질문은 이 책의 원발간자인 리더투리더재단(Leader to Leader Institute)이 고객 탐구를 위한 후속 질문으로 제시한 내용이다. 더 상세한 접근이 필요하다면 『피터 드러커의 다섯 가지 경영 원칙 자가평가 워크북』(아시아코치센터, 2011)을 활용하기 바란다.

누구인지 파악해야 한다. 기업들은 리스트에서 현재 핵심고객이 누구인지 확인하고, 인구분포의 변화에 근거해서 그 고객들이 계속 자신들을 지지할 수 있는지와 지지할 것인지를 판단해야 한다. 공공기관에서는 많은 경우 법률을 통해서 또는 그 기관을 설립한 정부 당국에 의해서 일차고객이 결정된다.

- 우리 조직이 충족시켜야 하는 조직 내부와 외부의 지원고객들을 리스트로 만든다(자원봉사자, 회원, 협력자, 기부자, 중개업체, 직원 등).
- 우리는 이러한 각각의 고객들에게 어떤 가치를 공급해야 하는가?
- 우리의 강점, 역량, 자원들은 이러한 고객들의 요구에 부합하는가? 만약 그렇다면 어떤 식으로? 그렇지 않다면 이유는 무엇인가?

우리의 고객은 변화했는가?

- '어떤 식으로 우리의 고객들은 변화했는가?'라는 관점에서 생각하라.
- 인구통계(나이, 성, 인종, 민족)
- 일차적 욕구(훈련 보호소, 주간보호 등)
- 고객의 수(더 많아졌는가, 더 적어졌는가)
- 신체적·심리적 건강(약물 의존, 역기능 가정 등)
- 다른 방법들(예를 들어, 주거지, 직장)

우리는 어떤 고객을 더하거나 빼야 하는가?

- 우리 조직은 어떤 다른 종류의 고객들을 돌보아야 하는가, 이유는 무엇인가?
- 그들을 돕기 위해 우리 조직이 가지고 있는 특별한 역량은 무엇인가?
- 우리 조직이 더 이상 돌보면 안 되는 현재의 고객들은 어떤 종류인가?
- 그 이유는 무엇인가?(그들의 필요가 변했는가? 당신의 자원이 너무 제한되어 있는가? 다른 조직들이 더 효율적인가? 그들의 필요가 당신의 조직의 사명과 일치하지 않는가? 조직의 역량이 문제인가?)

2. 고객세분화 및 목표고객 선정 방법

고객세분화 Segmentation 란 조직의 상품을 필요로 하는 고객 단위 Customer base 를 정하는 것이고(segment가 하나의 고객군이다), 목표고객 선정 Targeting 이란 세그먼트 중에서 조직이 가장 주력하는 고객을 선정하는 것이다.

고객세분화 방법

- **인구통계학적** Demographic

고객의 인구통계학적 특성(성, 연령, 직업, 거주지, 소득수준 등)에 따른 구분

예시 캐주얼 의류 판매 기업: 10대 후반 여성/ 20대 여성/ 20대 남성

- **심리가치적** Psychographic

고객의 심리적·인지적 특성(심리적 관심사, 생활양식, 가치관, 개성 등)에 따른 구분

예시 글로벌 프리미엄 자동차 기업
개성파: 30대 전문직 남성/ 품위파: 40대 기업 중역, 고위 전문직
존경파: 50대 CEO, 고위 관료, 대학 총장

- **행동양식** Behavioral

고객의 특정한 행동양식(구매 방식, 기대 사항, 채널 선호도 등)에 따른 구분

예시 저가항공사 : 국내 단기 출장 비즈니스맨/ 동남아시아 여행 고객/
가족여행 선호 고객

- **상품**@Product

고객의 제품 소비 특성(소비 이력, 소비 가치, 보유 상품 등)에 따른 구분

예시 신용카드사: 온라인상품 구매군/ 여가문화 소비군/ 고급 내구재 구매군

- **가치기반** Customer Value

고객과 조직 간 거래규모(고객생애가치, 수익성, 충성도, 구매 패턴)에 따른 구분

예시 은행: 로얄고객(예금 평잔 1억 이상)/ 충성고객(예금 평잔 1000만 원~1억)
일반고객(예금 평잔 1000만 원 이하)/ 단기거래고객(입출금 위주)

고객세분화 방법은 조직이 속한 산업, 업종, 시장의 특성에 따라 여러 기준을 복합하여 사용한다.

3. 비즈니스모델 캔버스: 고객가치제안Value Proposition 모델*

비즈니스모델은 알렉산더 오스터왈더와 예스 피그누어가 개발한 사업모델 디자인방법론으로 기업가치는 아홉 개의 영역(활동)을 효과적으로 구축할 때 가능하다고 주장한다. 아홉 개의 활동 중에서 수익을 창출하는 활동으로서 고객정의가 있다.

- 조직은 하나 이상의 고객 세그먼트에게 상품이나 서비스를 제공한다.
- 고객을 만족시키기 위해 고객 요구나 행동상의 특징, 그 외 다른 특성에 따라 고객을 분류하고 대응하고 접근해야 한다.
- 조직은 핵심 세그먼트와 덜 집중할 세그먼트를 결정해야 한다.
- 결정이 내려지면 해당 세그먼트의 특화된 요구를 제대로 파악할 수 있어야 한다.

세그먼트 선택을 위한 질문

- 우리의 가장 중요한 고객은 누구인가?
- 우리 제품/서비스 사용자는 누구인가?
- 우리의 사용자에게 영향을 미치는 사람 혹은 의사 결정자는 누구인가?
- 우리의 고객/사용자의 주요 특징과 성향은 무엇인가?
- 우리가 집중해야 하는 고객 세그먼트는 어떤 유형인가?

---

* 이 글의 내용은 오스터왈더·피그누어(2011)를 인용했다.

세그먼트의 의미

- 전혀 다른 서비스나 상품을 필요로 한다.
- 접근하는 유통 채널이 다르다.
- 다른 유형의 고객 관계를 필요로 한다.
- 수익성의 현저한 차이가 있다.
- 다른 형태의 상품을 제공해도 대가를 지불한다.

세그먼트의 종류

- 매스마켓
- 틈새시장
- 세그먼트가 명확한 시장
- 복합적인 세그먼트가 혼재된 시장
- 멀티사이드Multisided 시장

| Business Case |

효과적으로 고객을 정의하고 타깃고객을 정립한 조직 사례를 참조한다. 효과적인 고객 정의는 사명에 담긴 가치와 부합하고, 사업 정의와도 일치하며, 조직의 강점과 역량과도 잘 부합한다. 올바른 고객을 발견하고, 고객의 욕구를 제대로 충족시킬 때 탁월한 성과가 나온다는 경영의 기본 원리를 잘 보여준다.

1. 아마존Amazon의 고객 정의•

현재 세계 최고의 파괴적 기업(기존의 지배적 기업을 무너뜨린다는 의미)으로 존경과 질투를 받고 있는 아마존은 본래 고객 중시 경영으로 탁월한 기업이다. 설립부터 "세계 최고의 소비자 중심 기업이 된다"라는 기업강령을 채택하고, 일관되게 고객 중심 경영을 실천했다고 평가받는 아마존은 성격이 다른 네 종류의 고객을 상대한다. 소비자, 판매자, 기업, 콘텐츠 제공자다. 소비자는 아마존 웹사이트에서 서적이나 음반을 구매하는 사람이고, 판매자는 아마존 마켓플레이스에서 자신의 상품을 파는 사람이다. 출판사와 같이 대규모로 상품을 파는 기업들도 있지만, 소규모 판매자도 있다. 또한 작가, 예술가 등 콘텐츠를 제공하는 사람이 있다. 이들 중에서 아마존이 생각하는 핵심고객은 소비자이다. 아마존은 소비자를 만족시키는 데 최대한의 노력과 자원을 투입한다. 설립 직후부터 미국 전역을 1~2일 이내의 배송망으로 묶는 물류센터에 과감한 투자를 지속한 것이 대표적인 증거다.

이러한 아마존의 전략은 투자자들로부터 많은 비판을 받았지만 일관되게

• 이 글의 내용은 미디어 아마존 기사와 로버트 사이먼스(2014)를 참고하여 정리했다.

실천되었다. 또한 판매자나 콘텐츠 제공자들이 부당한 대우를 받는다고 항의하는 경우에도 소비자 중시 원칙은 흔들리지 않았다(아마존 마켓플레이스에 상점을 개설한 판매자들이 더 많은 전산 자원의 할당을 요구하며 아마존을 상대로 소송을 제기한 일도 있다). 이러한 소비자 중시는 혁신으로 이어졌고 아마존의 성장을 이끌었다. 고객맞춤형 추천 서비스, 프라임 고객(유료 멤버십) 무료 배송 서비스, 부정적인 평가를 포함한 상세한 상품평 제공 등, 이러한 서비스가 수익에 직접적인 도움이 될 것인가에 대한 비판도 있었지만 아마존의 고객 정의와 고객 중시 경영은 영업이익 흑자, 최고의 고객 충성도, 높은 주식 가치를 실현하는 원동력이 되었다.

2. 미국 애리조나 걸스카우트 고객 정의

걸스카우트는 오랜 역사와 활동 경험을 가진 청소년을 위한 비영리기관이다. 애리조나 걸스카우트는 2001년 고객을 새롭게 정의했다. 사회 변화에 주목하고 기관 사명과 존재 가치를 재정립할 필요성을 인식했고, 드러커의 질문을 적용해서 진지한 작업을 수행했다.

> 우리 기관의 핵심고객은 걸스카우트가 되고 싶어 하는 우리 담당 구역에 거주하는 5세에서 17세까지의 소녀들이다. 이 소녀들이 가장 열망하는 욕구는 우리가 수행하는 모든 활동의 핵심이고 초점이며, 그들을 개발을 돕는 것이 우리 기관의 유일한 사명이다.
>
> 걸스카우트 프로그램은 공동체를 통해 성인들에 의해 수행되기 때문에 기관은 지원고객들에 대한 관심과 배려를 잊지 않는다. 지원고객들에게 제공하는 자원과 역량 증진 기회가 더욱 많을수록, 소녀들을 위한 혜택이 더욱 많아진다(Girl Scouts-Arizona Cactus-Pine Council, Inc., 2001).*

• 피터 드러커의 다섯 가지 질문을 그대로 적용해서 도출한 내용이다.

4장

세 번째 질문

고객이 가치 있게 여기는 것은 무엇인가?

들어가기 전에

> 고객이 구매하고 가치가 있다고 생각하는 것은 결코 상품이 아니다.
> 그것은 언제나 효용, 제품이나 서비스가 고객에게 제공하는 어떤 것이다.
>
> 피터 드러커

고객가치 이야기 1: 드러커가 만난 헨리 아저씨

고객만족 혹은 고객감동을 부르짖지 않는 기업이 있을까? 상품 공급이 수요에 비해 모자랐던 수요의 시대는 지나갔다. 이제 고객이 넘쳐나서 고민하는 기업은 거의 없다. 많은 경영자들은 고객을 공부하고, 이해하기 위해 노력하고, 고객 마음을 사로잡는 도구와 기법을 배우려고 시간과 돈을 아끼지 않는다. 그럼에도 불구하고 고객을 제대로 알고, 고객의 마음을 얻는 일은 결코 쉽지 않다. 이 일은 이론만으로 배울 수 있는 것이 아니기 때문이다. 그렇다면 어떻게 해야 할까?

『피터 드러커 자서전(The Adventures of bystander)』(1994)을 보면 드러커가 만난 사람들 중에 헨리 아저씨라는 사람이 나온다. 독일 태생으로 가난한 집에서 태어난 헨리 아저씨는 15세에 미국으로 이민을 갔고, 타고난 경제 감각과 처세술로 인구 100만이 넘는 미국 중서부 도시에서 12층짜리 백화점을 소유할 정도로 성공한 인물이다. 그는 젊은 드러커에게 장사와 거래에 관한 많은 이야기를 들려주는데, 다음 이야기는 그가 직관적으로 터득한 고객에 관한 이야기이다.

> 놀랍게도 그는 항상 스타킹 사이즈나 배색이 잘못된 우산의 가격을 인하하는 대신 판촉물로 이용했다는 얘기 등 잡다한 일화들 속에서 갑자기 일반적인 원칙을 끌어냈다. 우산에 관한 길고 긴 이야기를 그는 이렇게 마무리 지었다. "소매에는 오직 두 가지 원칙만 있네, 첫 번째 원칙은 '2센트 에누리에 안 넘어오는 고객은 없다'이고, 두 번째 원칙은 '진열해 놓지 못한 상품은 팔 수 없다'는 거지. 나머지는 모두 노력이야. 또는 "어리석은 고객은 없어. 단지 상인이 게으른 거지. 고객이 자기 생각대로 행동하지 않는다고 해서 그들이 어리석다고 말해서는 안 돼. 고객을 '재교육'시키려고 해서도 안 돼. 그건 상인이 할 일이 아니거든. 상인이 할 일은 고객을 만족시키고 그들이 다시 찾고 싶게 만드는 것이지. 만일 고객이 어리석게 행동하는 것 같다면, 밖으로 나가 고객의 입장에서 상점과 상품을 살펴보는 거야. 그러면 그들이 합리적으로 행동한다는 것을 알게 되지. 단지 그들의 현실이 상인의 현실과 다를 뿐인 게야"(드러커, 2005: 424~425).

모든 고객은 옳다는 헨리 아저씨의 신념은 드러커에게 깊은 인상을 주었다. 드러커는 이후 자신의 저서와 강의에서 비합리적인 고객은 없다고 일관되게 말했다.

고객가치 이야기 2: LG전자는 왜 1등이 되지 못할까

LG전자는 1960년대 이후 삼성전자와 경쟁하면서 한국의 대기업으로 성장해 온 전자 기업이다. 두 기업 간의 경쟁은 전자산업의 발전과 궤를 같이한다. TV, 냉장고, 세탁기 등 백색가전에서 시작하여 컴퓨터 기기, 스마트폰이 추가되었다. 1980년대까지만 해도 두 기업은 대등했거나 차이가 근소했지만, 2000년대 이후에는 세계시장을 선도하는 삼성에 비해 LG전자는 2위 아니면 3위에 머물러 있다. 두 기업의 차이는 어디에서 기인한 것일까? 전문가의 평가는 마케팅에서 원인을 찾는 견해가 많다. 그렇다면 고객들은 어떻게 생각할까?

실제로 LG전자는 그동안 우수한 제품 경쟁력에도 불구하고 기대에 걸맞은 마케팅 능력을 보여주지 못해 제품 흥행에 실패했다는 지적을 받아왔다. 좋은 제품을 만들고도 판매에 있어 고전을 면치 못하는 이유가 바로 취약한 마케팅 때문이라는 평가를 받는다. 한때는 언론을 통해 "LG전자는 마케팅이 안티"라는 웃기도 애매한 지적을 받기도 했다. 예를 들어 2015년 10월에 출시한 LG전자의 70만 원대 플래그십 스마트폰 V10의 금속 베젤이 실제 20K 금으로 도금된 것이라는 사실이 뒤늦게 알려져 또다시 마케팅 논란을 낳기도 했다. 또한 고성능 음질 구현, 음향기기 전문 기업인 AKG와 손잡고 만든 튜닝 버전 번들 이어폰 등 소비자가 매력을 가질 만한 포인트를 왜 마케팅에 활용하지 않았을까 하는 논란도 있었다. 놀라운 점은 이와 같은 논란이 전문가가 아니라 고객이 제기한 것이라는 사실이다. 2015년에 방영된 한 방송 프로그램(KBS News 차정인 기자의 T-Time)에서는 LG전자의 마케팅 실패를 다루기도 했는데, 한 출연자는 "LG전자의 마케팅 실패 역사는 책으로 한 권을 써도 될 정도"라며 "우수한 제품을 내놓고도 마케팅 실패로 피해를 보고 있다"라고 말하기도 했다.

이처럼 LG전자의 마케팅 행적을 재조명하는 글들은 온라인에서도 많이 회자되고 있다. 선도적으로 출시했거나 뛰어난 사양을 장착하고도 외면당했던 비운의 제품들이 "LG의 마케팅 능력", "LG의 위엄"이라는 역설적인 제목으로 온라인상에서 돌아다녔다.

스마트폰은 모바일 전자제품을 만드는 모든 기업에게는 첨단기술집약, 시장 규모, 제품 충성도, 브랜드 상징 등 절대로 포기할 수 없는 최고의 전략 상품이다. 모든 기업이 1등을 목표로 경쟁하는 상품이다. LG가 삼성과의 경쟁에서 승리하려면 스마트폰 시장에서 승리해야 한다. 초기에는 상품력에서 뒤졌던 것이 사실이지만 V10, VELVET 등은 삼성의 갤럭시 시리즈나 아이폰과 경쟁할 만한 품질과 디자인을 갖추고 있다. 그럼에도 LG전자는 판을 흔들거나 바꿀 만한 성과를 만들지 못했다. 고객들이 LG 스마트폰에 큰 고객가치를 느끼지 못했다는 뜻이다. LG 스마트폰이 제공하는 가치는 삼성의 스마트폰이나 아이폰도 제공하고 있거나, 이들이 제공하는 가치를 LG폰은 제공하고 있지 못하다는 뜻이다. 필자의 생각으로는 LG 스마트폰이 아이폰이나 갤럭시, 혹은 샤오미 폰에 비해 고객에게 딱 잡히는 가치가 명확하지 않다고 생각한다. LG 스마트폰이 고객에게 제공할 수 있는 가치는 소진된 것일까? 브랜드가치나 브랜드인지도가 뒤처져서 어쩔 수 없다는 답은 순환 논리에 지나지 않는다. 영원한 브랜드는 없기 때문이다. LG 스마트폰만이 제공하는 고객가치는 무엇인가? 이 질문에 반드시 답을 찾아야 하는 것이 LG전자 마케팅 팀의 과제이다. 불과 수년 전에 창업한 중국의 샤오미가 스마트폰의 강자로 떠오른 이유로서 고객과의 소통(샤오미는 폰을 새로 만들 때마다 고객의 의견을 듣고, 고객 커뮤니티에는 수십만 건의 의견이 올라온다. 샤오미는 고객 의견을 소프트웨어를 포함해서 제품 설계에 신속하게 반영한다)을 제시하는 전문가들의 지적에 진심으로 귀를 기울여야 한다.

4장 소개

이번 장은 고객이 가치 있게 여기는 것, '고객가치'에 대해 대화한다. 고객의 마음속에 있는 욕구, 욕망, 필요란 무엇이며 이를 발견하는 일의 의미, 중요성, 접근방법을 살펴본다. 이 주제는 고객을 진정으로 이해하는 작업이며, 앞 장에서 다룬 '고객 정의'와 연결된다.

드러커는 먼저 비이성적인 고객은 없다고 말한다. 그는 고객가치에 대한 경영자의 판단 원칙으로 이를 강조한다. 조직에서 일하는 경영자가 보기에 고객의 행동에는 이상한 점이 있다. 최고의 품질을 가진 상품이 아니라 열등한 상품을 사거나, 어떤 상품을 구매할 이유가 딱히 없는 것 같은데도 구매를 한다. 많은 고객이 열광하는 상품을 아무리 분석해 봐도 그 이유를 이해하지 못하는 경우도 있다. 그러나 이러한 모든 행동은 고객에게는 올바른 행동이다. 고객은 자신의 현실과 상황에 따라서 판단하고 행동하는 것이고 이것은 전적으로 합리적이다. 이를 철저하게 받아들이라고 드러커는 말한다. 많은 조직과 경영자들은 자신들이 고객을 알고 있다는 착각하는데 이를 극복하려면 조직이 아니라 고객의 눈으로 모든 상황을 바라보는 고객 관점을 가져야 한다.

고객가치에 대한 이해는 조직에게는 가장 중요한 지식이다. 고객을 알면 조직은 바람직한 상품이 무엇인지를 알고 만들고 제공할 수 있다. 드러커와 나는 고객가치가 무엇인가를 자세하게 얘기한다. 고객가치는 필요, 욕구, 열망으로 표현할 수 있으며 각각의 의미는 다르다.

이어 드러커와 나는 고객가치를 제대로 파악하기 위한 태도와 원칙에 대해 얘기한다. 고객가치는 오직 고객을 통해서만 답을 구할 수 있다. 고객의 마음속에 있는 생각이나 욕망은 바깥에 있는 사람에게는 쉽게 파악되지 않는다.

고객가치를 제대로 알기 위해서는 겸손한 경청과 함께 고객의 관점을 이해하려는 노력을 조직 활동의 중심에 두어야 한다. 여러 조직의 사례를 통해 이를 살펴본다.

마지막으로 고객가치를 파악하는 체계적인 방법과 시스템에 대해 접근해 본다. 고객을 파악하는 일은 결코 쉽지 않다. 고객가치는 고객의 눈으로, 고객의 마음으로, 고객의 상황에서 고객이 겪는 문제나 필요를 이해하는 일이기 때문이다. 올바른 고객가치는 결국 고객으로부터 파악할 수 있기 때문이고, 조직의 현실과 역량은 항상 부족하기 때문이다. 때로 조직은 고객가치에 대한 이해를 가로막는 장벽을 만들기도 한다. 고객을 잘 안다는 경영자의 태도, 올바른 일을 하고 있다는 확신, 조직의 복잡성에 따른 의사소통 장애가 장벽을 쌓는 주요 원인이다. 조직의 상황에 맞는 적합한 방법이 무엇인지를 선택해서 이를 조직문화로 뿌리내리는 작업이 필요한 이유다.

1

고객에게는 항상 이유가 있다

나 드러커 박사님, 이제 세 번째 질문입니다. '고객이 가치 있게 여기는 것은 무엇인가?'라는 질문입니다. 마케팅 담당자들이 밤잠을 못 이루게 만드는 질문이지요. 물론 최고경영자들에게도 그렇습니다.

드러커 하하, 맞는 말이네. 고객의 마음속에 무엇이 들어 있는지를 누구나 알고 싶어 하지. 또 알아야 하고 말이야. 그런데, 먼저 진정으로 경영자가 최선을 다해 고객의 마음을 알려고 하는지 따져봤으면 하네.

고객을 안다고 생각하지만 과연 그럴까?

나 무슨 말씀이신지요? 경영자들은 고객욕구, 고객마인드, 고객 존중을 입에 달고 다니는데요. 가히 21세기는 고객의 시대 아닌가요?

드러커 깊이 들여다보면 그렇지 않네. 말로는 고객을 얘기하지만, 진지하게 고객을 알려는 노력이 부족한 경영자들이 의외로 많네. 때로는 뛰어난 경영자들도 이런 문제를 안고 있어.

나 어떤 경우를 말씀하시는지요?

드러커 예를 들어보겠네. 1920년대 미국 자동차산업의 지배자는 포드Ford

였지. 창업자인 헨리 포드Henry Ford는 대중들이 구매할 수 있는 경제적인 가격의 모델을 생산해서 시장을 지배했네. 한때는 전 세계에서 팔리는 자동차의 반이 포드였을 정도니까 말이야. 그런데 1920년대 말이 되면서 이제 고객은 마차의 대체품이 아니라 라이프스타일을 표현하고, 자신을 드러낼 수 있으며, 자유롭게 선택할 수 있는 다양한 자동차를 원하게 되었네. 포드는 이러한 고객의 욕구를 알아차렸을까? 포드는 "고객들은 단지 더 빠른 말을 원한다"라는 초창기의 고집을 꺾지 않았어. 그래서 모델을 다양화하지 못하고 구식 모델을 열심히 마케팅하고 파는 일에만 매달렸네. 결국 포드는 제너럴모터스에 밀렸고 현재까지도 1위 기업으로 복귀하고 못하고 있지. 포드는 고객을 알고 있다는 오만을 버리지 못했고 진지한 노력과 분석보다는 추측에 의해서 고객의 마음을 단정했어. 고객은 소득에 따라 자동차를 구매한다는 자신의 생각에서 벗어나지 못했네.

나 말씀을 듣고 보니 이런 경우가 결코 희귀하지 않다는 것을 알겠습니다. 포드는 수십 년이 지나서 에드셀Edsel을 개발할 때도 같은 실수를 했습니다. 뛰어난 디자인에 좋은 가격이라면 고객의 환호를 받을 줄 알았지만 에드셀은 실패했고 결국 "자동차업계의 타이타닉"으로 불리며 포드 자동차가 겪은 최대 재앙이라는 불명예를 얻었습니다.

포드의 역작, 에드셀의 실패

에드셀은 포드의 최고경영진이 많은 관심을 기울이고 상당한 자원을 투자했으며 많은 노력을 기울인 제품이었다. 에드셀은 사전 마케팅에 심혈을 기울인 제품으로 출시 전부터 대중의 높은 관심을 받은 자동차였고 차별적 디자인과 유통정책으로 성공이 예상되는 자동차였다. 그렇지만 에드셀을 판매하기 시작했을 때, 몇몇 조사 결과는 이미 에드셀의 실패를 예견했다. 에드셀이 실패한 이유 중 하나는 이름이었다. 포드는 약 1만 개의 후보명을 다양한 채널을 통해 입수하고 검토했지만, 최종적으로 회장 어니스트 브리치Ernest Breech의 제안에 따라 헨리 포드의 외아들 이름인

에드셀로 상품명을 정했다. 내부에서는 이에 대한 반론도 있었다. 디자인 또한 문제가 있었다. 디자인은 분명히 독특했다. 에드셀의 책임 디자이너인 로이 브라운 주니어 Roy Brown Jr.는 어느 방향에서 보더라도 한 번에 에드셀임을 알아볼 수 있게 디자인했다. 1957년에 처음 에드셀이 모습을 드러냈을 때, 이 목적은 충분히 달성되었다고 평가할 만했다. 특히, 보닛과 그릴은 전문가와 대중으로부터 높은 관심을 끌었다.

"1950년대 중반의 자동차들은 하나같이 두 개의 전조등과 가로 방향의 그릴이 있는 비슷한 앞모습을 가지고 있었다. 반면에 에드셀은 차량 앞쪽 가운데에 큰 링(ring)이 있어 매우 인상적이다. 큰 링은 에드셀을 다른 차들과 확연히 구분지어 주었다."

그러나 자동차 관련 기자들 중 상당수는 이런 에드셀의 차별화된 모습을 매우 싫어했다고 한다. 한 기자는 "올즈모빌(Oldsmobile, 제너럴모터스의 자동차)이 레몬에 빨대를 꽂아 빨고 있는 것"처럼 보인다는 유명한 논평을 했다. 또 어떤 기자들은 차량 앞부분의 링이 화장실 변기처럼 생겼다고 생각했다. 심지어 몇몇 소비자들은 그 링이 '이빨을 가진 여성 성기'처럼 생겼다고 하여 소비자들의 평이 기자들보다 훨씬 더 나빴음을 알 수 있다.

불행히도 에드셀은 소비자들의 기대에 미치지 못했다. 출시 첫 해 에드셀의 판매는 '20만 대 판매'라는 목표에 훨씬 못 미치는 6만 4000대에 불과했다. 포드는 1959년에 1960년형 에드셀을 시판했는데 판매량은 더 감소해서 4만 4891대, 1961년에는 2846대로 곤두박질쳤다. 1959년 포드는 에드셀의 마지막 광고를 집행했고, 얼마 후 생산을 중단했다(blog.navr.com/tobi75).

드러커 제대로 보았어. 경영자가 판단하는 고객가치는 언제나 틀린 것일 수 있어. 무엇을 필요로 하고 무엇 때문에 상품을 구매하는지는 고객에게 달린 것이지, 생산자인 조직의 관점에 달린 것이 아니기 때문이야. 그럼에도 조직은 이를 진정으로 받아들이지 못하고 자주 잘못하고 있는 것이 현실이야.

고객가치에 대한 이해를 막는 장애요인

나 박사님의 지적처럼 고객이 원하는 가치를 발견하는 데 실패하는 조직이 너무나 많습니다. 고객가치에 대한 오해나 그릇된 인식은 무엇이 원인일까요?

드러커 가장 중요한 원인은 경영자의 억측이나 오만이야.

> 어쩌면 '고객이 가치 있게 여기는 것은 무엇인가?'가 가장 중요한 질문이다. 하지만 이것은 관심을 가장 덜 받고 있는 질문이기도 하다. …… 자신이 옳은 일을 하고 있다는 확신이 강해서 자신의 대의에 너무 헌신하다 보면 조직 그 자체를 목적으로 여기게 된다. 하지만 이것이 바로 관료주의다. 이 경우에 사람들은 '그것이 고객들에게 가치를 전하고 있는가?'라고 묻는 대신, '그것이 우리의 원칙에 부합하는가?'라고 묻는다. 이런 태도는 성과를 거두지 못하도록 방해할 뿐 아니라 비전과 헌신을 망가뜨린다(드러커, 2010: 70~71).

나 그렇군요. 고객을 알고 있다는 생각은 매우 위험한 생각이고, 조직에 대한 자만이 이런 오류를 낳을 수 있는 것이군요. 고객을 이해하는 데 뛰어난 조직도 종종 큰 실수를 하는 이유를 이제 알겠습니다. 아까 얘기했던 제너럴모터스도 힘이 달리는 작은 엔진을 가진 트럭을 만들고, 겨울용 견인장치 옵션이 선택된 SUV를 사계절 내내 눈이 내리지 않고 겨울에도 평균 20도를 유지하는 따뜻한 플로리다에 공급하고 중산층 가족을 위한 차량에 값비싼 옵션을 부착하기도 했죠.

드러커 그렇네. 언제든 경영자나 조직은 오만에 빠질 수 있다는 점을 명심해야 하네.

나 네 그렇습니다. 자신의 판단을 지나치게 확신하는 행태는 경영자가 빠질 수 있는 가장 큰 함정인 것 같습니다. 전통산업이나 신산업을 불문하고 항상 발생하는 일입니다.

첨단 제품의 실패

애플의 스티브 잡스와 아마존의 제프 베이조스도 투자한 1인용 운송 기기로 화려하게 출발한 '세그웨이Segway'는 그 명성만큼이나 실패의 아이콘이 된 제품이다. 2009년 5월, 미국 시사주간지 ≪타임≫은 '지난 10년간 기술적으로 실패한 10대 제품'을 선정해 보도했는데, 이 중에 세그웨이가 있다. 1인용 운송 수단인 세그웨이는 기술적으로 매우 뛰어난 제품으로서 도시의 출퇴근 광경을 바꿀 가장 혁신적인 제품으로 기대를 모았다. 스스로 균형을 잡는 지능적인 메커니즘을 이용하여 탑승자가 넘어지지 않도록 했으며, 몸을 앞뒤로 기울이기만 하면 주행이 가능하고 방향 전환과 정지를 할 수 있었다. 그러나 제품 판매량은 참담했는데, 출시 후 18개월 동안 판매량이 6000대 정도에 불과했다.

전문가들은 실패 원인을 "더 나은 쥐덫의 오류Better Mousetrap Fallacy"라는 말로 설명한다. 품질이 더 좋은 쥐덫을 만들어 팔면 고객들이 스스로 알아서 제품을 구매할 것이라는 기업들의 제품 중심적 사고를 비판하는 말이다. 기업이 중시하는 가치는 소비자에게는 중요하지 않았으며 소비자가 중시하는 가치를 세그웨이는 구현하지 못했다. 이 제품을 개발한 사람들은 속도 문제에 큰 신경을 쓰지 않았으나 소비자들은 큰 불편함을 토로했다. 이 제품을 사용해 본 소비자들은 "인도에서는 너무 빠르고 차도에서는 너무 느리다"는 불만을 터뜨렸다. 여기에 더해서 1000만 원이 넘는 가격과 1회 충전으로 39km까지만 주행할 수밖에 없었던 배터리 문제는 또 어떠한가? 소비자들은 편안하게 제품을 거절했다(황혜정, 2010: 38~39).

드러커 그런 사례는 차고도 넘치지. 기업은 소비자의 마음이나 그들이 원하는 가치가 아니라 공급자의 시각에 치중하는 함정에 매우 쉽게 빠질 수 있네.

나 맞습니다. 그러면 박사님, 경영자의 오만 외에도 고객가치를 제대로 읽지 못하는 다양한 원인이 있지 않나요?

드러커 물론이지. 고객가치를 제대로 보지 못하는 여러 원인이 있지만 종합해 보면 다섯 가지의 장애요인으로 나눌 수 있네.

고객가치 이해를 막는 장애요인

- 이미 알고 있다는 확신
- 고객가치에 대한 잘못된 정의
- 불완전한 정보
- 잘못된 고객 선정 또는 올바른 고객에게 올바른 질문을 하지 못했을 때
- 현장에 있는 고객의 목소리를 듣는 내부적인 시스템 부재/미흡

나 장애요인이 참 다양하군요.

드러커 그렇지. 첫 번째 경영자의 그릇된 확신은 앞서 설명했고 나머지 요인들은 조직이 일을 제대로 하지 못해서 발생하는 문제들이야. 고객가치를 오해할 수도 있고 고객의 변화를 미처 읽지 못할 수도 있지. 또한 조직의 구성원들이 고객과 대화하려는 노력이나 방법이 불충분한 경우도 많네.

나 잘 알겠습니다. 어떻게 하면 이런 문제를 해결할 수 있을까요?

드러커 고객의 마음을 읽는 일이란 본질적으로 어렵다는 것을 철저하게 받아들이는 것이 출발점이네. 고객의 목소리를 직접, 제대로 경청하는 것만이 고객가치를 올바르게 이해할 수 있는 유일한 방법이야. 이를 철저히 인식하고 나서 모든 구성원이 최선을 다해서 고객가치를 이해하기 위해 항상 노력해야 하지.

나 이 점에서 박사님과도 친분이 있는 분으로 알고 있는데요, 2000년대 미국의 생활용품 업체인 P&G를 부활시킨 앨런 래플리Alan Lafley는 존경스럽습니다. 그는 CEO로 부임하고서 고객을 기업 운영의 중심 가치로 선언하고 많은 노력을 했습니다. 특히 CEO로서 모범을 보였습니다. 고객을 알기 위해서 베네수엘라에 있는 가정주부의 부엌을 방문하거나 상파울루와 리우데자네이루에서는 위험한 지역을 배회했다고 합니다(에더샤임, 2007: 73).

드러커 내가 자주 강조했지만 고객을 이해하는 가장 올바른 방법은 고객에

게 직접 물어보고 만나는 것이야. 래플리는 그것을 겸손하게 실천한 것이지.

나 네. 고객가치를 이해하는 일은 참 중요하고도 어려운 것이군요. 저는 최근의 환경 변화는 더더욱 이 말이 진실임을 드러내준다고 생각합니다. 인터넷으로 연결된 세계에서 고객의 요구는 더욱더 개별화되고 있습니다. 소비자 집단으로서가 아니라 자신의 현실에 맞는 맞춤화된 상품과 다양한 구매 방식을 요구하고 있죠. 얼굴 없는 소비자 집단으로서가 아니라 한 사람의 개인으로서 자신만의 니즈를 충족시켜 주기를 기대하는 것입니다.

드러커 좋은 지적이야. 인터넷과 신경제는 비로소 고객 주도의 경제 파트너십에 가까운 기업-고객 관계를 만들고 있어. 단지 오프라인을 온라인으로 옮긴 것이 아니네. 이러한 인터넷이 주도하는 신경제에서 고객은 어떠한 필요와 요구를 중시하는지, 또 이것은 어떻게 변할 수 있을지를 조직은 새롭게 이해해야 하지. 명심하게나. 고객과 고객의 현실을 이해하는 데는 언제나 최고의 노력이 필요한 것이야. 철저하게 고객 시각에서 고객을 이해하고 조직을 바라보아야 하는 것이지. 이를 좀 더 자세하게 생각해 보면 좋겠네.

고객은 외부에 있다

드러커 사실 조직이 고객을 잘 모르는 것은 당연한 일이야. 조직 내부에서는 조직이 무엇 때문에 시장과 고객으로부터 대가를 획득하는지 파악하기가 어렵지. 고객은 외부에 있기 때문이거든.

나 아! 박사님이 늘 강조하는 "결과는 조직의 외부에 있다"라는 말씀이시군요. 즉 외부에서 생각하고 바라보라는 말씀이시죠?

드러커 그렇네. 경영자는 항상 조직을 외부에서부터 관찰해야 하지. 다음 사례를 생각해 보게나.

라디오 산업을 주도한 RCA 이야기

라디오 산업을 주도한 RCA Radio Corporation of America는 1940년대 만약 자사가 주방용품 산업에 진출하면 자사의 고객은 RCA 상표를 신뢰하여 냉장고와 가스레인지 제품도 기꺼이 구매할 것으로 확신했다. RCA는 라디오와 텔레비전 수신기 산업에서 최고로 지명도 높은 소비자 상표 중 하나였다. 제조업체의 관점에서 보면 라디오와 텔레비전 수신기는 주방용 가스레인지만큼이나 '가정용 기기'였다. 하지만 소비자가 보기에 그 제품들은 전혀 다른 유형의 재화이고, 다른 가치를 가진다. …… 결국 RCA는 주방용품 산업에서 철수해야만 했다(드러커, 2008: 156).

나 탁월한 성과를 올린 기업조차도 고객을 알고 있다는 오만에 빠지고 바보 같은 실수를 한 또 다른 사례네요.

드러커 그렇네. 이런 사례는 바닷가의 조개처럼 무수히 많아. 기업에는 하나의 시장이거나 같은 유형의 제품들로 보이는 것이 고객에게는 다르게 보일 수 있는 것이야. 기업 내부에 있는 사람들은 이를 제대로 인식하지 못하고 있다는 것을 말해주지. 그래서 항상 외부의 시각, 고객의 관점에서 생각해야 하는 것이네.

나 항상 경영자는 자신이 가지고 있는 가정과 판단을 의심하고 외부의 시각에서 검증하는 절차를 거쳐야 한다는 말씀이시군요. 또한 고객이 지각하는 가치는 시시각각 변한다는 것을 철저하게 생각하고요.

드러커 정확하게 정리했네. 기업이 얼마나 고객을 가깝게 생각하고 애정을 바치든지 고객은 외부인이야. 고객은 자신의 현실, 자신의 문제, 자신의 해결 방안을 가지고 있다는 뜻이지. 이를 철저하게 생각한다면, 기업에게는 당연한 것이란 없다는 것을 이해할 수 있을 것이야.

나 잘 알겠습니다.

비합리적인 고객은 없다

나 "고객은 외부에 있다"라는 말을 깊이 새겨두겠습니다. 그런데 고객 가치를 파악하려고 할 때 가장 어려운 점은 고객을 예측하기가 어렵다는 점입니다. 고객의 행동을 도무지 알 수 없는 경우가 많다는 뜻이지요. 경쟁기업에 비해, 품질, 디자인, 가격 등이 월등히 우수한데도 고객에게 외면받는 상품도 많고, 갑자기 폭발적인 고객의 관심을 받기도 합니다. 왜 고객은 외부인이 보기에 비합리적인 행동을 하는 걸까요? 혹은 경영자가 비합리적이라고 잘못 인식하는 배경은 무엇인가요?

드러커 예를 들어 설명해 보겠나?

나 다음 사례가 있습니다. 이 사례를 접하고 많은 생각을 했습니다.

일본의 어느 반찬 가게, 혁신적인 제품이 팔리지 않는 이유

윤태성의 『고객은 독이다』에 나오는 반찬 가게 사례를 통해 혁신적인 제품이 팔리지 않는 이유를 살펴보자.

> 어느 반찬 가게가 있다. 이 가게 요리사의 솜씨가 너무 좋아서 만드는 반찬마다 인기가 높다. 고객이 좋아하니 요리사는 더 열심히 노력해서 맛있는 반찬을 계속해서 개발한다. 그런데 어느 날부터인가 고객이 뜸해졌다. 고객에게 물어보면 다들 반찬이 맛있다고 한다. 그런데 왜 매출이 줄어들고 있을까? 그 이유는 참으로 역설적이다. 반찬이 맛있으니까 밥을 너무 많이 먹게 된다는 것이다. 반찬 가게의 주요 고객은 젊은 여성들인데 이들은 살이 찌는 것에 무척 예민하다. 뱃살을 쳐다보면 먹던 밥도 도중에 치워버린다. 결국 너무 맛있는 반찬을 개발한 반찬 가게는 반찬이 너무 맛있기 때문에 망하게 되었다(윤태성, 2016: 47).

드러커 언뜻 생각하면 비합리적이고 참 이상하다고 여겨지지만, 고객은 전혀 비합리적이지 않네. 기업이 생각하는 틀에 맞춰 고객이 행동하리라고 생각하는 것이 비합리적이지. 아무런 근거도 없는데 말이야. 나는 오래전부터 이 주제에 깊은 관심을 가졌네. 기업의 목적은 고객 창조에 있는 만큼 매우 중요한 주제니까 말일세. 혹여 내가 저술한 『피터 드러커, 창조하는 경영자(Managing for Results)』(1964)를 읽어본 적이 있나? 기업은 기업이 당면하는 마케팅 현실을 철저히 직시해야 하네.

고객은 무엇을 구매하는가*

기업은 고객을 잘 모른다

기업 내부의 사람들이 고객과 시장에 대해 잘 알고 있다고 생각하지만 대개는 그렇지 않다. 고객과 시장에 대해 알고 있는 사람은 단 한 사람, 즉 고객뿐이다. 고객에게 질문하고, 관찰하고, 고객의 행동을 이해하려고 노력할 때만 고객이 누구인지, 고객이 구매한 것을 어떻게 사용하는지, 고객이 무엇을 원하는지, 고객이 가치 있게 생각하는 것이 무엇인지 등을 파악할 수 있다.

기업이 고객이 구입할 것이라고 생각한 상품을 고객이 구입하는 경우는 드물다

그 이유는 상품에 대해 대가를 치르는 고객은 없기 때문이다. 여기서 대가라는 것은 만족이다. 그러나 누구도 만족 그 자체를 만들거나 제공할 수는 없다. 기업은 기껏해야 고객에게 만족을 제공할 수 있는 수단을 판매하고 전달할 수 있을 뿐이다.

고객 관점에서 이해하는 경쟁 상품은 다르다

제조업체가 직접적인 경쟁자로 생각하는 재화와 서비스는, 실제로 제조업체가 누구와 경쟁하는지를 알려주지 않는다. 경쟁자들은 너무나도 많기도 하고, 적다. 왜냐하면 고객은 만족을 구입하기 때문이다. 모든 재화와 서비스는 외관상 상당히 다르고, 전혀 다른 기능을 수행하고, 다르게 생산·유통되고 판매되는 것이라도 고객에게 동일한 만족을 제공하는 수단을 가진 재화나 서비스와 치열하게 경쟁한다.

미국의 자동차 기업 캐딜락이 고객의 돈을 차지하기 위해 밍크코트, 보석, 고급 휴양지의 스키 휴가 등 다른 고급스러운 만족 수단과 경쟁한다는 것이 하나의 사례다.

기업과 고객이 바라보는 상품 특성은 다르다

생산자나 공급업자가 품질이라는 용어로 생각하는 어떤 상품의 가장 중요한 특성은 상대적으로 고객에게는 그다지 중요하지 않을 수 있다. 좋은 품질이란 만들어내기 어렵고, 많은 비용이 드는 것일 가능성이 높다. 그러나 고객은 제조업체의 어려움에 대해서는 조금도 신경 쓰지 않는다. 고객의 유일하고도 마땅한 질문은 '그 제품이 나에게 무슨 필요가 있는가?' 하는 것이다.

고객은 합리적이라고 받아들여져야 한다

고객은 합리적인 판단을 한다고 가정하지만 고객의 합리성이 제조업체의 합리성과 같아야 될 이유는 없다. 고객의 합리성은 고객이 처한 상황에서 나오기 때문이다. …… 고객이 왜 '비합리적'이라고 보이는 방식으로 행동을 하는지 파악하는 것이야말로 제조업체와 공급업체의 과제다. 고객의 합리성에 자신을 적응시키는 것 또는 그것을 바꾸려고 노력하는 것은 제조업체와 공급업체의 일이다. 하지만 그에 앞서 고객의 판단과 합리성을 이해하고 존중해야 한다.

고객이 볼 때 중요한 상품이나 기업은 없다

어떤 단일한 상품이나 단일 기업도 시장의 측면에서 볼 때 중요한 존재는 아니다. 심지어 값비싸고 대단히 수요가 많은 상품이라 해도, 그것은 전체적으로 볼 때 이용 가능한 상품, 서비스, 만족 중 단지 작은 선택 대상에 불과하다. …… 고객은 어느 특정 기업이나 산업에 대해서도 마찬가지로 관심이 적다. 이렇듯 시장에서는 사회적 안전도, 고참에 대한 배려도, 오래된 상품에 대한 연금 지급도 없다. ……

…… 기업가들에게 이것은 수용하기 어려운 일이다. 자신이 하고 있는 일이나 생산하고 있는 상품은 자신에게는 당연히 중요하기 때문이다. 기업가는 자신의 회사와 상품들을 가장 중요한 것이라고 인식해야 한다. 하지만 고객은 기본적으로 그렇게 인식하지 않는다.

마케팅 분석은 고객을 모른다는 가정에서 출발해야 한다

마케팅 분석은 기업이 고객을 잘 모르고 고객을 파악해야 한다는 가정에서 출발해야 한다. '지불하는 사람'이 아니라 구매결정을 하는 사람이 '고객'이다.

• 이 글은 Drucker(1964: 94~98)에서 인용했다. 제목과 소제목은 저자가 단 것이다.

나 　알겠습니다. 경영자가 생각하는 현실과 고객의 현실은 다르네요. 이를 철저하게 생각하고 고객은 언제나 옳은 행동을 한다는 믿음을 잃지 말아야 하겠군요. 다른 측면으로는 비고객이 자사의 상품을 구매하지 않는 이유도 억울해하지 말고 받아들여야 하고요.

드러커 　잘 지적했어. 고객의 현실과 상황은 조직의 기대나 생각이 담긴 현실과 다르다는 것을 인정하고, 고객은 자신이 살고 있는 현실에서 자신의 생각대로 결정하고 행동한다는 것을 받아들인다는 뜻이지. 경영자는 '비이성적인 고객은 없다'를 철칙으로 삼아야 해. 그 어떤 결정이든지 고객은 자신이 사는 세계에서는 통용되는 원칙으로 행동한다고 믿어야 하네.

나 　박사님 말씀을 듣자니, 2000년대 이후 기업의 평균 수명이 30년 정도로 단축되었다는 리포트가 생각납니다. 인간 수명은 늘어나는데 기업 수명은 짧아지는 현실이 야속하지만요. 경쟁 무대가 세계로 넓어지고, 기술 발전에 의한 혁신의 속도도 영향을 준 것이지만, 기업이 고객의 세계를 제대로 이해하는 일이 얼마나 어려운지를 말해준다고 생각합니다.

드러커 　경쟁과 혁신은 항상 경제를 추동하는 힘이자 기업을 성장시키는 핵심 요인이었지. 마케팅과 혁신은 가장 중요한 기업의 기능이네. 그리고 고객을 진정으로 이해하는 일이 마케팅의 본질이야. 이 점을 제대로 이해하고 새로운 고객가치 혹은 실현되지 못한 고객가치를 고객에게 제공하는 기업들은 지속가능한 조직으로 성장하겠지만 그러지 못한 기업은 아마 청년기에 도달하기도 힘들 게야.

나 　잘 알겠습니다. 기업이 보기에 비합리적인 고객을 존중하고 이들의 행동을 합리적 행동으로 인식하도록 만드는 고객의 현실을 이해할 수 있도록 노력해야 한다는 말씀이시죠? 이것이 사업을 시장과 고객의 관점으로 보는 매우 중요한 접근방법입니다.

드러커 　정확한 지적이야. 잊지 말게나. 올바른 고객 정의와 함께 고객이 원하는 것을 제대로 이해해야 하네. 고객을 모르는 기업은 종종 고객을 구매하려고 하는데, 이것은 전혀 효과가 없다는 것을 명심해야 하네. 1980년대 중반 미국 시장에서 출시한 현대자동차의 포니 엑셀PONY Excel의 실패가 그런 사례야. 제품(자동차)에는 문제가 없었지만 회사는 제품 가격을 지나치게 낮게 책정했어. 그 결과로 회사는 프로모션, 서비스, 딜러 혹은 제품 개선에 재투자할 수 있는 이익을 전혀 얻지 못했지. 진정한 고객가치보다는 단순히 가격으로 고객을 유혹하려 한 아픈 대가라네.

고객가치란 무엇인가

나 이제 본격적으로 고객가치에 대해 얘기하고 싶습니다. 고객의 필요, 욕구, 욕망 등 다양한 말로 표현하지만 좀 더 분명한 이해가 필요한 것 같습니다. 인간으로서의 고객의 마음을 깊이 이해해야 한다고 생각합니다.

드러커 구두 한 켤레를 구입하는 사람은 구두 가게 주인에게 이익을 안겨주기 위해 돈을 지불하는 것이 아니네. 그 사람은 아름답고 발이 편한 구두 한 켤레에 대해 대가를 지불하는 것이지(에더샤임, 2007: 79). 고객가치를 너무 어렵게 생각하지 말고 차근차근 접근해 보세. 먼저 자네가 생각하는 고객가치에 대해 설명해 보겠나?

나 네.

고객가치의 종류

- **필요**Needs: 고객이 필요로 하는 것. 사람이 생활해 나가는 데 있어 어떤 것이 박탈된 상태. 물질적·심리적 복지
- **욕구**Wants: 고객이 원하는 것. '필요'를 만족시키는 특정한 무언가를 원하는 욕

망. 제공하는 서비스가 언제 어디서 어떻게 충족될 것인지를 구체적으로 요구

- **열망** Aspirations: 장기적 관점에서 결과를 기대하는 것

드러커 음, 깊이 생각해 봤군. 좋은 자세야. 개념에 대해 규정하기 전에 자신이 지금 알고 있는 것이 무엇인지를 여러 가지로 생각해 보는 습관은 좋은 습관이네.

나 칭찬해 주셔서 고맙습니다, 박사님. 고객가치는 단 하나의 획일적인 정의가 어렵다고 생각합니다. 같은 상품을 구매하더라도 고객의 속마음은 다르니까요. 인간으로서는 같은 종이지만 개인으로서 다양한 욕망과 다양한 가치를 가지고 있고, 한 사람의 마음속에 담긴 가치도 단 하나가 아닙니다.

드러커 올바른 지적이네. 필요, 욕구, 열망이라. 예를 들어 설명해 보겠나?

나 네. 코카콜라는 하나의 음료 상품이지만 세계적으로 소비되는 일용품입니다. 그런데요, 모든 사람이 똑같은 마음으로 코카콜라를 구매하지는 않습니다. 필요와 욕망, 열망이 함께 있습니다. 목마름을 해소하는 것이 필요이고, 시원하고 청량한 기분을 느끼고 싶은 것은 욕망, 서구인의 라이프스타일로 살아가는 현대인이라는 자기만족은 열망입니다. 이처럼 고객은 다양한 층위의 욕구를 가지고 있습니다. 앞에서 다양한 조직의 사명을 정리해 봤는데요, 이 조직들을 대상으로 가치를 생각해 보겠습니다.

다양한 조직과 고객가치

고객가치에 대한 예시를 들었다. 고객가치는 고객의 상황에 따라 달라진다.

조직	핵심고객	고객은 무엇을 원하는가
학교	학생, 교사	상급학교에 진학할 수 있는 실력 배양, 좋은 교우 관계, 학생을 위한 효과적인 교수, 직업으로서의 보람

병원	환자	짧은 기간의 치료, 안전하고 편안한 보호, 건강 회복
종교 기관	신도	영적 고민에 대한 답변, 삶의 의미를 찾기, 공동체성
지방자치단체	주민	살기 좋은 환경, 투명하고 효과적인 행정, 안전한 도시
정당	국민	자신이 믿는 신념의 실현, 사회문제의 해결, 유권자로서의 충분한 권리 행사
교향악단	시민	예술 향유 욕구의 충족, 삶의 여유, 가족·친구와의 경험
기업	타깃고객	편리함, 문제 해결, 자아실현 등

드러커 좋은 예시네. 그렇다면 구체적인 제품이나 서비스를 놓고 생각해 보세. 고객은 상품을 통해 무엇을 얻기를 원하는 것일까?

나 딱딱하게 말하자면 고객이 처한 문제를 해결해 주고 욕구를 충족시키는 것이죠. 가치의 종류에는 다음과 같은 것들이 있습니다.

가치의 종류

새로움(이동통신, 윤리적 투자상품), 성능(퍼스널컴퓨터), 커스터마이징customizing(매스커스터마이징, 코크리에이션co-creation), 무언가를 되게 만드는 것(롤스로이스-항공기 엔진과 서비스 동시 제공), 디자인(패션, 가전 분야), 브랜드 지위(롤렉스 시계), 가격(저가항공사, 인도 타타의 나노 자동차), 비용 절감(세일즈포스닷컴 CRM 솔루션), 위험 감소(1년 무상 서비스), 접근성(넷제츠NetJets의 제트기 임대), 편리성/유용성(애플 아이팟과 아이튠즈)(오스터왈더·피그누어, 2011: 29~30).

드러커 맞아. 가치는 단 하나로 규정할 수 없어. 이 점은 매우 중요해. 기업은 흔히 상품이 가지고 있는 기능적 특성을 가치로 중시하는데 이는 전적으로 잘못된 이해야. 또한 조직이 활동하는 산업이나 상품에 따라 강조해야 할 가치도 다르지. 또 하나 중요한 점은 이제 가치는 가격이나 품질과 같은 상품의 기본 속성을 넘어섰다는 사실이야. 더 이상 기능적 속성이나 기존에 통용되던 가치 요소를 고집해서는 성공할 수 없어. 진정으로 고객이 중시하는 새로운 가치 요소, 경쟁 조직과 차별화되는 가치 요소, 대체재가 제공하지 못하는 가치 요소를 찾도록 노력해야 하네.

나 그렇습니다. 총체적인 고객경험이라는 관점에서 고객에게 중요한 어떤 것, 진정한 충족감을 줄 수 있는 가치를 발견해야 합니다. 뛰어난 조직들, 특히 새로운 업종이나 사업을 개척한 기업들이 이를 잘 증명해 줍니다. 고객가치를 발견하는 과정에서 혁신이 이루어지기도 했고요.

고객가치를 발견한 탁월한 사례

조직	고객가치	혁신 포인트
집카	자동차를 통한 이동의 자유와 필요할 때 자동차를 이용하는 자유, 경제적 효율성	공유경제 (Sharing Economy)
넷플릭스	필요할 때, 원하는 콘텐트를, 편리하게 볼 수 있는 자유, 경제적 효율성	인터넷 + 전통 엔터테인먼트
마켓컬리	큐레이션을 통한 고품질의 홈 다이닝 음식과 인터넷을 통한 편리한 선택	인터넷 + 홈 다이닝 메뉴 + 신뢰성
국순당	몸에 좋은 우리 술, 전통 재료와 현대적 공법을 통합한 새로운 술과 음주문화	건강 + 전통 + 문화

드러커 음, 좋은 사례야. 전통 기업과 신경제 기업을 골고루 살펴봤군. 사실 고객의 진정한 욕구를 해결하는 과정이야말로 가장 중요한 혁신의 원천이야. 그래서 고객가치를 발견하려면 고객이 있는 진정한 세계를 살펴봐야 하지.

나 네, 그렇습니다. 저는 신경제 기업에 관심이 많습니다. 고객을 창출하고 새로운 혁신을 만들어가고 있으니까요. 또한 신경제에서 고객가치는 더욱더 중요해지고 있다는 것을 알 수 있습니다. 고객은 자신이 원하는 가치를 민감하게 의식하고 있고, 가치를 실현하는 해결책을 적극적으로 찾고 또 과감하게 수용합니다.

드러커 그렇네. 고객은 구경제나 신경제나 항상 변하는 존재라는 것, 언제든지 자신의 필요를 실현시켜 주는 상품이 있다면 변심하는 존재라는 것을 잘 말해주는군. 나는 20세기 올드맨이라 아직도 팩스와 전화를 주로 이용하지만 말일세.

고객이 가치를 만든다

나 하하, 뭘, 그렇게 말씀하시나요? 박사님만큼 시대를 앞서가는 분은 없습니다. 박사님은 박사님의 세계에서는 합리적으로 행동하는 것이죠. 그런데요, 박사님, 상품과 고객의 관계를 생각해 보면 '고객이 가치를 만든다'라는 생각을 하게 됩니다. 아이폰에 대한 충성고객의 애착이나, 우리나라 프로스포츠 구단인 FC서울이나 롯데자이언츠에 대한 팬들의 열광을 생각하면 말이지요. 상품은 사물이 아니라 인격이고 그 안에 영혼이 깃들어 있는 것처럼 느끼는 고객들이 있습니다.

드러커 좀 더 자세하게 설명해 주겠나?

나 저는 상품에 큰 애착을 느끼지 않는 사람이라 잘 몰랐는데요, 고객가치를 공부하다 보니 사람들이 상품과 맺는 관계가 기능을 넘어 인간관계를 맺는 단계로까지 발전하고 있다는 사실을 알게 되었습니다. 앞서 말한 아이폰을 예로 들어보죠. 아이폰은 최초의 스마트폰은 아니지만 2008년 첫 제품이 나온 이래로 지금까지 전 세계적으로 사랑받는 제품입니다. 고객은 왜 아이폰에 열광할까요? 아이폰을 처음으로 선택한 고객은 뛰어난 디자인과 사용자 편의성을 중시했지만, 이제 그들에게 아이폰은 반려 상품입니다. 이들은 아이폰이 자신을 드러낸다고 생각하고, 아이폰을 통해 디지털 라이프를 즐기는 것입니다.

드러커 고객이 아이폰에게 살아 있는 가치를 부여했다는 말이군.

나 그렇습니다. 이러한 고객과 상품의 관계는 사용자, 소비자라는 말로는 표현하기가 어렵습니다. 다음과 같은 글에 나타나고 있는 총체적이고 감성적인 경험이 아닐까요?

술은 눈물이다

시인 김현승은 아버지가 마시는 술잔의 절반은 눈물이라고 했다(시 「아버지의 마음」 중에서 "아버지는 술을 마시지만 술잔의 절반은 보이지 않는 눈물이다"). …… 아버지는 술을 마셔서 눈물을 흘리는 것이 아니다. 눈물을 흘리기 위해서 술을 마신다. …… 술은 기업에서 만드는 인공물이라면 고객이 술을 마시면서 흘리는 눈물은 인공물을 생물로 만드는 신진대사라고 할 수 있다. 그러나 이 눈물은 다른 사람의 눈에는 보이지 않는다. 인공물은 기업이 판매한 제품이며 모두 동일하다. 고객은 인공물에 자신의 눈물을 더해서 살아 있는 제품을 완성한다. 이 제품은 그 고객이 완성한 것이며 그 고객만의 특별한 제품이다(윤태성, 2016: 35).

드러커 음, 적절한 표현이야. 기업의 생각이 중요한 것이 아니라 고객의 생각, 고객의 현실이 진실로 중요하다고 나는 오래전부터 강조했네. 기업이 고객을 제대로 이해하게 되면 기업은 고객과 진실한 관계를 맺을 수 있지. 경영자들이 이 말을 문자 그대로 이해하지 않아서 탈이지.

나 그렇습니다. 어쩌면 고객만족이라는 용어도 이 점에서 좋은 용어가 아니라고 생각합니다. 이 말에는 기업이 열심히 노력만 하면 고객을 만족시킬 수 있다는 전제가 바탕에 있지 않을까요?

드러커 그런 면이 분명히 있지. 왜 그런지 생각해 보았나? 기업을 시작할 때는 거의 모든 창업가나 경영자가 순수한 마음에서 고객을 생각하지. 마치

고객과 연애하듯이 고객을 바라보고, 고객의 눈치를 살피고, 고객의 마음을 살피네. 그런데, 일정 시간이 지나 고객을 확보하고 성공을 이루다 보면, 이제 고객을 잘 알고 있다고 안심하게 되지. 그래서 기업은 언제든 고객을 만족시킬 수 있다는 안이한 생각에 빠져버리는 것이네.

나 그래서 한결같이 고객에게서 배우고, 고객으로부터 듣고, 고객이 진정으로 원하는 바를 실천한다는 자세가 필요한 것이군요?

드러커 정확한 지적이야. 이런 자세는 자네가 말한 "고객이 가치를 만든다"라는 표현과 일맥상통하네. 미리 판단하지 말고, 고객의 목소리, 그것도 고객이 직접 말하는 목소리를 들으려는 자세 말이지. 그렇다면 조직은 어떻게 고객의 목소리를 제대로 들을 수 있을까? 이 점이 진정으로 중요한 과제네.

고객가치를 발견하기: 고객과 비고객이 있는 시장 전체를 보라

나 박사님이 선구적으로 말씀하신 비고객에 대해 설명해 주세요. 비고객을 잘 살펴보면 고객이 진정으로 바라는 것을 이해하는 행동을 파악할 수 있지 않을까요?

드러커 제대로 보았어. 고객이 살아가는 진정한 세계가 무엇인지 파악하는 것이 기업에게는 가장 중요한 질문이야. 따라서 기업과 제품이 거의 존재하지 않는 외부 세계를 파악해야만 하는 것이야(드러커, 2008: 170).

나 어떻게 접근하면 될까요?

드러커 고객이 존재하는 세계는 기업과 비교할 수 없을 정도로 넓은 세계야. 그 어떤 시장도 1등 기업에 전체 시장의 30% 이상을 허용하지 않아. 대부분의 기업은 기껏해야 몇 % 정도의 점유율을 놓고 치열하게 싸우지. 물론 통신산업 같은 일부 시장을 보면 이를 넘어서는 독과점기업이 있었지만 이것은 극히 예외적인 경우였고, 이것도 시간이 지나면서 곧 사라지고 말았네. 이 점에서 시장은 꽤 민주적이지. 어쨌든 고객의 세계를 살펴보면 기업이 예상치 못한 것을 깨달을 수 있지. 이를 위해서는 다음과 같은 질문을 해야만 해.

비고객과 시장 선호 가치의 파악

- 누가 비고객인가? 시장에 참여하면서도 우리 회사의 제품을 구입하지 않는 사람은 누구인가? 우리는 그가 왜 비고객인지 그 이유를 파악할 수 있는가?
- 고객이 구입하는 것은 무엇인가? 고객은 그가 가진 돈과 시간으로 무엇을 하는가?
- 고객과 비고객은 누구에게서 무엇을 구입하는가? 그리고 그 구매는 그들에게 어떤 가치를 제공하는가? 구매를 통해 어떤 만족을 얻는가? 그것은 실질적으로 혹은 잠재적으로 우리 회사의 제품과 서비스가 제공하는 만족과 경쟁하는가? 혹은 그것은 우리 회사의 제품과 서비스가 제공할 수 있는 만족보다 더 만족을 제공하는가?
- 어떤 제품과 서비스가 진정으로 중요한 만족의 영역, 즉 우리가 이미 제공하고 있는 영역과 앞으로 제공할 수 있는 영역 모두를 충족시킬 수 있을까?(Drucker, 1964: 101~103).

나 하나하나의 질문이 간단하지만 대답하기가 만만치 않군요. 그렇지만 고객의 실제를 파악하려면 반드시 해야 하는 질문이라고 생각합니다.

드러커 그렇네. 제대로 이해하고 있는지 자세하게 설명할 수 있겠나?

나 첫 번째 질문에 대답해 보겠습니다. 박사님께서 1994년 저서에서 미국 백화점업계를 사례로 백화점에 방문하지 않는 사람들을 비고객으로 설명하신 것이 기억납니다. 오늘날로 보면 의류나 식품 같은 일상용품을 구매하면서 전문할인점을 방문하지 않는 고객들이 전문할인점의 입장에서 비고객입니다. 이들은 인터넷 혹은 모바일쇼핑을 선호하고 이에 익숙한 사람들이죠. 가격과 시간이 이들에게 중요한 가치입니다.

두 번째 질문은 조금 까다롭습니다. 고객이 특정 제품이나 서비스를 선택하는 이유는 여러 가지가 있기 때문입니다. 그 반대로 선택하지 않는 이유도 여러 가지고요. 자동차를 예로 들어보겠습니다. 자동차를 선택할 때 성능이나 품질이 결정적 요소가 아니라는 사실은 분명합니다. 이들은 기본 요소이고, 할부금융, 중고차 보상 등과 같은 서비스 요소가 중요합니다. 고객의 사정에서 자동차를 보다 쉽게 구매하도록 도와주는 편의성이 중요해진 것이죠. 한국 수입 자동차 시장이 2000년대 중반 이후 시장점유율이 큰 폭으로 성장하게 된 계기가 할부금융이었습니다. 비엠더블유BMW, 메르세데스 벤츠Mercedes-Benz, 아우디Audi 같은 프리미엄 브랜드 회사들이 모두 금융자회사를 설립하고 구입 고객에게 다양한 금융상품을 제공하면서 20~30대 고객이 큰 폭으로 증가했었죠. 저리금융과 다양한 상환 방식을 통해 이들은 수천만 원이 넘는 자동차를 구입할 수 있었습니다.

드러커 맞는 말이네. 눈에 보이는 상품이 아니라 고객이 실제로 구입하는 것이 무엇인지가 진정으로 중요하지. 이를 제대로 파악한 친구가 마이클 델Michael Dell이야. 중간 유통 업체를 거치지 않고 고객에게 직접 개인용컴퓨터를 배달한다는 직접거래로 델은 큰 성공을 거두었네. 여러 완성품 PC 중에서 하나를 선택하는 것이 아니라 자신이 필요로 하는 사양을 갖춘 PC를 좋은 가격에 빠르게 사용하는 것이 고객에게는 중요한 요구였지.

나 세 번째 질문은 기업이 제공하는 상품이 어떤 만족을 주고 있는지를 혹은 주지 못했는지를 고객과 비고객의 입장에서 묻는 질문입니다. 또한 이러한 만족이 얼마나 중요한지를 묻는 질문입니다. 이를 알게 되면 고객의 입장에서 선호하는 가치를 파악할 수 있습니다. 식품 시장을 예로 들어보겠습니다. 유기농 생산, 환경보전, 생산자 배려, 지역사회 공헌에 대한 관심이 점차 지배적인 가치로 등장하고 있습니다. 미국의 홀푸드마켓이나 한국의 풀무원의 성장은 이를 배경으로 하고 있죠. 현재 식품 사업을 하고 있는 기업이라면 자사의 상품이 이런 가치를 충족하는가, 만일 충족하지 못한다면 어떤 가치를 제공할 것인지를 심각하게 고민해야 합니다.

네 번째 질문은 상품에 대한 기존 정의나 고정관념을 넘어서서 사고할 것을 요구하는 질문입니다. 고객가치라는 기준에서 시장의 범위와 변화를 파악하라는 것이죠. 영화산업이 좋은 예입니다. 영화가 제공하는 가치는 즐거운 시간을 보내고 가까운 사람(가족, 친구, 동료 등)과 우정을 나누는 것입니다. 혼자 영화를 보는 고독한 사람은 일단 예외로 하겠습니다. 그런데 이제 게임, 여행, 음식, 축제 등 유사한 가치를 제공하는 다양한 상품이 등장했습니다. 여러 개를 합친 상품(여행 + 음식 + 축제)도 있죠. 즐거운 시간 시장이라고 할까요? 기존 산업과 시장의 경계가 무너진 것입니다. 기업은 예상하지도 못한 경쟁자와 고객의 관심을 놓고 경쟁하고 있는 것이죠.

드러커 적절한 설명이야. 비고객에 대한 질문을 통해 기업은 자신이 만든 세계를 넘어서서 고객과 비고객의 현실, 그들의 마음속에 있는 필요에 대해 생생한 이해를 얻을 수 있지. 그런데 아직은 좀 더 파고들어야 해(드러커, 2008: 175~179).

- 무엇이 우리 회사의 제품과 서비스를 고객이 외면하게 하는가? 무엇이 고객들에게 그렇게 하도록 압력을 넣고 있는가? 재화에서 서비스로 이동하는 추세, 저가격에서부터 풍요한 사회의 편리성을 추구하는 추세 때문인가? 우리에게 유리한 요소를 이용할 준비는 되어 있는가?
- 고객들의 마음에 그리고 경제 상황에 의미 있는 동일 상품군은 무엇인가? 무엇이 동일 상품군을 만드는가?
- 우리의 비경쟁자는 누구인가? 그 이유는 무엇인가?
- 우리는 누구의 비경쟁자인가? 우리가 그들을 애초 우리 산업의 일부로, 즉 경쟁자로 인식하지 않았기 때문에 이용하지도 못한 기회가 어디에 있는가?

나 박사님, 조금 어려워지는데요. 상세하게 설명해 주실 수 있을까요?

드러커 첫 번째 질문은 고객을 둘러싼 환경을 분석하는 질문이야. 어떤 환경 변화가 고객의 선택에 영향을 미치는지를 보려는 것이네. 기업이 존재하는 공간은 태풍이 몰아치는 바다는 아니지만 끊임없이 조류가 바뀌고 바람이 바뀌는 바다야. 조류와 바람을 읽으라는 말이지. 자네가 알고 있는 산업의 변화 사례를 떠올려 보게나.

나 컴퓨터 산업이 적절한 것 같습니다. 1950년이 지나면서 등장한 컴퓨터 시장의 개척자는 중대형컴퓨터였습니다. 그러다가 1980년대 이후로는 개인용컴퓨터가 바통을 이어받습니다. 제가 1990년에 처음으로 직장에서 일했을 때가 기억납니다. 'IBM386'이라는 데스크톱 PC가 부서마다 한 대씩 있었죠. 바야흐로 모든 조직에서 업무를 처리하는 핵심 기기로 PC가 등장하고 있었던 것이죠. 다음 변화는 랩톱laptop이었습니다. 2000년대 들어서서 휴대가 가능한 랩톱이 차세대 주자로 등장했죠. 휴대가 가능하다는 편의성으로 인해 랩톱은 개인용컴퓨터 시장의 대표선수로 남을 것으로 많은 사람들이 예상했습니다. 그런데 극적인 변화가 또 이어졌습니다. 바로 모바일기기의 등장입니다. 아이패드iPad와 같은 디지털기기는 처리용량은 물론이고 연결성에서 개인용컴퓨터를 능가합니다. 특히 그 용도가 완전히 달라졌습니다. 사람들은 업무처리(회사 업무든 숙제든)와 함께 게임, 영화 음악, SNS 등 소통과 문화 도구로 이것을 사용합니다. 랩톱의 성장세는 꺾였습니다. 비즈니스 업무를 위한 용도로 랩톱을 계속 사용하는 고객은 있겠지만 디지털기기의 기능이 계속 발전하는 추세로 보면 랩톱이 없어질 수도 있습니다. 이 모든 변화가 이제 60여 년의 역사를 쌓아온 컴퓨터 산업에서 벌어진 현상입니다.

드러커 좋은 사례네. 산업마다 그 변화의 정도는 다르네. 기술혁신의 정도가 빠른 산업에서는 고객가치의 변화가 더욱 불규칙하고 예상하기 힘들지. 이러한 변화는 불가피하네. 경영자들에게 변화란 항상 동거해야 하는 반려자라고 생각해 둬야 하지. 두 번째 질문에 대해서는 다음 사례를 보면 이해가 될 걸세.

> 자동 식기세척기가 최초로 개발되었을 때, 제조업체는 가정주부들이 열광적으로 구입했고, 매우 익숙하게 사용하고 있는 세탁기처럼 보여지기 위해 엄청난 수고와 노력을 들였다. 두 제품은 기술적으로 상당히 다르기 때문에 비슷하게(특히 외관에서) 만드는 작업은 어려운 일이었다. 하지만 식기세척기가 당시에는 제조업체에게 기대했던 이익을 주지 못했던 주요 이유는, 오히려 식기세척기를 세탁기와 유사하게 보이도록 만든 기술력 때문이었다. 기술자가 아닌 가정주부가 보기에 이것은 말이 안 되는 것이었다. 비슷한 외관이면서도 식기세척기는 가격이 두 배나 비쌌다. 어떤 것을 세탁기와 동일하게 보이도록 만들었다고 해서 식기세척기 가격이 두 배나 비싸야 할 이유는 무엇인가? 제조업체는 식기세척기를 세탁기와 동일한 상품군에 포함시켰는데, 식기세척기는 그 상품군에서는 감당할 수 없는 고객의 기대 가격을 형성했기 때문에 실패하고 만 것이다(Drucker, 1964: 104~105).

나 기업이 자의로 상품군을 쉽게 판단한 것이군요. 지금 보면 말도 안 되는 착각인데요, 그런 착각을 한다는 것이 놀랍습니다.

드러커 그렇긴 하네. 하지만 논리적으로도 충분히 이해가 가능하지. 어떤 상품군에 대한 인식은 정의definition가 아니라 지각perception에 달려 있기 때문이야. 제조업체와 고객의 지각이나, 그들 각자의 지각에 기초한 상품군은 당연히 다르지. 왜냐하면 제조업체와 고객은 서로 다른 경험을 가지고 있고, 이에 따라 사물을 다르게 보기 때문이네(드러커. 2008: 177). 요점은 고객의 선택은 고객의 지각에 따른다는 사실이야. 제조업체의 지각이 결코 아니라는 점이네.

나 아, 그렇군요! 이제 명확하게 알겠습니다.

드러커 세 번째 질문과 네 번째 질문은 산업구조나 경쟁환경의 변화를 염두에 둔 것이야. 경영자는 대개 자신이 참여하는 산업을 고정적인 실체로 착각하지. 그래서 산업의 규칙도 그대로이고 플레이어도 쉽게 바뀌지 않을 것이라고 생각한다네. 인쇄기와 복사기를 생각해 보게. 제2차 세계대전 이후에 복사기가 등장했을 때 인쇄업체들은 특별한 관심을 보이지 않았어. '복사'는 인쇄가 아니었기 때문이지. 그렇지만 어떤 일이 벌어졌는가? 복사기 업체는 인쇄업을 쇠퇴하도록 만든 위험한 경쟁자가 되었지.

나 자신이 마음속에 그어놓은 지도는 가짜라는 말씀이시군요.

드러커 그렇지. 비경쟁자에 대한 질문은 고객가치 파악과는 거리가 있어 보이지만 꼭 필요한 질문이야. 고정된 산업이란 없어. 지금 자신이 참여하는 산업에서 실현하고 있지 못하는 고객가치를 새로운 산업이 구현하는 경우는 충분히 가능한 것이네. 이들을 잘 살펴보면 아직 충족되고 있지 못하거나 이들이 자신보다 탁월하게 제공하고 있는 고객가치를 발견할 수 있네.

나 우버Uber가 생각납니다. 우버는 자가용을 가진 개인과 일시적으로 이동을 원하는 고객을 연결시켜 주는 서비스로 기존 택시 업계와 렌털 자동차 업계를 위기에 빠뜨리고 있는 기업입니다. 전 세계 수십 개 국가에서 우버를 이용하는 고객이 늘어나고 있습니다. 우버가 제공하는 고객가치는 사실 택시 회사나 렌터카 회사가 인식할 수 있었습니다. 고객은 낯선 곳에서 택시를 잡아야 하는 불안감, 택시 운전사에 대한 불신, 렌터카를 이용하는 절차에 따르는 불편함(예약, 인수, 사용 후 반납 등)에 불만이 높았죠. 안전하고 신속하며 친절한 이동에 대한 욕구를 우버는 이해했고, 이를 해결해 준 것입니다.

2

고객가치를 제대로 파악하기

나 지금까지 얘기한 것을 종합해 보겠습니다. 고객은 자기만의 욕구를 갖고 있다, 이에 따라 고객은 행동한다, 조직이 보기에 비합리적인 행동으로 보여도 고객의 현실에서는 합리적인 것이다, 경영자는 고객의 마음을 자신이 알고 있다고 억측해서는 안 된다, 뛰어난 조직과 경영자도 자주 실수를 한다, 고객가치를 제대로 알려면 고객이 있는 외부 세계를 이해하려고 최선을 다해야 한다.

고객으로부터 직접 듣는다

드러커 잘 정리했네. 그렇다면 이제 '어떻게 하면 고객의 마음을 제대로 알 수 있을까' 하는 실천의 문제를 얘기할 때가 되었네.

나 박사님이 언제나 강조하신 말씀이 있죠, "고객에게 직접 듣는 것"이 출발점이라고 생각합니다. 어떻게 하면 조직이 고객들에게 귀를 기울이게 할 수 있습니까?

드러커 먼저 조직이 고객의 소리를 어떻게 경청하고 있는지 현실을 살펴보는 것이 좋을 것 같네.

나 다양한 방법을 사용하고 있습니다. 고객과 만날 수 있는 다양한 미디어를 활용하고 있으며, 최근에는 온라인 도구를 활용하는 기업들이 늘고 있고요.

고객의 소리를 듣는 다양한 방법

- 일선(현장) 부서 직원으로부터의 피드백
- 조사 활동(온라인 및 오프라인, 사전 조사/사후 조사
- 정부 혹은 타 기관 발행 연구 조사 보고서
- 사용자 유용성 테스트(Usability test)
- 웹사이트 분석
- 참여 관찰
- 일 대 일 또는 포커스 그룹 인터뷰(공식/비공식)
- 마케팅(컨설팅) 기관
- 미디어
- 고객 경험 지도(CX Mapping)

드러커 자네 말처럼 방법은 많아. 새로운 도구도 개발되고 있지. 조직의 상황과 역량에 맞는 적당한 방법을 실천하면 효과가 있을 것이야. 핵심은 기업에 적합한 방법을 꾸준히 실천하는 것인데 말이야. 어떻게 이에 접근할 수 있을까?

나 먼저 진정으로 중요한 고객정보를 얻고 있는지에 대해 분석해야 합니다. 고객이 중요하게 생각하는 내용을 제대로 조직이 듣고 있는지 파악하기 위해서죠. 기업은 때때로 엉뚱한 실수를 하거든요.

드러커 맞네. 사례를 들어보겠나?

나 세계적인 소비재 회사인 콜게이트-파몰리브Colgate-Palmolive의 사례를 들어보겠습니다.

> 2001년, 콜게이트는 고객 서비스 측정 방법을 "즉각적인 주문 접수와 배달 정도"에서 "점포 선반에 제품이 진열된 정도"로 변경하자 수익이 3%가량 증가했다. …… 전통적인 서비스 측정 기준인 "즉각적인 주문 접수와 완벽한 배달"은 고객에 대한 것이라기보다는 소매상에 대해 더 빠르게 반응하는 정도를 측정하는 내부적인 방법이다. 그에 비해 "점포 선반에 제품이 진열된 것"은 고객구매와 고객만족의 선행 조건이다. 비록 점포도 일종의 고객이긴 하지만, 점포는 오직 최종 사용자에게 재화를 공급하는 사슬의 일부에 지나지 않으며, 최종소비자는 아니다. 올바른 고객에게 초점을 맞추는 것만으로는 충분하지 않으며, 그 결과가 수량적으로 측정되어야 하고, 그리고 고객 측정이 분명히 유지되고 있는지 계속 추적되어야만 한다(에더샤임, 2007: 80).

드러커 그렇지. 제대로 짚었어. 엉뚱한 정보, 가치가 없는 일을 하기란 너무나도 쉬운 법이지. 올바른 고객에게서 올바른 정보를 지속적으로 측정하는 것은 결코 한 번에 완성될 수 없는 일이지. 그다음은 무엇이 중요한 일일까?

나 그다음은 고객에게 듣는다는 기업의 자세를 진지하게 살펴보고 계속 개선하려는 노력이라고 생각합니다. 현시대는 가히 정보와 네트워크의 시대입니다. 인터넷을 통해 이전에는 불가능했던 규모로 보다 빠르게 고객의 의견을 파악할 수 있고, 조직과 고객이 직접 소통할 수도 있습니다. 또한 고객과 관련된 상황 정보를 수집할 수 있는 기술적 도구도 등장했습니다(센서, 모바일 애플리케이션, 데이터분석 도구 등). 환경과 수단은 훨씬 좋아졌죠. 그렇지만, 과연 고객가치를 제대로 파악하는가 하는 면에서는 부족합니다.

드러커 내가 정보기술Information Technology에 대해 말할 때 '테크놀로지technology'가 아니라 인포메이션information'이 중요하다고 말했다는 것을 알고 있는가? 항상 목적이 수단보다 중요한 것이네. 데이터는 많은데 정작 유용한 정보를 추출하는 데는 아직도 부족한 것이 사실이야. 데이터는 저금통이 아니야. 생산적으로 활용해야 하는 투자라고 봐야 하네.

나 그 말씀은 경영자가 먼저 진정으로 필요한 고객지식이 무엇인지 제대로 규명하고 고객지식을 제대로 수집하고 사용하는 데 모범을 보여야 한다는 뜻이지요?

드러커 그렇네. 조직에 고객 중시 문화가 철저하게 심어져야 하고, 최고경영자가 이에 대해 전적인 책임을 져야 하는 것이지. 이를 철저하게 지킨다면 어떤 방법이든지 효과가 있을 것이네. 그 반대도 진실이고 말이야. 미국의 노드스트롬 백화점Nordstrom은 좋은 모범이야. 이 회사의 고객 중시 문화는 진짜야.

나 네, 잘 알고 있습니다. 판매하지도 않은 타이어를 들고 와서 반품을 요구한 고객에게 이 회사가 환불 처리를 해준 얘기, 고객이 원하는 사이즈의 의류가 없자 다른 백화점에서 상품을 구매해서 판매한 직원의 얘기 등 많은 고객 감동 사례로 유명한 기업이죠. 한국 기업에서 보면 참 부럽기도 합니다. 특히 저는 이 기업의 역삼각형 조직도에 깊은 인상을 받았습니다. 이 조직도로 보면 현장 실무자는 고객 응대에 일차적이고 넓은 권한을 가지고 있습니다. 현장 실무자가 스스로 판단해서 고객 응대를 하고 있습니다.

미국 노드스트롬의 고객 중시 조직: 역삼각형 조직

많은 고객 감동 스토리로 유명한 미국의 노드스트롬 백화점은 기업문화를 형성하는 DNA에 고객 배려가 새겨져 있다고 평가받을 정도로 고객 중시에 있어서 탁월한 기업이다. 이 기업의 역삼각형 조직도는 어느 점포에서나 볼 수 있다. 사무실과 구내식당은 물론, 출퇴근 기록기나 급탕기에도 걸려 있다. 연말 보고서와 수많은 간행물에도 명시되어 있다. 이것은 노드스트롬의 강점을 말해주는 중요한 범례이다. 더욱 중요한 것은 조직의 모든 차원에서 이 그림의 의미에 걸맞은 활동이 행해진다는 것이다. 최선을 다해 고객을 만족시킨다는 기업의 헌신적 태도를 보여준다(샌더스, 2004).

기업 구조
고객
판매와 판매 보조원
부서 책임자
매장 매니저
상품 담당 매니저, 구매 담당자
중역 위원회(이사회)

〈노드스트롬 백화점의 조직도〉

드러커 고객의 소리, 고객의 필요를 듣고 응답하려는 진정성을 말해주는군.

나 저도 이러한 고객 중시 문화를 만들기 위해 노력했던 경험이 있습니다. 제가 CEO로 일하던 수입 자동차 판매 기업에서 겪은 일입니다.

부임 당시에 회사는 많은 고객 클레임으로 어려움을 겪고 있었습니다. 자동차 품질에 대한 불만도 발생했고, 특히 정비 클레임이 빈번했습니다. 정비 수요에 비해 정비 시설이 부족했기 때문에 정비 처리 기간이 고객의 기대에 비해 매우 길었거든요. 저는 클레임 해결에 제 업무의 우선순위를 놓았습니다. 모든 클레임을 제가 바로 듣고 담당 관리자와 해결안을 논의했고, 사안의 경중에 따라 대응 방안을 정하도록 했습니다. 그리고 사후 처리 과정을 즉시 보고하도록 했습니다. 클레임 해결은 속도에 좌우된다고 생각했기 때문입니다. 또한 클레임 해결 과정을 통해 얻은 지식을 업무 과정에 피드백 해서 클레임을 줄일 수 있도록 노력했습니다. 제품 품질에 관해서는 어쩔 수 없지만 정비 부문의 고객 불만족을 상당히 낮출 수 있었습니다. 클레임을 회피하는 것이 아니라 고객의 소리로 받아들이고 적극적으로 대응한다는 태도를 조직 안에 확산시켰기 때문입니다.

드러커 훌륭하네. 리더가 리더일 수 있는 첫 번째 요건은 자신이 말한 바를 그대로 실천하기 때문이야. 고객의 마음을 알고 진정으로 듣는 일은 언변이 아니라 행동으로 보여줘야 하네.

나 네, 깊이 공감합니다. 고객을 잘 모른다는 겸손함으로 고객으로부터 배우려는 것이 고객의 소리를 진정으로 듣는 가장 빠른 길이고 올바른 길입니다.

고객가치를 파악하는 질문

드러커 그렇다면 지금까지 했던 얘기를 정리해 보세. 고객을 아는 가장 좋은 방법은 고객으로부터 직접 듣는 것이야. 그리고 모든 사람들이 고객의 소리를 경청하면서 고객의 필요, 고객의 문제, 고객이 중시하는 가치를 이해하려고 최선을 다해야 하지. 그렇다면 이 모든 과정을 어떻게 해야 할까? 최소한 다음 다섯 가지 질문을 진지하게 해야 하네. 이 질문을 통해 고객의 마음속에 진정으로 담겨 있는 욕구, 혹은 고객도 미처 인지하고 있지 못하는 욕구를 파악할 수 있을 것이네.

고객가치를 파악하는 핵심 질문

- 고객이 가치 있게 여기는 것은 무엇인가?(핵심고객, 지원고객, 잠재고객별)
- 우리는 얼마나 잘하고 있는가? 각 고객이 가치 있게 생각하는 것을 제공해 주고 있는가?
- 우리가 어떻게 하면 더 효과적일 수 있을까?
- 고객과 관련하여 얻어야 하는 지식과 정보는 무엇인가?
- 어떻게 이와 같은 지식과 정보를 수집할 것인가?

나 고객가치를 원점에서 생각하고, 이미 알고 있는 것을 재검토하고, 아직 모르고 있는 고객의 마음을 어떻게 파악할 것인지를 질문하라는 말씀이시군요. 몇 가지 질문인데도 참 무겁게 느껴집니다.

드러커 하하, 그런가? 고객가치를 알기 위한 질문은 그다지 많지는 않아. 좀 전에 얘기했던 고객의 현실, 고객의 세계를 파악하는 질문도 몇 가지에 불과해.

나 잘 알겠습니다. 신중하게 판단하고 모든 구성원의 지식을 종합해서 답변해야 한다고 생각합니다.

드러커 제대로 보았어. 그렇지만 결코 쉬운 작업은 아니야. 늘 제대로 하고 있는지를 점검하고, 앞서 말한 장애요인이 없는지를 분별하고, 고객의 소리를 듣는 문화를 구축해야 하지. 뛰어난 조직은 언제나 고객의 소리를 제대로 듣고 이를 구현하기 위해 노력하고 있네.

나 제가 모범으로 생각하는 사례가 있습니다. 최근 새로운 경제모델로 확산되고 있는 공유경제를 선도하는 기업이 숙박 공유 서비스를 하는 에어비앤비airbnb입니다. 2008년 설립된 이래 현재는 세계 200여 개국 3400개 도시에서 하루 5~6만 명에 달하는 숙박객을 받고 있는 기업입니다. 이 회사도 고객에 대해 많은 시행착오를 겪었습니다. 공동창업자인 조 게비아Joe Gebbia와 브라이언 체스키Brian Chesky는 처음으로 자기 아파트를 숙박객에게 개방한다는 아이디어를 떠올렸을 때는 에어비앤비의 매력이 저가격이라고 생각했습니다. 그런데 점차 고객을 배우게 되죠. 여행자들은 주택과 아파트만이 아니라 성, 이글루, 나무 위 오두막집 등 다양한 숙박 장소가 제공하는 개성과 현지 분위기에 매혹됐다고 합니다.

또한 목표 고객을 '젊고 가난한 남성'으로 생각했지만 이용자 중에는 18~25세 가량의 젊은 층보다는 55세 이상이 더 많았고, 공유하겠다는 숙소 중에는 이탈리아의 저택이나 해변 별장처럼 숙박비가 싸지 않은 곳도 있었다고 합니다. 최초의 생각은 완전히 오류였던 거죠. 이들은 고객을 직접 만나고 경청하고 자신도 고객과 똑같이 다양한 장소를 체험하면서 고객가치를 배우려고 노력했습니다. 그리고는 전문적인 사진 게시, 다양한 장소 발굴, 공유자와 이용객에 대한 평가를 통한 신뢰 구축 등 이를 그대로 서비스 개선으로 실천했죠.

드러커 그렇군, 고객가치를 발견하는 과정은 끊임없는 배움의 과정이야, 그리고 누구에게도 대신하라고 시킬 수 없는 경영자의 일이네. 에어비앤비를 포함해서 집카Zipcar도 그렇고, 최근에 공유경제라는 새로운 흐름을 만들고 있는 기업들을 눈여겨볼 필요가 있어. 이들은 기존 사업과 상품이 충족시키지 못하는 고객의 필요를 넘어서서, 고객도 미처 인지하고 있지 못했던 필요를 새로운 사업모델로 충족시키고 있는 뛰어난 기업들이네.

나 맞습니다.

드러커 고객에 관한 지식은 가장 중요하고 가장 필요한 첫 번째 지식이네. 명심하게나. 조직의 판단 기준은 항상 고객에게 무슨 일이 일어나고 있는가 하는 것이지, 회사의 이사회가 결정하는 것이 아니네.

고객이 원하는 바를 알고 무엇을 할 것인가

나 박사님, 이제 고객가치를 이해하고 나서 다음 과업에 대해 대화하고 싶습니다. 제품이나 서비스 개선, 혹은 운영과정, 직원 행동 등 광범위한 조직 운영 요소와 활동을 혁신해야 하는 과업이죠. 이를 어떻게 접근해야 할까요? 고객을 행복하게 하는 일이 조직의 기본 목적이니까요.

드러커 어쩌면 가장 어려운 일이 남은 것이지. 새롭게 발견한 고객가치를 실제로 고객이 경험하도록 해야 하지 않겠나? 다시 강조하지만, 고객에 관한 지식은 모든 조직 운영의 바탕이네. 기업의 목적은 고객 창조이고 고객의 욕구에 부응하는 것은 조직의 모든 역량, 활동 과정을 통해 이루어지기 때문이지. 따라서 먼저 고객가치를 충족시킨다는 목표가 조직이 달성해야 하는 궁극적 결과results로 구체적으로 규명되어야 하지. 사명을 실현하고 고객을 만족시키려면 무엇을 달성해야만 하는가에 대한 질문을 말하네. 이것이 네 번째 질문이야.

| 요약 |

드러커가 제기한 세 번째 질문은 고객이 원하는 것을 찾으라는 것이다. 기업의 목적은 고객 창조에 있으며, 이것은 기업이 고객이 원하는 것, 즉 고객가치를 제공할 수 있을 때 비로소 성취할 수 있다. 조직은 고객가치를 제대로 파악해야 한다. 이 과제는 조직의 성패를 결정한다.

그런데 고객가치는 파악하기 어렵다. 고객과 기업은 다른 세계에 있기 때문이다. 많은 조직과 경영자들이 분명한 이 사실을 종종 망각한다. 드러커는 경영자의 고객가치에 대한 추측과 억측을 경고했다. "비합리적인 고객은 없다"라는 말로 드러커는 이 점을 분명하게 말한다.

고객이 살아가는 세계, 고객이 경험하는 현실에서부터 시작하는 것이 마케팅 관점이고 고객 관점이다. 그 어떤 조직도 고객의 세계에서는 아주 작은 땅을 차지할 뿐이다. 때로는 차지하지도 못한다. 고객가치를 알려면 고객의 현실을 이해해야 한다. 고객은 무엇을 구매하고 무엇을 기대하는가, 왜 비고객이 있고 비고객은 무엇을 바라는 것인가 등 고객의 현실을 조직이 아니라 고객의 관점에서 이해해야 한다. 바깥에서 조직을 보는 것, 아웃사이드 인 퍼스펙티브Outside-in Perspective만이 고객을 이해하는 전제 조건이다. 고객을 직접 만나고 고객의 소리를 경청할 때 조직은 추측에서 벗어나 고객의 바람을 발견할 수 있다.

고객가치는 필요·욕구·열망으로 구분할 수 있다. 고객가치는 다양하고 변화무쌍하다. 고객이 상품에 기대하는 무엇은 고정되어 있지 않고 고객의 삶, 상황, 시장, 경쟁자에 따라 달라진다.

조직은 다양한 방법과 도구를 고객의 소리를 경청하는 데 활용할 수 있다. 고객 설문지, 인터뷰, 직원 피드백, 인터넷 웹 분석 등의 방법이 있다. 그러나 가장 중요하고 효과적인 방법은 경영자와 직원이 직접 고객에게 듣는 것이다. 이 점에서 경영자가 고객으로부터 점점 더 멀어지는 현실에 대해서는 특별한 경각심이 필요하다. 뛰어난 조직을 이끄는 경영자들은 가장 많은 시간을 고객에게 투자한다.

드러커에 따르면 기업은 체계적인 질문을 통해 고객이 진정으로 바라는 것을 파악해야 한다. 고객이 가치 있게 여기는 것은 무엇인가, 조직은 고객이 가치 있게 생각하는 것을 제공하고 있는가, 어떻게 하면 더 효과적으로 고객가치를 구현할 수 있을까 등을 질문해야 한다. 고객가치를 이해하면 충실한 고객지식을 얻을 수 있고, 조직은 이를 통해 고객가치를 향상시킬 수 있다.

고객이 진정으로 원하고, 중요하게 생각하는 것이 무엇인지는 조직을 출발시키는 질문이자, 조직을 존속시키는 질문이다. 최고경영자부터 일선 직원들까지 언제나 잊지 말아야 하는 질문이다. 질문에 대한 올바른 대답은 지능보다는 성실성에 달려 있다. 고객은 백년해로를 약속하지 않는 바람둥이이기 때문이다. 결혼은 하지 않으면서도 사랑은 갈구하는 존재다. 그 마음을 알려면 계속 물어볼 수밖에 없다.

| Action Point |
효과적으로 고객가치를 파악하기

1. 고객가치를 이해하는 핵심 질문 리스트

우리의 고객이 가치 있게 여기는 것은 무엇인가?

- **핵심고객에 대해:** 고객이 기대하는 만족감, 특별한 필요, 혜택으로서 우리 조직이 탁월하게 제공하는 가치는 무엇인가?
  핵심고객별로 질문에 답변한다(실제 고객, 상품 사용자 등. 조직마다 다름)
- **지원고객에 대해:** 고객이 기대하는 만족감, 특별한 필요, 혜택으로서 우리 조직이 탁월하게 제공하는 가치는 무엇인가?
  지원고객별로 질문에 답변한다(구매 의사 결정자, 공급자, 후원자, 영향력 행사자, 자원봉사자 등, 조직마다 다름)
- 고객이 가치 있게 여기는 것에 잠재된 고객의 꿈(열망)은 무엇인가? 왜 고객은 이 꿈(열망)을 성취하기를 원하는가?
- 고객이 진정으로 원하는 가치를 실현하지 못하도록 막는 장애나 제약요인은 어떤 것이 있는가?
- 고객은 자신이 원하는 가치를 어떻게 실현하고 있는가? 왜 고객은 그런 방식으로 행동하고 있는가?
- 우리 조직은 고객이 진정으로 가치 있게 여기는 것을 얼마나 잘 제공하고 있는가?
- 우리 조직은 고객이 진정으로 가치 있게 여기는 것을 탁월하게 제공하기 위해 어떤 역량이나 자산을 갖고 있는가(고객가치와 조직 역량을 함께 검토함)? 어떤 역량이나 자산이 필요할까(현재와 함께 미래 수준에서도 검토함)?
- 고객이 원하는 가치는 어떤 영역과 맥락에서 올바르게 실현될 수 있을까?
  _상품 기능
  _상품의 전달과 공급
  _상품 사용 상황과 환경
  _서비스 전달 등

2. 비즈니스모델 캔버스: 고객가치제안Value Proposition•

비즈니스모델을 작성하는 단순하면서도 통찰력 있는 모델인 비즈니스모델 캔버스를 활용하여 고객가치를 파악할 수 있다. 한정된 고객 세그먼트를 대상으로 하는 소기업, 벤처기업의 경우에 적정하다.

고객가치의 의의와 종류

- 조직은 고객의 문제를 해결해 주고 욕구를 충족시켜 주는 특정 가치를 제공해야 한다.
- 상품은 상품 자체를 넘는 +a가 있어야 한다.
- 가치는 양적(가격, 속도 등), 질적(디자인, 고객 경험 등)으로 구분된다.
- 가치의 종류: 새로움, 성능 향상, 커스터마이징(맞춤화), 무언가를 되게 만드는 것, 디자인, 브랜드 우위, 가격, 비용 절감, 위험 감소, 편리성/유용성, 접근성.

고객가치제안 정의를 위한 네 가지 질문

- 우리가 고객을 위해 해결해야 할 고객의 문제는 무엇인가?
- 이것이 진짜 문제인가?
- 보다 향상시켜야 할 솔루션은 무엇인가?
- 우리가 고객에게 전달하는 가치는 얼마나 되는가?

◈ 고객가치 발견을 위한 접근방법: 공감지도The Empathy Map

엑스플레인XPLANE이 개발한 비주얼 싱킹Visual Thinking 기법을 통해 공감지도를 그리는 방법이다. '초간단 고객 프로파일러really simple customer profiler'라 불리며 단순한 인구통계적 특징을 넘어 고객의 환경, 행동, 관심사, 열망 등을

• 관련 내용을 더 알고 싶다면 오스터왈더·피그누어(2011: 28~31) 참고.

더 깊이 이해할 수 있다.

방법

고객 세그먼트에 이름을 붙이고 수입, 결혼 여부 같은 인구통계적 특성을 부여한다. 플립 차트나 화이트보드를 사용해 여섯 가지 질문을 묻고 답하면서 이 고객의 프로파일을 작성한다.

질문

- **경험**: 고객이 처한 환경 속에서 무엇을 보는지 설명하라.
- **영향력**: 환경이 고객에게 어떤 영향을 미치는지 설명하라.
- **생각과 느낌**: 고객의 마음속에 무엇이 있는지 묘사를 시도하라.
- **발언과 실천**: 고객이 무슨 말을 하는지, 대중 앞에서 어떻게 행동하는지 상상하라.
- **고충**: 고객의 가장 큰 불만은 무엇인가?
- **비전**: 고객은 진정으로 무엇을 원하고 필요로 하는가?

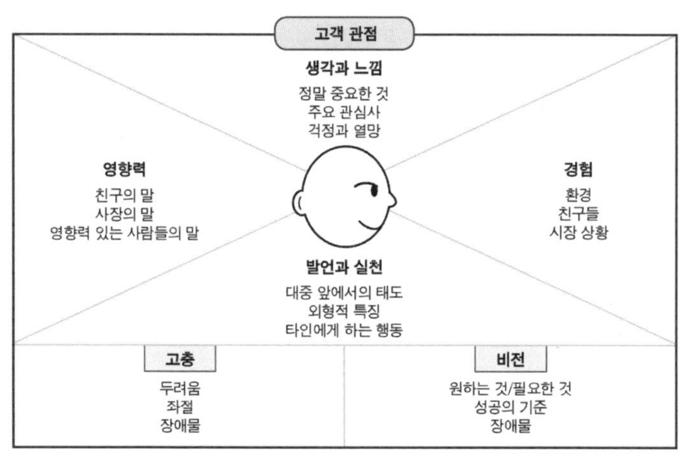

자료: 오스터왈더·피그누어(2011: 136).

◈ 가치제안 캔버스[•]

고객가치제안 캔버스는 제품/서비스와 고객가치를 연결시키는 도구다. 가치제안 캔버스는 비즈니스모델 캔버스 방법론에서 고객가치를 파악해서 제품/서비스가 구현해야 하는 고객 욕구를 도출하는 프레임이다. 오른쪽의 원은 고객 프로필로서 고객 활동, 고객의 혜택, 고객의 고충이라는 세 가지 영역으로 구성된다. 고객이 어떤 사람인지를 고객의 욕구, 문제, 기대라는 창으로 파악한다. 왼쪽은 가치맵으로 제품과 서비스, 불만 해결 방안, 혜택 창출 방안으로 구성된다.

고객 프로필 작성 절차[••]

- **고객 활동**: 고객이 자신의 업무나 생활 속에서 수행하려고 고객 자신의 말로 노력한다고 말한 활동들을 기술한다.
- **고충**: 불만족스러운 결과, 위험 요소, 장애물들을 기술한다.
- **혜택**: 고객이 달성하기를 원하는 결과나 추구하는 구체적인 혜택을 기술한다.

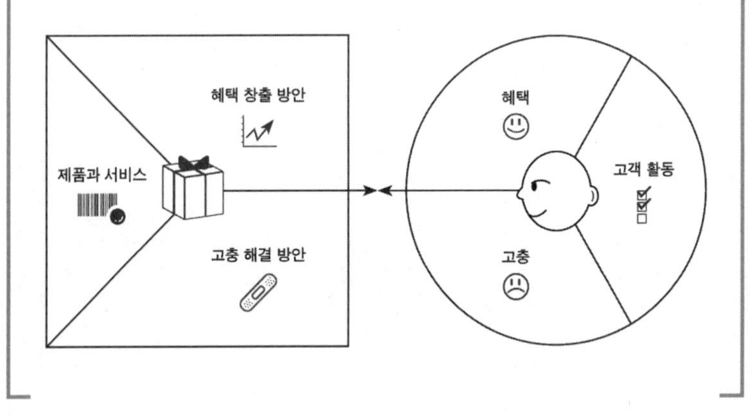

• 이 글은 Osterwalder · Pigneur(2014: 8~9)를 인용했다.

•• 보다 상세한 고객 프로필 작성 방법과 작성 사례에 대해서는 오스터왈더 외(2018)와 방법론을 개발한 스트래티지사 웹사이트(https://strategyzer.com/)를 참조하기 바란다. 다양한 도구와 함께 교육을 제공한다.

작성 예: 경영서를 읽는 독자 프로필

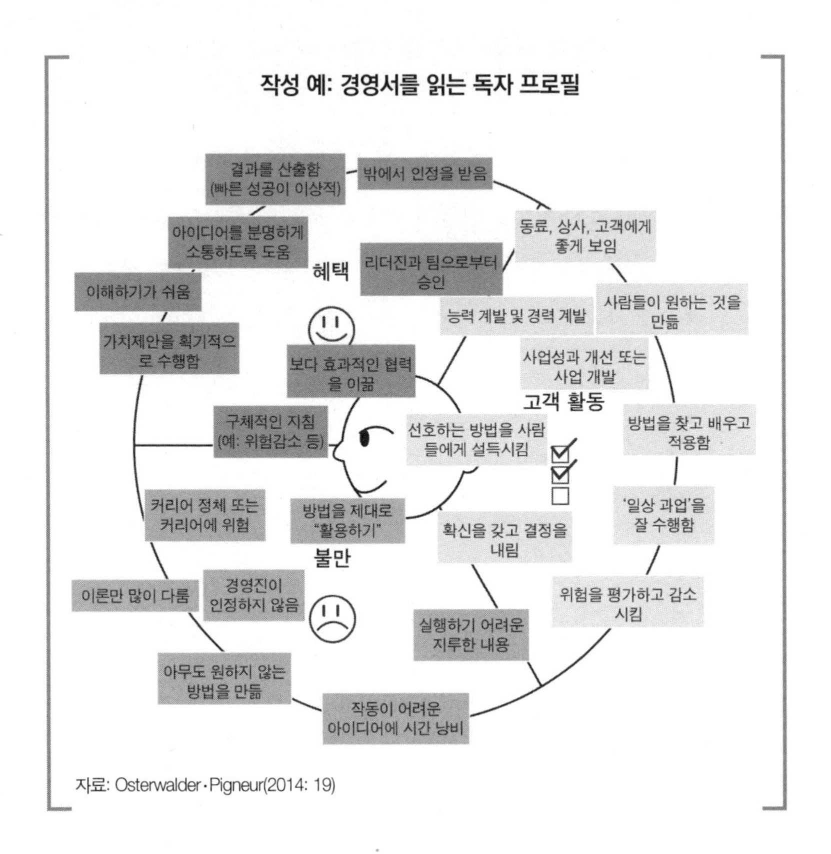

자료: Osterwalder·Pigneur(2014: 19)

| Business Case |

효과적으로 고객가치를 파악하고 이를 전략기획, 상품 개발, 고객서비스 등 조직의 근본 활동에 효과적으로 반영하고 있는 조직의 사례를 참조한다. 시장에서 성공하는 조직, 지속적으로 성장하는 조직은 고객의 필요를 광적으로 추구한다. 고객은 조직의 수명을 결정하는 판관이다. 고객을 진정으로 이해하는 것은 사명과 비전을 현실로 만들고 조직의 강점과 역량이 결과를 맺도록 한다. 고객 중심 경영은 고객가치를 모든 경영의 토대로 삼을 때 의미 있는 성과를 만들 수 있다.

1. 미국의 슈퍼마켓, 스튜 레오나드Stew Leonard

네 개 매장에서 연간 4억 달러의 매출을 올리는 낙농제품 전문 슈퍼마켓이다. 1992년도에 한 점포에서 1.15억 달러, 단위면적(스퀘어피트)당 3470달러로 기네스에 등재되기도 했으며, '가장 일하고 싶은 기업'에 10년째 계속 랭크되기도 하는 기업이다.

오렌지주스, 우유, 커피 등의 제품만 파는 독특한 슈퍼마켓으로 조미료, 스낵 등은 아직도 팔지 않는다.

사업 초기 어느 날 노부인이 어제 산 달걀이 상했다면 반품을 요구하는 일이 일어났다. 스튜는 그럴 리가 없다고 잘라 말했다. 그러나 고객은 "나는 이 사실을 말해주기 위해 12마일이나 되는 곳에서 왔다. 내 눈에 흙이 들어가기 전에는 다시는 안 온다" 하며 불같이 화를 내고는 돌아갔다. 순간 스튜는 자신의 잘못을 깨닫고 자신의 사업 방향을 결정짓는 두 가지 원칙을 만들게 된다.

규칙 1: 고객은 항상 옳다,

규칙 2: 고객이 옳지 않다고 생각되면 '규칙 1'을 다시 읽으라.

드러커도 고객은 그들이 처한 현실과 상황에서 언제나 합리적이라고 말한 바 있다.

2. 미국의 컨테이너 스토어, 고객의 문제를 해결하는 소매점*

컨테이너스토어Container Store는 소비자에게 탁월한 해결책을 제공한다. 댈러스에 기반을 둔 22개의 이 상점 체인(2021년1월 기준 93개 매장 - 인용자)은 누구나 절대적으로 필요로 하는 무언가를 판매함으로써 평균 두 자릿수의 연간 판매 성장률을 기록하고 있는데, 그 상품은 수납 정리용 상품이다. 상자와 트렁크부터 옷걸이, 쟁반, 선반 시스템에 이르기까지 각각의 매장에는 1만 2000가지의 다양한 상품이 구비되어 있다.

회사가 설립된 1978년부터 지금까지 …… 컨테이너 스토어의 핵심 전략은 고객에게 더 많은 시간과 공간을 제공함으로써 삶의 질을 향상하도록 돕는다는 것이다. …… 컨테이너 스토어는 가시성, 접근성, 융통성, 이 세 가지 기준을 만족시키는 제품을 갖추고 그 첫발을 내디뎠다. 그들의 철학은 자사의 제품이 사람들에게 그들이 무엇을 저장하고 있으며 어떻게 하면 그것을 쉽게 꺼내 이용할 수 있을지 알게 해야 한다는 것이다. 또한 제품은 다양한 소비자의 여러 특별한 요구를 충분히 수용할 수 있을 만큼 융통성이 있어야 한다는 것이다.

* 이 글은 베리(2010: 82~85)를 인용했다.

……… 상점의 상품은 부엌용, 옷장용, 세탁용, 사무용 등으로 구분되어 정리된다. 다양한 상품이 여러 구역에서 동시에 전시되는데 이유는 한 가지 상품이 다용도로 이용될 수 있기 때문이다. 예를 들어 스웨터 정리 상자는 사무용품 저장에도 쓰일 수 있다. 플라스틱 쓰레기통은 강아지 사료 통이나 재활용품 통으로 이용할 수 있다. 또한 각각의 제품은 종종 다른 제품과 하나로 묶여 판매되기에, 아이들이 여름 캠프에 가져갈 트렁크를 하나 사려고 가게에 나온 부모들은 세탁물 가방, 칫솔 케이스, 비상약품 가방, 새지 않는 물병, 곤충 채집망 등 …… 훌륭한 상품을 발견할 수 있을 것이다.

열등한 소매업체는 상품을 모아 선반에 진열하고 가격표를 붙인 후 왜 손님이 오지 않는지 궁금해한다. 뛰어난 소매업체는 사람들이 진정으로 원하는 것이 무엇인지 고민하고 그들의 특별한 요구를 다른 경쟁사보다 훨씬 효과적으로 해결해 줄 수 있는 방법을 모색한다.

3. 고객가치로 사업을 확장한 타니타*

고객가치를 이해하게 되면 기존 사업을 뛰어넘는 변화를 추진할 수 있다. 타니타는 고객가치로 사업을 새롭게 정의하고 창의적인 방식으로 사업을 확장하고 있다.

일본의 타니타는 세계 최초로 체지방계를 개발하고 2500만 대 이상을 판매한 기업이다. 그렇지만 이 기업은 큰 고민이 하나 있었다. 체지방계는 교체 수요가 거의 없고 튼튼하게 만들수록 고객은 반영구적으로 사용하는 상품이기 때문이다. 또한 체중계는 고객의 입장에서도 모순이 있다. 체중계는 건강

* 이 글은 윤태성(2016: 50~52)을 인용·요약했다.

을 위해 체중을 확인하는 도구이지만 몸이 좀 무거워졌다고 느끼는 사람은 체중을 알기가 두렵고, 그래서 체중계를 미워하게 된다.

타니타는 이런 모순을 해결하기 위해 고객의 생활에 주목했다. 먼저 직원 식당에서 500kcal 이하의 식단을 개발하고 직원에게 제공했다. 직원들의 의견을 듣고 많은 포만감을 느끼면서도 체중이 늘지 않고 건강을 유지할 수 있는 메뉴를 개발했다. 직원 식당이 높은 평가를 받자 타니타는 2012년에 도쿄역과 왕궁 사이에 있는 일본 최고의 오피스 거리에 타니타 식당을 개업한다. 이 식당은 금세 유명해졌고, 식당 메뉴를 책으로 출판하자 500만 부 이상 판매된다. 타니타는 체중계 제조기업에서 고객의 건강을 지켜주는 기업으로 탈바꿈했다.

타니타는 한 걸음 더 나아가 여러 기업과 협력해서 새로운 사업모델을 만들고 있다. 다른 기업이 판매하는 음식에 저염 저칼로리이면서 맛있고 포만감을 주는 조리법을 제공한다. 또한 100kcal 이하의 디저트를 제공하는데 이 메뉴는 편의점에서 인기가 높다. 이런 식으로 10개 이상의 기업과 협력하고 있다.

타니타는 더 이상 체중계에 집중하는 기업이 아니다. 타니타가 집중하는 것은 건강하게 살고 싶다는 고객의 눈물이다.

5장

네 번째 질문

우리의 결과는 무엇인가?

들어가기 전에

우리는 결과지향적이어야 한다.
우리는 노력한 것에 합당한 결과들을 얻었는지를 물어야 한다.
리더의 책무는 올바른 결과가 성취되었는지,
올바른 일들이 실행되었는지를 확인하는 것이다.

피터 드러커

인상파의 등장과 성공 이야기

현대 미술에서 큰 비중을 차지하고 있는 인상파는 19세기 후반 프랑스를 중심으로 일어난 대표적인 미술 사조다. 인상파의 역사는 좁게는 미술사의 혁신에 대한 이야기면서 자신이 추구하는 것을 실현하기 위해 전적으로 헌신하는 예술가들의 열정을 보여준다.

인상파는 빛과 함께 시시각각으로 움직이는 색채의 변화 속에서 자연을 묘사하고, 색채나 색조의 순간적 효과를 이용하여 눈에 보이는 세계를 정확하고 객관적으로 사물의 인상을 표현했다. 이런 접근방법으로 인해 매우 풍부하고 다양한 작품을 낳았는데, 인상파를 이끌었던 마네, 모네, 세잔, 고흐, 고갱, 르누아르의 그림은 각자 매우 달랐다. 이를 통해 19세기 당시에는 볼 수 없었던 혁신적인 작품을 낳았다.

당시에는 사실주의가 화단의 주류였고, 인상주의는 냉대를 받았다. 즉 당시 파리 예술계는 전통과 기법을 엄격하게 준수하는 파리아카데미가 지배하고 있었고, 아카데미가 주최하는 살롱전에서 수상을 하지 못하면 작가로 인정받지 못했다. 인상파 화가들은 인정을 받기 위해 살롱이 요구하는 사실주의풍의 그림을 출품해야만 했다.

그런데 인상파 화가들은 예술적 신념을 지키는 독립적 행동을 한다. 모네, 세잔, 드가, 시슬레, 모리소, 피사로, 르누아르, 부댕 등 인상파 화가들은 살롱에 대항해서 자신들의 그림 165점을 모아 독립된 전시회 '엥데팡당Indépendants'을 개최한 것이다. 전시는 호응을 얻지 못했고 실제로는 엄청난 비난을 받았다. 인상파의 리더 격인 모네의 〈인상, 해돋이〉에 대한 평가를 보자.

> 〈인상, 해돋이〉라는 작품에서 모네는 르아브르 항구의 아침 인상을 유연한 붓놀림과 투명한 색을 사용해 그렸는데, 아침 햇살에 빛나는 항구의 아름다움을 표현했다. 모네의 작품을 본 평론가 루이 르루아는 풍자 신문 ≪르샤리바리≫에 기고한 기사의 제목을 '인상, 해돋이'에서 따온 '인상주의 전시'라고 붙이고는 비난을 퍼부었다.
> "…… 어딘지 방자하고, 어딘지 미적지근하다. 붓질의 편안함이라니! 미숙한 벽지조차 이 해안 그림보다 더 완성적일 것이다"(박재현, 2007.8.28).

결국 1880년부터 인상파 화가들의 그룹은 해체되었고 1886년 제8회 전시회를 마지막으로 중단되었다. 그러나 우리가 알고 있듯이 인상주의 미술은 인상주의Impressionism라는 용어가 국제적인 미술용어로 쓰이기 시작했고 20세기 현대미술에 결정적인 영향을 미쳤다.

예술가는 자신이 추구하는 예술을 창조하는 사람이지만, 대중의 인정을 외면할 수는 없다. 고객이 있는 것이다. 자신이 추구하는 예술성을 인정받기 위해 초기 인상파의 개척자들은 비주류다운 방식으로 당대를 극복하고 새로운 시대를 개척했다.

전기자동차로 산업을 바꾸고 있는 테슬라Tesla

테슬라는 미국의 자동차 기업이지만 기존 자동차 기업과는 전혀 다른 자동차 기업이다. 자동차 기업으로는 유일하게 IT 산업의 메카인 실리콘밸리에서 탄생했다. 테슬라는 전기자동차를 만든다. 전기라는 에너지원을 사용한다는 점에서는 독특하지 않다. 벤츠나 아우디, 현대자동차도 전기자동차를 만들고 판매한다. 그런데 테슬라는 전기자동차를 가솔린, 디젤을 이용하는 내연기관 차량의 보완상품이 아니라 전기차만의 장점을 극대화한 고성능 차량을 선보임으로써 자동차 시장과 전기차의 역사를 뒤흔들고 있다.

테슬라는 자동차업계의 애플이라 불릴 정도로 가파른 브랜드 성장세를 보이고 있으며, 글로벌 리더 기업을 긴장시키면서 산업 특성을 바꾸고 있다.

전기자동차의 핵심 요소는 배터리 성능과 충전 편의성이다. 테슬라는 그 어떤 기업보다도 과감하게 이를 향상시키기 위해 과감한 투자를 하고 있다. 테슬라는 배터리 분야에서는 후발 주자이며 리튬이온을 사용하는 업체 중에서도 후발 주자에 속한다. 하지만 테슬라의 경쟁력은 전기차 본체와 마찬가지로 살인적인 가격경쟁력과 완성도에 있다고 평가받는다. 2015년에 열린 배터리 신제품 런칭 행사에서 일론 머스크는 이 배터리로 지구의 전력시스템 전체를 개혁하겠다는 포부를 밝히기도 했다. 전문가들은 테슬라를 포함한 전기자동차의 미래는 배터리 기술의 진보와 가격 하락에 달렸다고 지적한다. 테슬라는 세계 최대의 배터리 공장을 세우고 가격을 획기적으로 낮추기 위해 노력하고 있다. 애초에 다른 자동차 회사들과 차별화되는 테슬라의 강점이자 머스크가 승부수를 띄운 시작점이 테슬라에서 사용할 배터리의 가격경쟁력이다. 전기자동차는 배터리 가격이 전체 가격의 절반을 차지하는데 테슬라의 배터리 가격은 압도적으로 업계 최저를 자랑한다. 2017년 1월에는 일본 파나소닉과 함께 미국 네바다주에 건설한 공장 기가팩토리에서 새로운 원통형 배터리 '2170'의 생산에 돌입했다. 배터리 대량 생산으로 단가가 30%가량 내려갈 것으로 예상되며 전기차의 가격경쟁력도 향상될 것으로 보고 있다(https://namu.wiki/w/테슬라; http:tesla.com/ko.kr/blog).

20세기는 자동차의 시대였다. 자동차는 과학과 산업 조직이 창조한 위대한 발명품이다. 석유에너지, 기계와 철강, 대량생산체제와 경영 관리 기술이 바탕에 있다. 자동차의 등장과 발전은 산업사회의 중요한 단면(대량 제조 공정, 과학적 관리, 도로, 노동조합, 브랜드와 마케팅 기술)을 형성해 왔다. 21세기에 도 자동차는 계속 생산되겠지만, 자동차를 구성하는 요소는 달라지고 있다.

미래에는 청정에너지, 다품종 유연 생산, 충전소, 안전과 책임이 주요한 구성 요소가 될 것이다. 테슬라는 기존의 자동차 기업이 제공하는 것을 바꾸고 있다(전기자동차, 에너지원 혁신, 산업표준 전복, 유지보수비 제로, 대면판매 등). 이를 통해 자동차라는 상품 자체와 소비와 사용 형태까지도 바꾸고 있다. 미국 나스닥에 상장된 테슬라는 2020년 7월 1일 자동차 회사 중 시가총액 1위를 달성했고 2020년 12월 1일에는 6000억 달러(한화 약 651조)를 넘었다. 연간 50만 대도 판매하지 못하는 기업이 수백만 대를 판매하는 기업의 가치를 뛰어넘었고, 이것은 테슬라가 지향하는 미래가능성에 대한 현재의 평가다.

5장 소개

이번 장은 결과를 주제로 대화한다. '결과'라는 말의 의미, 결과를 정의하는 방법, 올바른 결과 정의를 통해 목표를 성취하는 접근방법을 살펴본다. 앞 장에서 얘기한 사명, 고객, 고객가치에 관한 질문은 이념·정신·방향·목적에 관한 것이다. 결과는 행동에 대한 이야기다.

사명을 실현하기 위해서는 반드시 성취해야 하는 결과가 있다. 드러커는 조직의 궁극적 목적은 실제로 결과를 만드는 것이라고 강조하면서 '무엇이 결과가 되어야 하는가'를 질문한다. 드러커는 사명이 책임의 범위를 규정한다(드러커, 2010: 91)는 말로 이 점을 강조했다. 경영자는 '사명을 성취하는 것으로서 우리의 성과는 무엇으로 정의되어야 하는가?'에 대해 답변해야 한다. 사명을 정립했으니 대답을 찾기가 직관적으로는 쉽다고 생각할 수 있지만 그렇지 않다. 무엇이 사명을 실현하는 결과인가에 대해서는 단 하나로 답변할 수 없기 때문이다. 먼저 경영자는 결과의 의미를 이해해야 한다. 의외로 많은 경영자들이 결과를 편협하게 인식하고 있다. 또한 의도와 필요를 결과로 오해하기도 한다.

모든 조직은 활동을 통해서 무엇인가를 산출한다. 그러나 활동이 결과를 보장하지는 않는다. 산출물은 다이아몬드가 될 수도 쓰레기가 될 수도 있다. 또한 모든 활동은 자원을 소비한다. 산출물이 곧 결과는 아니다. 결과는 사명이 실현되고 있으며, 고객이 원하는 진정한 가치가 구현되고 있다는 것을 말해주는 것이어야 한다. 결과가 명확하게 정의되어야 하는 이유다.

결과를 정의하는 일은 올바른 결과를 산출하기 위해 가장 먼저 해야 하는 과제다. 충분하고 진지한 고민 없이 결론 내린 '결과'가 최선의 성과를 만들 수 있을까? 결과는 조직의 행동을 정해주고, 구성원의 바람직한 행동을 알려주고, 자원의 쓰임새를 정해준다. 드러커는 올바른 결과를 정의하기 위해 필요한 질문을 제시하고, 단기적 성취와 장기적 성취를 모두 달성할 수 있어야 한다고 강조한다.

또한 조직은 결과가 산출되고 있는지를 제대로 평가해야 한다. 정량적 평가와 정성적 평가가 모두 필요하다. 드러커는 정량화에 따른 위험을 경고한다. 변화의 폭과 깊이를 파악할 수 있는 정성적 평가도 정량적 평가만큼 중요하다고 강조한다. 이어 평가를 통해 강화할 것과 폐기할 것을 선택하고 집중해야 한다는 과제를 말한다. 더 이상 의미 있는 결과를 산출하지 못하는 일을 폐기하는 것은 경영자가 발휘해야 하는 중대한 책임이다.

드러커와 나는 결과를 제대로 정의하고, 결과에 대한 체계적 평가를 통해 개선을 위한 피드백을 하고 활동을 조정해 나가는 뛰어난 조직의 사례를 살펴본다.

1

결과의 의미를 제대로 알고 있는가

나　　드러커 박사님, 이제 네 번째 질문입니다. '우리의 결과는 무엇인가'라는 질문입니다. 박사님이 항상 강조하시는 질문이기도 하죠. 앞선 세 가지 질문이 이념이나 정신에 대한 것이라면 이 질문은 이를 실현하는 행동에 대한 질문입니다.

드러커　　사실 지겹도록 얘기했지. 내가 통합적인 경영이론을 정립하기 위해 저술한 첫 번째 책인 『경영의 실제(The Practice of Management)』(1954)를 쓰고 나서, 두 번째로 쓴 책이 바로 경영의 실행에 초점을 맞춘 『피터 드러커, 창조하는 경영자(Managing for Results)』(1964)였네.

나　　경영의 궁극적 목표는 결과에 있다는 말씀이시죠. 그런데 좀 더 설명해 주시면 좋겠습니다. 모든 조직은 목표나 결과를 늘 고민하고 얘기합니다. 기업은 매출액이나 이익, 대학교라면 취업률이나 연구 실적, 병원이라면 완치율이 중요한 결과죠. 이미 잘 알고 있는데 결과를 정의하는 질문이 또 필요한 것인가 하는 의문이 들거든요.

드러커　　실상은 그렇지 않네. 조직이 달성해야 하는 결과가 진정으로 무엇인가는 쉽게 대답할 수 없는 것이야. 단 하나로 정의할 수도 없고, 우선순위를 정해야 하는 문제일세. 또한 환경 변화에 따라 달라지기도 하니까 말일세. 많은 경우 결과가 무엇인지 정의를 내리는 일은 쉽지 않아. 나는 몇몇 미국 중서부 대학과도 일을 해왔는데, 그런데 그곳의 결과는 무엇일까? 하버드 로스쿨에 몇 명을 보내는 것인가?(드러커, 2011: 336) 나는 많은 조직을 컨설팅하면서 경영자들을 만나왔지만 결과라고 생각하는 것이 결과가 아닌 경우가 많았어. 대개 산출물을 결과라고 오해하는 경우가 많았고 고정된 생각에 빠져 있는 경영자가 많았지. 무엇인가를 목표로 선택했고, 무엇인가를 산출하고 있으니 결과를 만들고 있다는 안이한 생각에 빠져 있는 경영자들도 있고. 경영의 책임이란 '올바른 결과'를 만들어내는 것에 달려 있다는 기본 사실도 잊어버리고 말이지.

나 어떤 오해와 오류가 있을까요?

드러커 가장 흔한 오류는 결과와 의도를 구분하지 못하는 것인데, 결과는 의도와는 전혀 상관이 없어. 어떤 비영리조직 경영자들은 결과를 만들어내지도 못하면서 자신은 선한 의도로 일을 하고 있다고 자부심을 드러내는데, 이것은 참 우스꽝스러운 모습이야. 선한 의도만으로는 어떤 것도 만들어내지 못한다는 진리를 명심할 필요가 있네.

나 박사님이 어느 책에선가 말씀하신 우화가 생각나네요. 영국의 전 총리였던 존 피트 주니어John Pitt Jr.가 천국에 갔을 때 베드로를 만난 얘기 말입니다. 베드로가 "왜 당신이 천국에 갈 자격이 있다고 생각하는가?"를 질문했고, 존 피트는 자신은 "도둑질도 안 했고 간음도 하지 않았다"라고 답변했습니다. 베드로가 한 다음 말이 걸작이었죠. "신은 하지 않은 일이 아니라 한 일을 따진다네." 착한 일을 하고 있다는 것이 곧 올바른 일을 하는 것이 아니며, 노력하고 있기 때문에 일하고 있다고 주장할 수 없다는 말과 상통한다고 생각합니다.

드러커 그렇지. 모든 심판관은 의도에는 관심이 없어. 그들은 오직 실제로 달성한 결과만을 보네. 오늘날의 심판관은 바로 고객이고 말이지.

산출물은 결과가 아니다

나 그렇다면 먼저 산출물과 결과를 분명하게 구별해야겠습니다.

드러커 산출물output은 '조직이 활동을 통해 만들어내는 모든 것'이야. 대표적인 산출물은 상품이지. 화장품 회사가 만드는 화장품이고 철강회사가 생산하는 자동차용 철강이지. 그런데 이것들을 결과라고 말할 수 있을까? 산출물이 바로 결과outcome는 아니야. 결과는 '가치가 있는 산출물'을 말하네.

나 맞습니다. 그런데 어떤 점에서 가치가 있다고 말할 수 있을까요?

드러커 사명과 고객이 심판관이지. 조직의 사명을 달성하는 데 기여하는 것이면서 고객이 원하는 것을 실현시켜 주는 모든 성과(제품과 서비스, 이와 연관된 주요 업적)가 바로 결과라네.

나 그렇다면, 다음과 같은 경우를 결과라고 말할 수 있겠네요.

올바른 결과의 예

- **시어스 로벅**Sears, Roebuck and Company: 미국 시민을 위한 구매자/ 전국적 규모의 상품 유통 기업이다. 시어스 로벅은 원래 시계를 파는 조그만 회사였다. 그러나 삶을 편리하게 만드는 상품에 대한 고객 욕구에 부응하기 위해 종합 유통 기업으로 사업을 전환한다. 1893년에 주로 농부를 고객으로 하는 카탈로그 우편 사업을 시작했다. 이 회사는 다른 유통업체들이 손쉽게 찾아갈 수 없는 농장이나 시골을 상대로 광범위한 제품을 염가로 판매함으로써 급속히 성장한다. 이때 전문적 상품기획, 대량 제조 시설, 유통망을 새롭게 구축했다. 이후 도시 외곽이 성장하자 직접 소매점을 만들어 새롭게 유통을 확장한다. 1925년 최초의 소매점이 개설되었고, 이에 따라 소매점 유통으로 사업을 재구축했다(드러커, 2006: 50~58).

- **애플**: 디지털콘텐츠를 편리하고 쉽게 사용하는 생태계를 제공한다. 휴대용 음악기기mp3인 아이팟ipod을 개발하고 음악 다운로드 사이트인 아이튠즈iTunes를 통해 저렴한 가격에 원하는 음악 콘텐츠를 쉽게 사용하도록 했다. 애플이 mp3를 만든 최초 기업은 아니었다. 애플은 가수, 저작권자(음반 회사 등)와 개인 사용자가

모두 만족할 수 있는 시스템을 만든 것이다. 아이튠즈는 현재 음악, 영화, 서적, 앱 등 다양한 종류의 콘텐츠를 이용하는 허브로 발전했다.

- **오레노 식당**: 일본의 요식업계를 혁신하고 있는 기업이다. 최고급 요리(이탈리아, 프랑스 등)를 시중 가격의 3분의 1에 판매하는 레스토랑 체인(원가율은 50% 이상)이다. 높은 가성비(가격 대비 성능)에도 높은 고객회전율로 이익과 고객만족을 동시에 달성했다. 고객은 최고의 요리사가 만드는 고급 요리를 시내 중심가에 있는 가게에서 3분의 1 가격으로 편리하게 즐길 수 있다. 이러한 성과 창출이 가능한 것은 혁신적인 사업 모델에 있는데 체계적인 경영시스템과 헌신적으로 일하는 직원이 성공의 핵심 요인이다. 도쿄 핵심 상업지구에 점포 개설, 스탠딩 테이블, 미슐랭 셰프가 만드는 음식, 셰프에게 메뉴 개발, 식자재 구매, 직원 관리에 대한 자율권 부여 등을 했다(사카모토 다카시, 2016).

드러커 적절한 사례군. 자네가 언급한 기업들은 고객의 필요에 대한 명확한 판단을 통해 사명을 정의하고 이를 실현한 결과를 만들어냈네. 또한 환경 변화에 따라 의미 있는 결과를 다시 정의했고 말이야. 그렇지만 이런 기업을 만들기란 무척 어렵지. 물론 경영자들이 들인 노력이 부족하다는 말이 결코 아니네.

나 결과를 제대로 이해하지 못하면 아무리 노력해도 소용없다는 말씀이라고 생각합니다. '결과로서 의미가 있는 것은 무엇인가?'에 대해 경영자들이 철저하게 생각해야 한다는 말씀이 이해됩니다.

결과는 외부에 있다

드러커 올바른 지적이야. 많은 경영자들은 왜 열심히 노력하고 있는데도 자신들이 달성한 결과가 부실한지를 의아해하는데, 잘못된 대상을 향해 노력한다면 무슨 소용이 있겠나? 항해를 하려면 목적지를 분명히 하고, 항로를 제대로 정해야 하지 않겠나?

나 아픈 지적이지만 인정합니다. 그렇다면 어떻게 올바른 결과에 대해 사고할 수 있을까요?

드러커 먼저 "결과는 외부에 있다"라는 나의 말에서 시작해 보지.

나 박사님 말씀은 조직의 판단과는 무관하게 고객이 중요하게 생각하고 받아들이는 것이 진짜 결과라는 뜻이지요? 이 말은 당연합니다. 그렇지만 처음에 들었을 때는 생소했습니다.

드러커 그럴만한 이유가 있지. 대개 기업은 매출액이나 이익 같은 재무성과를 중요한 결과라고 생각하고 있어. 물론 이것들은 경제적 성과를 추구하는 기업 입장에서는 중요한 결과 지표지. 그런데 이것들만이 중요한 것은 아니야. 그리고 재무성과에만 치중하게 되면 매우 심각한 문제를 만들게 되네. 결과란 조직 내부에 있는 어떤 것으로 생각하게 되는 것이지.

나 조직의 성과로 집계되는 지표를 중시한다는 말씀이시죠?

드러커 그렇네. 매출액 같은 계량지표는 목표 설정이 명확하고 측정하기도 용이하니까 경영자가 생각하기에는 매우 합리적인 것이야. 그리고 이러한 목표를 달성하려고 노력하면 무엇인가가 만들어지니까 말일세. 그렇지만 본질적으로 기업 내부에는 어떠한 것도 의미 있는 결과란 없어. 조직 내부에는 오직 비용과 노력만 있는 것이야. 진정으로 고객의 삶에 필요한 어떤 것을 성공적으로 제공하는 것이 조직의 목적이고 이를 제대로 달성하는 성과만이 결과라고 말할 수 있는 것이네. 매출이나 이익도 결국 고객이 상품을 사줘서 달성한 것이 아닌가?

나 잘 알겠습니다. 따지고 보면 매출액이나 이익은 기업이나 주주 관점에 치우친 것이고 경영자를 위한 결과이지, 고객 관점에서 보면 하등 중요하지 않습니다. 사실 어떤 고객도 기업이 얼마나 많이 팔든지 돈을 벌든지 신경 쓰지 않죠.

드러커 경영자들이 재무적 결과를 중시하는 것은 주주 관점에서만 바라보는 견해에 불과하네. 주주들은 기업이 돈을 잘 벌어서 많은 배당이나 주식 가치 상승을 통해 자신에게 이익을 주기만을 바라지 않나?

나 그렇지만, 기업이 주주에게 투자의 대가를 제공하는 것은 당연하지 않나요? 특히 공개시장에 상장된 기업의 경우에는 매우 중요한 문제입니다. 주주 혹은 투자자들은 이익을 민감하게 따집니다. 조금이라도 이익이 시장의 기대치와 다르면 주가에 영향을 주고, 그에 따라 CEO의 거취가 결정되기도 합니다.

드러커 나도 그런 상황은 잘 알고 있네. 그런데 본질을 잘 구별해야 하네. 금융시장은 단기적 결과에 초점을 둔 시장이야. 그래서 기업에 과도한 요구를 하고 있고 주주들도 진정한 주주라기보다는 투자자에 가깝지.

나 그렇기는 합니다.

드러커 금융시장이 기업을 경영하는 것이 아니라 기업가가 경영을 하는 것이네. 그리고 기업가는 사업이 목적으로 하는 가치를 창출하고, 그것도 지속적으로 창출하는 것에 초점을 맞춰야 하네. 과연 주주 이익만이 기업이 창출해야 하는 가장 중요한 결과가 될 수 있을까? 많은 경영자들이 이렇게 생각하고 있는데 이것은 전혀 당연한 신념이 될 수 없어. 미국 산업계를 이끌어온 제너럴 일렉트릭GE을 이끈 CEO도 그렇게 생각하지 않았지.

> 1950년대로 돌아가 보면 당시 GE는 랠프 코디너Ralph Cordiner(1900~1973)를 CEO로 초빙했다. 그는 GE를 재조직했고, GE의 결과를 어떻게 측정할지를 파악하려고 노력했다. 코디너는 기초적으로 주주의 이익은 중요하지 않다는 가정하에 경영을 했다(드러커, 2011: 336).

요점은 진정으로 의미 있는 결과를 주주 이익으로 대표하는 것은 잘못되었다는 것이야. 주주 이익은 기업이 의미 있는 결과를 성취하면 경제적 성과로서 따라오는 것이지.

나　　네, 잘 알겠습니다. 그렇다면 기업이 아닌 다른 조직을 모두 포함해서 결과를 어떻게 설명하면 될까요?

드러커　　사회를 위한 사명을 가지고 있고, 고객을 위해 존재하는 모든 조직에게 결과란 동일한 의미를 가지는 것이네.

결과의 의미

- 결과는 항상 조직 밖에 존재한다.
- 경제적 성과, 사회적책임, 영향력을 포함한다.
- 고객의 '변화된 삶': 행동, 환경, 건강, 희망, 능력, 역량으로 표현된다.

나　　음, 박사님은 결과를 포괄적으로 정의하고 계시네요. 결과는 조직 바깥에 있다는 것, 또한 결과가 경제적 성과 외에도 사회적책임, 영향력 등 다른 부분을 포함한다는 점도 동의합니다. 그런데, '경제적 성과'라는 개념을 정확하게 정의할 필요가 있지 않을까요? 대개 기업 경영자들은 상품을 잘 팔고, 돈을 잘 버는 것을 경제적 성과로 이해하고 있습니다.

매출액이 아니라 경제적 성과

드러커　　앞에서도 말했지만 매출액이나 이익, 혹은 현금흐름 같은 재무지표를 결과의 모든 것으로 간주하는데, 이는 전적인 오해야. 이들은 기업이 잘하고 있다는 것 외에는 말해주는 것이 없네. 대표선수가 아니란 말일세. 잘하고 있다고 해서 완전한 것은 아니라네. 매출액이 높지만 도산하는 기업도 있고, 높은 이익을 올렸지만 혁신에 실패해서 초라하게 퇴장한 기업도 많지. 나는 처음부터 경제적 성과라는 표현을 사용했네. 경제적 성과란 '부 창출 능력의 극대화'를 의미하네. 기업이 자원을 생산적으로 활용해서 더 큰 부를 창출하는 능력을 향상하는 것을 말하지. 기업이 생존을 넘어 지속가능하려면 부 창출 능력을 높여야 하지 않겠나? 이를 성취하는 것은 경영자가 기업에 대해 부담하는 첫 번째 책임이기도 하지.

경제적 성과: 경영자의 책임

경영자가 경제적 성과를 생산하는 데 실패한다면 그는 경영자로서 실패한 것이다. 경영자가 고객이 원하는 재화와 용역을 고객이 지불할 의사가 있는 가격으로 공급하지 못하면 그는 실패한 것이다. 만약 경영자자 자신에게 맡겨진 경제적 자원이 부를 생산할 잠재적 능력을 더욱더 개선하거나, 적어도 그것을 유지하지 못하면 그는 실패한 경영자다(Druker, 2006, 22~23).

나 아, 그렇군요! 잘 알겠습니다. 고객이 원하는 가치를 제공하는 상품을 고객에게 공급하고 대가로서 적절한 매출과 이익을 달성하는 것, 아울러 인적자원이나 물적자원 등 기업이 사용하는 자원의 생산성을 높여서 보다 효과적으로 이러한 결과를 달성하는 것이 경제적 성과인 것이죠.

드러커 제대로 이해했군. 경제적 성과는 기업이 경제적 차원에서 달성하는 성과를 포괄하는 넓고 총체적인 개념이네. 기업 본연의 목적인 재화와 서비스를 고객에게 제공하는 일을 탁월하게 하면서 고객을 만족시키고, 사회를 풍요롭게 하며 그 결과로 기업을 성장시키는 것을 말하지. 따라서 혁신이 바탕에 있는 것이네.

나 현대인은 오래전에 살았던 왕보다도 풍요로운 생활과 혜택을 누리고 있습니다. 이 풍요는 결국 기업이 혁신을 통해 경제적 성과를 제대로 창출했기 때문이라고 생각합니다.

드러커 하하, 맞는 말이네. 또한 중요한 관점이 하나 있네. 경제적 성과를 시간 차원에서 이해해야 하지. 예를 들어 성과는 언제 달성한 것인가? 단지 올해의 성과를 말하는 것인가? 그렇지 않네. 성과는 현재와 미래를 포괄해야 하지. 왜냐하면 기업은 언제나 생존과 지속가능성 간의 균형을 확보해야 하기 때문이야.

나 현재 하고 있는 사업에서 적절한 매출과 이익을 달성하면서도 미래의 성장을 위한 기반을 갖춰야 한다는 말씀이시죠?

드러커 그렇네. 그런데 이 요구가 말처럼 쉽지가 않아. 제약회사를 예로 들어볼까? 제약회사는 한정된 자원으로 현재 상품을 위한 마케팅 투자도 하면서 미래 신약을 위해 연구개발에도 늘 투자해야 하지. 만일 어느 한쪽에만 치중한다면 결국은 위험에 빠지게 마련이지 않겠나?

나 박사님이 언급하신 '부 창출 능력의 극대화' 가 이것을 포괄하는 것이군요.

드러커 맞네. 기업의 경제적 성과는 몇 가지 재무지표로 정의될 수 없는 것이야. 단기와 장기, 현재와 미래, 개선과 혁신 등 다양한 관점에서 생각해 봐야 하네. 물론 기업이 참여하고 있는 산업과 기업의 위치에 따라 다양하게 파악될 수 있지.

나 제가 일했던 기업에서 겪었던 일이 생각납니다. 최고경영자는 항상 매출액, 이익을 입에 달고 다니면서 강조했고, 모든 직원이 영업실적 달성에 총매진하는 전투를 치렀습니다. 신상품이나 인재 육성 등 미래를 위한 논의도 간간이 있었지만 제대로 실행되지는 않았습니다. 임원을 포함한 경영자의 시야는 1년을 넘어서지 못했고, 오직 단기적 목표 달성에만 심혈을 기울였죠. 그 기업은 현재 경쟁기업에 많이 뒤처진 기업으로 남아 있습니다.

드러커 경영자의 시야가 경영자의 행동을 정해주는 것이지. 기업은 근해가 아니라 대양을 항해하는 조직이야. 경제적 성과는 이 항해를 할 수 있게 하는 총체적인 성과로서 넓게 해석해야 하네.

사회적책임은 선택이 아니다

나　잘 알겠습니다. 다음으로 사회적책임은 어떻게 이해해야 할까요? 저는 사회적책임이 중요한 결과라는 것에 동의합니다. 많은 기업가와 경영자들도 그렇게 생각하고 있고요. 그런데 개념이 정리될 필요가 있습니다. 영리조직에게 사회적책임이 의미하는 내용은 다소 혼란스럽거든요. 사회적책임 Corporate Social Responsibility: CSR이나 공유가치창출Creating Shared Value: CSV에 대한 얘기가 뜨겁지만, 여러 견해가 있습니다. 말로는 사회적책임을 주창하지만 마음속으로는 이를 받아들이지 않는 경영자들도 많습니다.

드러커　그 점은 잘 알고 있네. 이중장부를 쓰는 경영자들도 많고 그런 기업도 수두룩하지. 기업은 분명하게 사회적책임을 갖고 있는 조직이야. 다만, 그 책임의 범위를 잘 구분해야 하지.

나　어떤 말씀이신지요?

드러커　먼저 조직의 본질을 생각해 보게나. 영리를 추구하든 그렇지 않든 간에 사회에 유용하지 않은 조직은 존재할 가치가 없어. 사회에 대한 공헌은 기업의 본질에서 나오는 기본적 책임이네.

나　마피아가 조직이 아닌 이유이기도 하죠.

드러커　하하, 틀린 말은 아니야. 기업은 사회 속에 있는 조직으로서 사회와 올바른 관계를 맺어야 하네. 즉, 기업은 사회와 교환관계에 있기 때문에 언제나 사회에 책임을 져야 하는 것이지. 인간(노동력), 인프라(도로, 에너지, 공공행정), 자연환경(물, 땅, 광물 등)을 사용해서 상품을 제공하는 것이 기업의 본분 아닌가? 기업은 자원을 생산적으로 활용하면서 사회에 해를 끼치지 않고 사회가 필요로 하는 상품을 제공해야 하는 것이네. 다시 말하자면 기업은 좋은 상품을 만들고, 환경을 보전하고, 직원의 권리를 존중하고 공정하게 대우하며, 지역사회를 보호해야 하는 것이지. 만일 기업이 자신만의 목적을 달성하기 위해 사회에 부정적 영향을 준다면 그것은 본분을 망각한 것이고, 결국 사회는 기업을 용서하지 않을 것이네. 사회가 지향하는 기본 가치를 지키면서 사회에 해를 미치지 않는 것, 바로 이것이 기업이 부담하는 최소한의 책임인 것이네.

나 맞습니다, 박사님. 기업활동을 통해서 긍정적인 영향을 미치는 것, 사회를 위해 가치를 제공하는 것은 기업이 결코 회피할 수 없는 최소한의 책임이라고 생각합니다. 그런데 이를 무시하거나 인정하지 않는 기업이 아직도 많은 것이 현실입니다.

드러커 오직 경제적 가치만을 기업이 지향해야만 하는 궁극적 가치로 인식하기 때문이지. 경영자의 탐욕이기도 하고. 그런 기업은 기업으로서 정당성이 없네. 단기간은 자신의 욕심을 채우는 데 성공할 수 있어. 고객을 속일 수도 있고, 잘못된 행위가 드러나지 않을 수도 있지. 그러나 결코 오래 가지 못하네. 결국은 고객이 알아보고 사회가 이를 인정하지 않을 것이네.

나 네. 기업의 역사를 보면 무책임을 넘어서 반사회적인 행동을 하는 기업이 늘 있었습니다. 이런 기업들은 오래지 않아 모두 사라졌습니다. 17세기 아시아, 아메리카를 착취한 동인도회사, 유럽의 튤립 투기를 조장한 회사들, 회계장부를 조작하고 수백만 명의 시민이 사용하는 전력으로 사기 행각을 벌인 미국 엔론Enron도 있죠. 이제 사회적책임을 무시하거나 사회에 해를 미치는 기업은 더 이상 생존할 수 없는 사회로 변하고 있다고 생각합니다.

드러커 그렇네. 사회적책임은 더 이상 경영학 용어가 아니네. 늦었다고 생각할 수도 있지만 기업의 정당성을 고민하고 요구하는 노력은 꾸준히 있어왔어. 1970년대 미국에서 일어난 소비자운동을 얘기해 볼까? 상품을 구매하는 소비자로서 자신이 지불한 대가에 맞는 대우를 요구하는 것은 지금 생각하면 마땅한데, 당시에는 그렇지 않았네. 당시 기업은 정보를 독점한 상태에서 자신의 이익을 위해 상품을 공급할 줄만 알았지 소비자의 권리나 요구에 대해서는 둔감했어. 그런데 랠프 네이더Ralph Nader를 비롯한 지도자들이 이끄는 자율적인 소비자운동이 일어났어. 상품의 품질이나 생산공정의 안전, 환경보전 등 올바른 기업활동에 대한 요구를 하기 시작했지.

나 어떤 일이 일어났나요?

드러커 처음에는 기업은 이러한 요구를 못마땅해했고 무시했지. 나는 소비자운동은 기업이 환영해야 하는 중요한 행동이라고 지적했어. 소비자운동은 기업이 잘못하고 있는 일을 알려주는 것이거든. 따라서 소비자주의는 기업이 거부할 것이 아니라 경영의 핵심 주제로 받아들여야 한다고 생각했네. 이제 미국을 포함한 선진 국가는 소비자가 주도권을 가진 사회가 되었지.

나 맞습니다. 사람들은 단순한 구매자가 아니라 고객으로서 정당한 요구를 자연스럽게 하고 있습니다. 사회적 가치를 준수하라고 기업에 대해 적극적인 행동을 하는 사람도 많아졌습니다. 그런데 어떤 사람들은 소비자 권리를 넘어, 기업의 기본 활동을 넘어서는 행동을 기업에 요구하기도 합니다. 예를 들어 지역사회를 위해 자금을 사용하거나, 어려운 사람들을 도와야 한다든지 말이죠.

드러커 기부나 수익 환원 같은 기업 자선이 생소한 개념은 아니지.

나 그런데 잘 정리가 되지 않습니다. 사회문제 해결에 기업이 나서라는 이러한 요구를 기업은 어떻게 받아들여야 할까요? 그냥 무시하기도 그렇고, 또 받아들이자니 기업의 능력과 활동 범위에 주는 영향이 작지 않습니다.

드러커 음, 쉬운 문제는 아니야. 나는 기업활동을 벗어난 참여에 대해서는 보다 엄격하게 판단해야 한다고 생각하네. 자네는 어떻게 생각하는가?

나 저는 사회적책임은 포괄적으로 정의되어야 한다고 생각합니다. 좋은 상품을 제공하는 일을 넘어서서 사회와 보다 긴밀한 관계를 맺어야 한다고 생각합니다.

드러커 그렇게 생각하는 근거를 말해주겠나?

나 사람들의 기대가 바뀌고 있기 때문입니다. 이제 사람들은 올바른 기업과 올바른 관계를 맺고 싶어 합니다. 저는 이러한 기대가 단지 감상적인 주장이라고 생각하지 않습니다. 또한 그 바탕에는 기업이 사회에서 중추적인 지위를 차지하고 있는 현실도 있습니다.

드러커 좀 더 자세하게 설명해 보게나.

나 지금까지 기업은 부족함을 채우는 풍요를 제공해 왔고 사회는 이를 지지했습니다. 그러나 풍요의 개념은 변하고 있습니다. 지식이 가치를 창출하고, 집단보다 개인의 가치가 중요하게 여겨지고, 세계가 단일시장으로 연결되고 있는 사회에서 풍요는 물질적 가치를 넘어서 인간다운 삶, 함께 성장하는 삶이라는 정신적 풍요를 의미합니다.

드러커 이런 변화가 기업에 어떠한 영향을 줄지 생각해 봤나? 기업은 고객을 위해 가치를 제공하는 조직이야. 이 본질은 변하지 않네. 사람들이 원하는 가치가 바뀌고 있다면 어떻게 해야 할까?

나 사람들은 착한 기업이 아니라 정당한 기업을 기대합니다. 사회는 더욱 좋은 상품을 만드는 기업이 아니라, 정당한 기업만이 생존할 수 있는 사회로 전환하고 있습니다.

드러커 정당한 기업이라는 표현은 나도 지지하네. 나는 기업이 사회를 대표하는 기관으로서 정상적으로 기능하는 사회를 지탱해 주는 핵심 조직이 되어야 한다고 주장해 왔지.

나 그런데 과연 '어디까지가 기업이 마땅히 수행해야 하는 정당한 책임인가'에 대해서는 결론을 내리기가 어렵습니다. 시민 대다수가 지지하는 보편적인 가치, 예를 들어 인권이나 민주적 가치의 증진, 기업과 직접적 관련이 없는 사회문제 해결 같은 넓은 범위까지 기업이 책임을 고려할 수 있을까요? 아니, 고려해야만 할까요? 기업 박애주의나 기업 시민이라는 개념으로 이렇게 접근하는 시각도 있습니다. 20세기 초 미국의 대기업을 이끌었던 존 록펠러John Rockefeller, 앤드루 카네기Andrew Carnegie도 기업의 책임이라는 생각에서 지역사회를 위해 도서관이나 공연장을 만드는 데 상당한 금액을 기부했습니다.

드러커 넓게 정의하자면 공공의 복리를 증진하는 것이 기업이 부담해야 하는 사회적책임이네. 물론, 모든 조직에 해당되는 책임이지. 그렇지만 조직마다 공공복리에 대한 책임을 수행하는 방식과 범위는 달라야 하네. 기업은 먼저 경제적 성과(좋은 상품을 생산하고, 적절한 일과 지위를 제공하고, 사회의 부를 증진하는 것)를 창출함으로써 이 책임을 구현하는 것이야. 만일 기업이 경제적 성과를 달성하지도 못하면서 다른 책임을 떠맡으려고 한다면 이는 본분을 망각하는 것이고 사회로서도 바람직하지 못한 것이네.

나 제대로 기업을 운영하지도 못하면서 지역문제에 개입하거나 정치·사회적 문제에 경영자가 신경을 쓰는 경우가 있긴 합니다.

드러커 그렇네. 따라서 첫 번째 사회적책임은 기업으로서 마땅한 성과를 달성하는 것이지. 그렇지만 사회적책임이 이것에 한정되지는 않네.

나 좀 더 설명해 주시겠습니까?

드러커 사회적책임은 기업이 자유민주사회를 구성하는 신념(자유와 평등, 인권 등)을 조직 안에서 구현하는 것을 포함하는 것이네. 기업도 자유민주사회를 구성하는 조직인 이상 마땅히 이를 지켜야 하지. 그래서 인권을 보호하고 공동체를 배려하고 환경을 보전하는 일은 결과로서가 아니라 과정으로서 모든 활동에서 이행되어야 하는 것이야. 곧 기업이 존재하는 사회에서 넓게 받아들여지는 보편적인 가치를 구현하는 것은 공익을 증진하는 일이네.

나 잘 알겠습니다. 시야가 확 트이는 느낌이 듭니다. 사회적 가치를 준수하는 것은 기본적 책임으로 법에 규정된 내용보다도 더 넓은 책임을 기업에 부여하는 것이군요.

드러커 그렇지. 정리하자면, 기업은 사익을 추구하기 위해 공익을 희생해서는 안 되네. 다른 조직에게도 해당되는 기본 덕목이지. 그리고 궁극적으로 보다 많은 공익적 가치를 증진할 수 있도록 노력해야 하네. 다만, 기업이 가장 잘할 수 있는 방식으로 책임을 구현하는 것이 올바른 방향이고, 이 모든 것이 경영자의 신념에 기초해야만 하네.

나 그래서 박사님께서 『경영의 실제』(1954)에서 "사회적책임 분야에 있어 목표를 어떻게 설정해야 하는가는 각각의 구체적인 기업의 경영자 외에는 결정할 수가 없다"라고 말씀하신 것이군요(드러커, 2006: 128).

드러커 제대로 보았군. 어떤 책임이라도 기업이 사회적책임을 이행할 때 기업의 자원을 사용하게 되므로 기업은 영향을 받게 되고, 또 책임을 이행하는 기업으로부터 사회가 영향을 받는 것이 아닌가? 그래서 기업의 사회적책임은 구체적인 사회적·정치적 조건에 부응해야 하는 것이네. 경영자는 기업이 이행해야 하는 책임을 신중하고 사려 깊게 판단하고, 그에 따라 책임을 실천해야 하는 것이네.

나 네. 잘 알겠습니다. 그러고 보니 사익 추구가 공익에 저절로 도움이 된다는 시장만능주의는 명백한 오류라는 것을 확실히 알겠습니다. 이를 빙자해서 많은 기업이 공급업체 약탈, 환경오염, 노동자 희생 등 공익을 희생시키면서 사익을 추구했죠. 기업은 사회와 함께 하는 조직으로서 공익의 틀에서 자신의 이익을 조화시켜야 합니다.

드러커 잘 정리했네.

책임에 대한 경영자의 인식

나　　그런데 기업이 이렇게 정당하게 행동할 것인가에 대해 낙관하기가 어렵습니다. 기업이 사회에 본격적으로 등장했던 19세기 초에 수필가 윌리엄 해즐릿William Hazlitt이 기업에 대해 냉소적으로 말한 것이 사실일지도 모르겠습니다.

> 법인체는 개인들보다 훨씬 더 추악하고 방종하다. 왜냐하면 그들은 잘못을 저지를 수 있는 더 큰 힘을 갖고 있지만, 불명예와 처벌을 받을 필요는 훨씬 적기 때문이다. 법인은 수치를 느끼지 않으며, 후회하지도 않고, 자비를 베풀지도 모르며, 선행도 하지 않는다(이재규, 2017: 96).

2001년 엔론 사태, 2008년 글로벌 금융위기는 결정타가 되었죠. 기업에 대한 사람들의 불신도 매우 커졌습니다. 사회를 대표하는 조직인 기업에 대한 불신은 사회 안정을 해치는 심각한 문제이기도 합니다.

드러커　　나도 그 점은 동의하네. 이익 지상주의에 빠진 기업들로 인해 사람들이 이익과 기업을 불신하도록 만들고, 이로 인해 산업사회의 기반이 흔들리는 것에 대해 자주 경고했지.

나　　겉으로는 사회적책임을 부인하는 기업은 거의 없습니다. 아마 하나도 없을 것입니다. 그런데 아직도 많은 경영자들이 마지못해 사회적책임을 받아들이고 있습니다. 진정성 없는 사회적책임은 결코 긍정적인 영향을 미치지 못합니다. 결국 기업에 위기를 야기하고 사회에 해를 미칩니다.

드러커　　좀 더 얘기해 주겠나?

나　　글로벌 석유 회사인 BPBritish Petroleum가 일으킨 딥워터 호라이즌Deepwater Horizon 원유 유출 사건은 상징적인 사건입니다. 기업이 잘못할 때 사회가 겪는 엄청난 피해, 겉으로는 책임을 말하면서 보이지 않는 곳에서 사회에 해를 끼치는 기업의 이중적인 태도를 잘 드러내는 사건입니다.

딥워터 호라이즌 원유 유출 사고•

이 사고는 2010년 4월 20일 미국 멕시코만에서 석유 시추 시설이 폭발하고, 이후 5개월 동안 대량의 원유가 유출된 사고이다. 이날, 미국 루이지애나주 멕시코만에 있는 연 매출 246조 원의 영국 최대 기업이자 세계 2위 석유 회사인 BP의 시추선인 딥워터 호라이즌 석유 시추 시설이 폭발했다. …… 가스가 유정에 새어 들어가면서 폭발이 일어났고, 5500m 떨어져 있는 해상 시추선에 불이 붙었다. 원유 시추가 진행 중이던 시추공에서 원유가 부근의 멕시코만으로 흘러 들어갔으며, 미국 역사상 최악의 해상 기름 유출 사고를 일으켰다. 이어 원유가 계속 유출되면서 지구 역사상 유례가 없는 최악의 환경 재앙이 시작되었다. 미국 해안경비대와 BP는 3개월 넘게 석유의 유출과 확산을 막기 위해 이런저런 시도를 했으나 모두 실패했다. 폭발로 11명의 시추 노동자가 사망했고 18명이 부상당했다. 원유 유출로 인한 기름띠는 적어도 6500km^2 넓이의 바다를 뒤덮었고, 5월 말 기준 한반도 면적을 넘어섰다. 사고 후 87일 동안 2억 1000만 갤런의 원유가 멕시코만으로 흘러들었다. 이 사고는 근처 어장을 망가뜨리고, 해양, 야생 동물 거주지에 가시적인 타격을 주었으며, 수산업과 관광업에도 막대한 피해를 끼쳤다.

BP 측이 석유 시추 시설을 건설하면서 시간과 비용 절감을 위해 안전을 무시한 부실시공을 했다는 점이 드러났다. BP는 사고 발생 4일 전 하청 시공사로부터 "유정을 고정시키기 위해 내관 로드centralizer 21개가 필요하다"라고 요청을 받았으나, BP는 6개를 설치하고 작업을 마쳤다. 또한 사고가 난 유정에 더 안전한 '선형 타이 파이프'를 사용하지 않고 '긴 문자열 파이프'를 사용해 700만 달러에서 1000만 달러가량의 비용을 절감했다고 한다.

또한 BP는 원유 유출량과 사고 영향을 축소하고 안이한 대응으로 많은 비난을 받았다. …… 또한 BP의 CEO인 토니 헤이워드 회장은 이번 유출 사건을 놓고 "넓은 바다에 석유 조금 쏟아졌을 뿐이다"라고 말해 국민들을 분노케 했다. 사고 이전까지 BP는 안전한 석유 시추와 환경보전에 앞장 서는 선도 기업으로 자신을 홍보했었다.

• 이 글은 위키피디아(https://ko.wikipedia.org/wiki/딥워터_허라이즌_기름_유출_사고)를 참조해 요약·정리한 것이다.

드러커 위선은 비록 시간이 걸리지만 언젠가는 본 모습을 보이는 법이지.

나 네, 맞습니다. 글로벌기업 사례를 말씀드렸지만 최근 수년간 한국에서도 기업의 비윤리적 행태, 법과 질서를 무시하는 행위가 수면 위로 드러나 심각한 사회문제가 되었습니다. 여러 재벌 기업이 과거 정치권력과 결탁한 사건도 있었고, 기업지배권을 둘러싼 형제간의 분쟁, 위장 계열사를 숨기고 탈세하는 행위, 종업원의 인권을 유린하는 갑질 행위 등 여러 사건이 드러났습니다. 이런 사건에 등장한 기업들에 모두 사회 공헌 조직이 있다는 공통점도 있습니다.

드러커 그렇군. 어떻게 이런 진정성 없는 기업 행위, 사회에 해를 미치는 행위를 그만두고 정당한 기업으로서 행동하도록 할 수 있을까?

나 저는 경영자들이 고객불만을 줄이고 인기를 얻기 위해서, 즉 마케팅 수단으로서가 아니라 기업의 본래적인 책임으로서 사회적책임을 철저하게 인식하고 받아들여야 한다고 생각합니다. 사회에서 기업이 차지하는 역할이 너무나도 커졌기 때문입니다.

드러커 나도 같은 생각이네. 모든 경영자가 인간과 사회를 바탕으로 하는 기업의 역할과 책임, 기업에 대한 경영자의 책임을 진지하게 고민하고 기업이 하는 행동이 누구에게라도 받아들여질 수 있도록 행동해야 하는 것이지.

기업과 경영자의 사회적책임에 대한 드러커의 주장*

- 사회에 도움이 되는 것은 무엇이든 간에, 사회를 강하게 하고 또 사회의 번영을 촉진하는 것은 무엇이든 간에, 그것을 기업의 강점과 번영과 이익의 원천으로 만들려고 노력해야 한다(128).
- 경영자는 공익에 부합하게 행동할 책임이 있으며, 경영자는 윤리적 행동 기준에 적합하게 행동해야 하며, 그리고 경영자는 자신의 사익 추구와 사적 권한 행사가 공공의 이익과 개인의 자유를 침해할 우려가 있는 경우 언제나 그것의 추구와 행사를 자제해야 한다(557).

- 경영자의 사회적책임은 경영자의 모든 행동의 기초가 되어야만 한다. 기본적으로 경영자의 사회적책임은 경영자가 윤리적으로 행동해야 한다는 것을 뜻하는 것이다(558).
- 기업의 사회적책임 가운데 첫 번째는 이익을 내는 것이고, 그다음 책임은 기업의 성장이다. …… 경영자는 경제활동에서 일어나는 위험을 보상할 수 있을 정도로 충분히 이익을 산출하여 부를 생산하는 자원을 감축하지 않고 유지해야만 한다. …… 기업이 적절한 이익을 창출하지 못하면 사회는 고스란히 손실을 떠맡아야 하고, 기업이 혁신과 성장에 성공하지 못하면 그로 인한 궁핍은 지역사회 주민들의 몫이 된다(562~563).
- 무엇보다도 중요한 것은 경영자는 기업의 모든 정책과 활동이 사회에 미치는 영향이 무엇인지를 미리 검토하지 않으면 안 된다는 사실을 인식하는 것이다. 자신의 행동이 공익을 증진하는 것인지, 사회의 기본적인 신념을 강화하는 것인지, 사회의 안정성과 강점을 증가시키고 또한 조화를 도모하는 데 기여하는 것인지 심사숙고해야 한다는 말이다(565).
- 진실로 공익에 속하는 것은 그것이 무엇이든 간에 기업 그 자체에게도 이익이 되도록 만드는 것이 경영자의 사회적책임이다. …… 경영자는 공익과 자신의 이익이 일치하도록 만들어서 일반 대중과 개인이 조화롭게 살 수 있도록 해야 한다(568).

나 박사님의 조언을 깊이 새기겠습니다. 경영자들에게도 진지하게 생각하도록 권하겠습니다.

긍정적인 영향력

나 세 번째 결과인 '영향력'은 자연스럽게 연결됩니다. 기업이 하는 모

• 이 글은 드러커(2006)를 인용한 것이며 페이지만 표기했다.

든 행동이 포괄적으로 사회를 위한 것이 되어야 한다는 뜻이죠? 예를 들어 더욱 많은 고용 기회를 제공하고, 사람을 성장시키는 기회를 제공하고, 지역사회를 발전시키는 기여를 하는 일 말이죠.

드러커 맞네. 기업은 경제활동을 통해 많은 사람, 조직과 관계하고 사회에 중대한 영향을 끼친다는 점을 생각해 보면 알 수 있지. 기업은 많은 사람을 고용하고 이들이 오랜 시간을 보내는 사회 조직이고 또한 상품을 생산하는 과정에서 많은 공급업체, 유통 조직과 관계를 맺네.

나 박사님이 『기업의 개념(Concept Of The Corporation)』(1946)에서 기업의 위상을 잘 말씀해 주셨습니다. 기업은 현대사회를 대표하는 가치(자유와 인권, 정당한 노력에 대한 대가가 주어지는 사회 등)를 대변해야 한다는 지적이 인상 깊었습니다.

드러커 그렇네. 이것은 당위적인 주장이 아니야. 기업은 사람들의 삶에 중대한 영향을 미치고 있지 않은가? 또한 사회는 기업에게 자유와 혜택을 제공해 왔어. 그렇다면 기업이 긍정적이고 선한 영향력을 미쳐야 한다는 것은 당연한 요구인 것이지.

나 최근 한국 사회는 심각한 위기에 빠져 있습니다. 저성장, 대기업 위주 경제구조, 청년실업, 가계부채라는 경제 문제 외에도 저출산, 고령화, 양극화라는 사회문제도 심각합니다. 실업과 비정규직의 증가는 가장 심각한 문제입니다. 추세가 꺾이지 않고 악화되고 있으니까요. 오죽하면 불과 몇 년 전인 2016년에는 국회에서 일하는 청소 용역 직원들을 국회가 수년 만에 드디어 정규직으로 전환했다는 뉴스가 신선했을 정도입니다.

드러커 그런 얘기를 듣고 나니 안타깝군. 기업가와 경영자라면 이러한 문제를 해결하는 데 어떠한 기여를 할 수 있을까를 심각하게 고민해야 하네. 모든 사회적 문제를 기업이 해결할 수는 없고, 또 해결하려고 노력해서도 안 되지. 그렇지만 기업이 보유한 자원과 역량을 통해 어느 정도는 영향력을 발휘할 수는 있지. 내가 1940년대 중반에 제너럴모터스를 컨설팅할 때 만났던 어느 고위임원은 제너럴모터스가 근로자를 교육해야 한다는 신념을 가지고 있었네. 단지 공장을 돌리기 위해 필요한 인력을 고용하기 위해서가 아니라 제너럴모터스 같은 대기업이 인간을 성장하도록 돕는 기회를 제공해야 한다는 책임감에서 말일세. 이 임원은 실제로 교육기관을 만들고 근로자를 교육시켰네.

나 　　전적으로 동감합니다. 기업가와 경영자의 신념에 따라 얼마든지 긍정적인 영향력을 만들 수 있는 것이군요. 저는 우리나라 기업가와 경영자들이 비정규직 문제를 해결할 수 있는 능력이 충분하다고 생각합니다. 수백 조의 현금이 기업의 곳간에 쌓여 있습니다. 이익에 대한 탐욕을 자제한다면 비정규직 문제는 어느 정도는 해결이 가능합니다.

드러커 　　나도 한국 사회가 다시 창조적인 활력을 되찾기를 기대하고 있다네. 영리조직인 기업이 발휘할 수 있는 영향력이 무엇인지를 경영자들이 진지하게 고민하길 기대하네. 그런데 비영리조직에는 영향력이 무엇을 뜻하는지 생각해 보았나?

나 　　네. 영리조직에 비해서는 명확합니다. 비영리조직은 태생부터 분명한 사회적 가치를 가지고 있으니까요. 비영리조직은 사람들이 고통받는 문제를 해결한다는 근본 목적을 가지고 있습니다. 따라서 비영리조직에게 영향력이란 실제로 문제를 해결하는 변화를 만드는 것이라고 생각합니다. 제가 일했던 비영리조직인 '(재)아름다운커피'는 공정무역fair trade을 통해 저개발국의 가난한 농부들이 자립하도록 돕는 것이 사명인데요, 선진국과 저개발국 간에 이루어지는 불공정한 무역구조를 공정하게 바꿀 수 있는 영향력을 창출하려고 노력합니다.

드러커 　　적합한 사례네. 근본적이고 장기적인 변화를 추구하는 것이 비영리조직의 목적이지. 비영리조직은 경제적 성과보다는 영향력이 더욱 중요한 결과가 되어야 하네. 비영리조직이 '과연 우리 조직으로 인해서 어떤 변화가 만들어졌는가'를 중시하지 않고 투입에 많은 신경을 쓴다면 이것은 잘못된 태도야. 학교는 교육 시간이나 교과목이 아니라 학생들의 성장이 의미가 있는 것이 아니겠나? 물론, 영향력을 측정하기가 쉽지 않아서 그런 점도 있지만 진정한 변화, 결과, 성과를 만들어야 하는 것이지. 그리고 경제적 성과는 영향력을 제대로 창출하기 위한 바탕으로서만 의미가 있는 것이네.

나 네, 저도 같은 생각입니다. 사회가 분화되고 복잡하게 변하면서 해결이 간단치 않은 사회문제가 늘어나고 있는 것이 현실입니다. 따라서 비영리조직의 역할이 더욱 중요해지고 있다고 생각합니다. 자신이 미칠 수 있는 근본적인 영향력이 무엇인가를 비영리단체 경영자들이 명확하게 정의 내리고, 좋은 성과를 만들어내기를 기대합니다.

궁극적인 결과는 변화된 삶

나 마지막으로 언급하신 '변화된 삶'에 대해 얘기하고 싶습니다. 이것은 비영리조직에게 특별히 중요한 결과라고 생각합니다. 고아를 돌보는 구호단체, 학교를 떠난 청소년을 돌봐주는 자원봉사 단체, 혹은 노숙자나 의지할 곳 없는 노인에게 거처를 제공하는 기관 말이지요.

드러커 물론 비영리조직에게는 '사람의 변화'가 가장 직접적이고 중요한 결과가 되어야 마땅하네. 비영리조직이 하는 사업은 인간 자체에 본질이 있기 때문이지. 더불어 비영리조직이 하는 사업은 사람(자원봉사자, 후원자 등)에게 가장 크게 의존하고 있기 때문이네. 이들은 왜 자신의 시간과 재능을 비영리조직에 바치고 있겠나? 공헌과 봉사를 통해 삶의 가치와 의미를 실현하고 싶어서지. 그래서 이들의 바람을 실현하는 것도 비영리조직이 실천해야 하는 중요한 사명이네. 달리 말하자면 비영리조직에게는 사명이 실현되고 있고 제대로 일하고 있다는 가장 중요한 증거는 바로 '사람의 변화'에 있네. 그런데 이것을 규명하는 것이 결코 쉽지가 않아. 자네는 비영리조직에서 일했으니 어느 정도 이해할 텐데, 어떻게 변화를 정의하고 파악할 수 있을까?

나 네, 결코 쉽지 않다는 점을 잘 알고 있습니다. 그렇지만 진지한 고민을 통해 발견해야 한다고 생각합니다. 미국의 경영학자 짐 콜린스Jim Collins도 어느 언론사와의 인터뷰에서 "비영리조직의 성과를 어떻게 정의하는가?"라는 질문에 다음과 같이 대답했습니다.

> '클리블랜드 관현악단'의 사례를 강조하고 싶다. 하는 일은 음악 연주다. '예술 분야에서 임팩트를 측정하는 게 말이 되느냐'고 생각하는 이들이 많을 것이다. 그러나 답은 분명하다. 관현악단의 미션은 더욱 훌륭한 연주를 하는 조직이 되는 것이다. 1987년 당시 총감독이던 토머스 모리스Thomas Morris는 팀원들과 함께 그 미션에 가까이 가고 있는지 결과를 판단할 수 있는 지표들을 만들어냈다. 다른 곳으로 초청받는 횟수가 느는지, 관현악단을 통해 작품을 연주하고 싶어 하는 작곡가가 느는지 등이다. 주관적이지 않느냐고 반문할 수도 있지만 아니다. 미션에 맞게 기준을 세우고 그에 맞춰 결과물을 점검해 나간다는 게 핵심이다(주선영, 2015.5.26).

드러커 동의하네. 결과를 정의하는 일은 결코 간단하지 않지만 반드시 구체적으로 해야 하는 일이지. 사명과 함께 조직이 놓인 환경과 역량을 깊게 고민하는 과정을 거쳐야 하네.

나 네, 잘 알겠습니다. 변화된 삶에 대해 너무 쉽게 생각했던 것을 반성하게 되네요. 저는 한국의 학교가 혁신해야 한다고 생각하는데요, 특히 가장 중요한 고객인 학생의 '변화된 삶'에 대한 비전이 모호한 것이 가장 심각한 문제라고 생각합니다. 대학 입학을 위한 학습에 치중하느라 학생들의 인격이나 교양에 대한 관심은 너무나도 부족합니다. 직업을 갖기 위해 필요한 지식과 스킬을 배우는 것도 학교의 중요한 목적이지만, 한 사람의 시민으로서 주체적으로 살아가기 위한 총체적 역량을 기르는 것이 중요한 목적이자 결과가 아닐까요? 인격과 교양은 이를 위한 중요한 요소인데도, 이것은 전적으로 무시되고 있습니다.

드러커 교육은 늘 어려운 문제였지. 미국에서도 무엇이 올바른 교육인가, 교육기관의 목표와 성과는 무엇인가에 대해 늘 논쟁하고 있네. 한쪽에서는 계획적이고 관리 가능한 교육체계를 통해 평균 이상의 시민을 키우는 데 초점을 두는 데 반해, 미국의 차터 스쿨Charter school이 대표하는 교육운동가들은 개성을 잃지 않는 교육을 중시하지. 중요한 것은 학생의 변화된 삶에 대해 진지한 고민을 계속하고 있다는 점이네.

나 네. 저도 우리나라 교육기관이 정부 정책을 그저 따르거나 교육기관의 유지에 치중하지 않고 변화된 삶에 초점을 맞춰 다양한 고민과 토론, 탐색이 있기를 고대하고 있습니다. 그렇다면 기업은 어떨까요? 기업 경영자에게 '사람의 변화'라는 개념은 생소합니다.

드러커 기업도 이를 진지하게 고려할 필요가 있네. 기업도 사람에서 시작하고 사람에서 끝나지 않는가? 자네는 어떻게 생각하나?

나 기업을 운영하는 주체도 사람이고 또한 기업이 제공하는 상품과 서비스도 사람이 사용하는 것이라는 말씀이시죠? '변화된 삶'은 기업이 추구하는 결과로서 의미가 있다고 생각합니다. 직원은 단지 월급을 받고 일하는 근로자가 아니라 기업과 함께 자신의 삶을 실현하고 있기 때문이지요. 또한 고객도 소비자라는 얼굴 없는 개념을 벗어나 기업과 점점 더 밀접한 관계를 맺고 있습니다.

드러커 오래전에 제너럴모터스를 컨설팅하면서 기업 내부를 지켜볼 기회가 있었네. 이때 나는 기업에서 일하는 사람들에게 기업이 올바른 지위와 보람을 제공해야 한다는 요구를 인식했지. 생애의 대부분을 조직에서 보내는 이들은 자신의 능력을 활용해서 기여할 책임이 있는 사람이기 때문이네. 직원들이 기업 안에서 충만한 삶을 살고 있다는 자각은 매우 중요한 것이야.

나 저도 박사님의 저서 『기업의 개념』(1946)을 읽어보았습니다. "기업은 경제적 조직이면서 사회적 조직, 공동체"라는 말씀이 기억납니다. 또한 조직은 "팔 하나만을 고용할 수는 없다"라는 박사님의 말씀도 생각나네요.

드러커 읽었다니 고맙네. 기업은 경제조직이면서 사회조직이야. 그래서 기업이 직원들에게 어떠한 영향력을 미치는지에 대해 경영자들은 숙고해야만 하네. 직원들이 기업에서 일하면서 긍정적인 삶을 경험할 수 있도록 기업이 어떻게 영향을 미칠까를 생각하는 것이지. 만일, 기업에서의 노동이 직원의 삶에 긍정적이지 못한 경험이 된다면, 이런 상황은 올바른 것일까? 그리고 고객과의 관계는 기업이 자신의 사업과 상품에 대해 어떤 태도를 갖느냐에 달려 있는 문제네. 상품을 생각할 때 단지 기업(혹은 주주)에게 돈을 벌어다 주는 물건으로, 혹은 고객의 필요를 충족시키는 대상으로, 혹은 고객의 삶에 진정으로 중요한 어떤 것으로 생각할 수도 있지. 물론 기업은 경제적 성과를 중시해야 하네. 그러나 이 말이 곧 경제적 성과가 다른 모든 것에 우선한다는 뜻은 아니네. 고객의 눈에, 고객의 마음에 중요한 어떤 것이 되어야만 경제적 성과가 따라오는 것이지 않나? 제품이나 서비스에 무형의 가치를 담아야 한다는 뜻이지.

나 네, 맞습니다. 경영자는 '고객의 변화된 삶을 돕는다'는 말이 무엇을 뜻하는지를 진지하게 생각할 필요가 있습니다. 단지 기능적 욕구 해결을 넘어서 고객이 가진 문제를 해결하고, 고객의 삶에 의미 있는 도움을 주는 것이라고 생각합니다. 뉴발란스를 사례로 말씀드리고 싶습니다.

뉴발란스는 신발이 아니라 치료를 위한 제품을 만든다

뉴발란스는 나이키, 아디다스보다 규모는 작지만 가장 빨리 성장하는 신발 기업이자 높은 고객충성도를 자랑하는 기업이다. 이 기업은 출발부터 전통적인 신발기업과는 다른 가치를 지향해 왔다. 그것은 '치료'를 위해 신발을 만든다는 신념이다. 상생자본주의를 연구하는 미국 벤틀리대학교 라젠드라 시소디어Ragendra Sisodia 교수는 고객에게 사랑받는 기업 사례로 뉴발란스를 설명한다.

> 뉴발란스의 이야기는 20세기 새벽(1906), 매사추세츠주 보스턴에서 시작된다. 33세의 영국인 이민자 윌리엄스 라일리는 신발 착용감을 향상시키기 위해 아치 모양의 받침과 처방전을 만들었다. 이후 그는 발에 문제가 있는 사람들을 돕는 데에 평생을 바치기로 결심했다. 짐 데이비스가 그 기업을 인수했을 때 …… 1972년 보스턴 마라톤이 열린 날, 그는 착용감, 성능, 제품력이라는 세 가지 창립 당시부터의 가치를 지키기 위해 자신을 바치기로 결심했다. 1978년 앤 데이비스(짐의 아내)가 뉴발란스에 합류했을 때, 그녀의 관심은 온통 뉴발란스 가족과 전 세계의 제휴사들을 위한 문화를 만드는 것에 쏠려 있었다. 이제 당신은 왜 뉴발란스가 다른 운동화 생산업체보다 훨씬 발볼이 넓은 운동화를 만드는지 그 이유를 알았을 것이다. 발의 편안함과 치료는 적절한 착용감이 중요하다. 뉴발란스는 치료의 원칙을 기반으로 창립되었고, 치료는 뉴발란스의 DNA 속에 존재한다(시소디어, 2008: 159~160).

드러커 자신이 하는 사업이 무엇인지, 무엇을 고객에게 제공할 것인지는 경영자의 비전과 신념에 따른 것이고 조직이 성취하는 결과로 당연히 정의되어야 하지. 자네가 언급한 사례는 이를 잘 설명해 주고 있네.

2

우리의 결과는 무엇인가?

나 박사님, 이제 결과를 구체적으로 정의하는 것에 대해 알고 싶습니다. 사명과 고객가치로부터 조직이 달성해야 하는 결과를 정의해야 하고, 중요한 결과로서 경제적 성과, 사회적책임, 영향력을 담아야 한다는 것은 알겠지만, 구체적으로 어떻게 하면 올바르게 결과를 정의할 수 있을까요?

드러커 먼저 올바른 결과의 요건을 깊게 생각해 봐야 하네. 그리고 결과를 정의하는 것은 곧 자원을 투입하는 결정을 내리는 것이네. 결과와 자원을 함께 생각해야 하지.

결과, 외부, 기회, 혁신

드러커 먼저 경제적 성과에 대해 생각해 보세. 경영자들이 이 말을 쉽게 정의하지만 이것은 오류라는 점을 앞서 강조했지. 경제적 성과는 총체적인 부 창출 능력 극대화를 달성하는 것이네. 이 관점에서 경제적 성과를 정의하는 것인데, 먼저 경제적 성과에 대한 다섯 가지의 중요한 가정을 제대로 이해해야 하네. 시장에 관한 부분만 제외하면 비영리조직에도 적용되네.

경제적 성과에 대한 다섯 가지의 중요한 가정*

기업의 결과와 자원은 기업 내부에 존재하지 않고 기업 외부에 존재한다

기업 내부에 이익을 만드는 이익센터(profit center: 이익 중심점)는 없다. 오직 비용을 지출하는 코스트 센터(cost center: 원가 중심점)만 있을 뿐이다. 엔지니어링, 판매, 생산, 혹은 회계 등 어떤 기업 활동에 대해서도 확실하게 말할 수 있는 단 한 가지는 그런 활동은 기업의 노력을 소비하고, 비용을 발생시킨다는 사실이다. 결과는 어떤 기업 내부 사람이나 기업이 통제할 수 있는 어떤 것에 의해 영향을 받지 않는다. 결과는 외부 사람에게 달려 있다. 시장경제하에서는 고객에게 달려 있다. 통제경제에서는 정부 당국에 달려 있다.

결과는 문제 해결이 아니라 기회를 활용함으로써 획득된다

문제를 해결함으로써 얻게 되리라 기대할 수 있는 것은 단지 정상 상태로 복구하는 정도의 결과일 뿐이다. 문제 해결만으로는 기껏해야 결과를 획득하는 기업의 능력을 제한하는 요인들을 제거할 수 있을 뿐이다. 진정한 결과는 기회의 발굴에서부터 나온다.

자원이 결과를 창출하려면 자원을 '문제'에 배부하기 보다는 '기회'에 배분해야 한다

경제학자들은 이윤극대화를 매우 강조한다. 이것은 의미가 없는 모호한 주장이다. 기회의 최대화는 의미 있고, 진정으로 명확한 기업가적 직무의 정의다.

문제보다 기회에 초점을 맞추어야 한다. 기회의 극대화는 효율성(efficiency)보다는 효과성(effectiveness)이 기업에게 핵심이라는 사실을 의미한다. 이를 실현하려면 '어떤 일을 올바르게 수행할 것인가?'라고 질문하기보다는 '해야 할 올바른 일을 어떻게 찾을 것인가? 어떻게 그 일에 자원과 노력을 집중할 것인가?'라고 질문해야 한다.

경제적 결과는 단순한 경쟁력이나 경영자의 유능함에서 나오는 것이 아니라 리더십에서 나온다

이익은 어떤 의미 있는 분야에서 특별한 혹은 적어도 분명한 공헌을 했다는 결과로 얻는 보상이다. 이익은 오직 시장이 가치 있는 것으로 수용하고, 그것에 대해 대가를 치를 용의가 있는 어떤 것을 제공함으로써 획득된다. 그리고 가치는 언제나 차별화된 리더십에서 창출된다.

경제적 결과를 산출하길 바라는 기업이라면 고객이나 시장에 실제적 가치를 제공하는 데 있어 리더십을 발휘해야만 한다. 기업이 리더십 지위를 확보하지 못하면 사업, 제품, 서비스는 한계 상황에 직면할 것이다.

리더십 지위는 영원하지 않으며 수명도 짧아질 가능성이 높다

어떤 기업도 리더십 지위를 영구히 안전하게 지킬 수는 없다. 결과가 존재하는 시장, 자원으로서 지식은 둘 다 접근 가능한 것이다. 어떤 리더십 지위도 일시적인 우월적인 지위 이상일 수는 없다.

나 여러 가지를 깊이 생각해야 하는군요. 외부와 결과, 결과와 기회, 결과와 리더십 말입니다. 결과와 기회, 그리고 리더십의 관계는 새롭습니다. 조직이 결과를 얻으려면 철저하게 고객을 탐색하고 혁신해야 하며, 다른 조직보다 월등히 뛰어난 가치를 제공할 수 있는 역량을 갖춰야 한다는 뜻이라고 생각합니다.

드러커 올바른 생각이네. 결과를 얻기 위해 기회를 발굴하는 것은 말 그대로 기업가의 직무라는 나의 말을 명심하게. 기업가적 직무는 곧 혁신을 추구하는 일이지. 따라서 기업가적 혁신이 조직의 본질이라고도 말할 수 있네. 그리고 리더십에 대해서는 분명하게 이해해야 하네. 어떤 경영자들은 기업 규모가 크면 리더십 지위를 얻을 수 있다고 생각하지만 반드시 그렇지는 않아. 작은 기업이 자신만의 전문적인 분야나 영역, 혹은 제품에 집중해서 리더십 지위를 차지하는 사례는 매우 많지.

나 결국 기회에 초점을 맞추게 되면 혁신으로 이어지고, 리더십 지위를 확보할 수 있는 것이군요. 박사님, '태양의 서커스Cirque du Soleil'를 알고 계시는지요? 태양의 서커스는 동물과 광대, 의미 없는 퍼레이드로 구성된 전통

• 이 글은 Drucker(1964:5~8)를 발췌·요약했다.

적인 서커스를 놀랍고 재미있으며 고급스러운 엔터테인먼트로 바꿨다고 평가받습니다. 이를 만든 기 랄리베르테Guy Laliberte는 고객가치를 새롭게 정의하고, 기회를 놓치지 않고 창의적으로 혁신했습니다.

> 랄리베르테는 새로운 유형의 서커스를 상상하기 시작했다. 서커스 공연자들이 창조하는 마술과 인상적인 구경거리로 관객들의 관심을 사로잡고, 관객들이 결과를 쉽게 예상할 수 있는 부분을 없앤 서커스였다. 많은 비용이 들고 공연에 여러 가지 제약이 되었던 동물을 내보냈다. 공연의 주제와 관련이 없으면서 중간에 여러 번 끼워 넣었던, 현란한 무대 위 퍼레이드도 없앴다. 그 빈자리를 채운 것은 한 가지의 주제의 쇼만 가지고 공연하는 유연한 광대들과 곡예사들이었다. 또 입장권의 가격도 큰 폭으로 인상했다. 연극이나 발레, 그리고 오페라와 비교될 수 있을 수준으로 예술성을 창조하고 부유한 성인을 주요 대상으로 하는 쇼를 만든 것이다. 랄리베르테는 퍼포먼스미술, 코미디, 그리고 초현실주의 드라마의 각 부분이 결합된 이 새로운 서비스 모델을 태양의 서커스라고 명명했다(마틴, 2018: 318~319).

드러커 좋은 사례군. 앞에서 말했던 대로 고객가치를 명확하게 규명하고 기회와 혁신을 탁월하게 연결했어. 그리고 자신들이 무엇을 성취해야 하는가, 즉 결과를 명확하게 정의했네. 결과를 통해 효과적인 자원 활용, 기회 초점, 혁신이 자연스럽게 연결되는 것이지.

나 잘 알겠습니다. 올바른 결과란 외부에서 인정하는 것이어야 하고, 기회를 활용하는 혁신을 하는 것이고, 시장에서 리더십 지위를 확보하는 것이어야 합니다. 이를 구현하는 경제적 성과를 정의해야 하고요. 좀 더 자세하게 하나하나 살펴보도록 할까요?

의미 있는 외부

드러커 먼저 경영자는 외부에 결과가 있다는 점을 철저하게 인식하고, 외부에 대해 최소한 다음 다섯 가지를 제대로 알고 있어야 하네.

> **의미 있는 외부**
>
> - 주요한 변화는 항상 조직 외부에서 시작되며, 특히 '비고객'과 함께 시작된다.
> - 조직 내부에는 단지 비용밖에 없다.
> - 외부 정보는 경영자가 가장 필요로 하는 최고의 정보일 수도 있다.
> - 경영자가 적절한 의문을 가질 수 있도록 올바른 정보시스템을 구축해야 한다.
> - 의미 있는 외부 정보를 얻기 위해서는 단 한 가지 방법밖에 없다. 개인적으로 밖으로 나가 그것을 구하는 것이다.

나 고객이 있는 외부를 철저하게 이해하고 이를 바탕으로 기업이 원하는 결과를 정의해야 하는 것이군요. 생각나는 경영자가 있습니다. 일본의 조후지오張富士夫 도요타자동차 회장이 2001년 사장으로 재직하면서 정립한 덕목이 '도요타 웨이TOYOTA Way'입니다. '도요타 웨이'는 '지혜와 개선' 및 '인간성 존중'을 두 개의 기둥으로 해서 도전, 개선, 현지현물, 존중, 팀워크의 다섯 가지 덕목으로 이루어져 있습니다. 이 중 '현지현물現地現物'은 "자신이 한 일의 결과를 현지에서 분명히 확인하라"라는 내용으로 현장에서 보고 듣는 게 무엇보다 중요하기 때문에 이런 덕목을 정했다고 하는군요. 외부 관점과 외부에 대한 지식을 강조하는 좋은 지침이라고 생각합니다.

드러커 그렇네. 두 번째 질문과 세 번째 질문인 '우리의 고객과 고객가치는 무엇인가'에서도 고객에게 직접 묻고 고객의 소리를 경청해야 한다는 점을 강조했지. 이것은 아무리 철저하게 생각해도 지나치지 않아.

나　그런데요 박사님, 경영자는 점점 더 외부보다는 내부에 잡혀 있을 때가 많은 것 같습니다. 임원이나 직원들과 자주 만나야 하고 내부 문제와 씨름해야 하는 일이 진짜로 많습니다. 진정으로 의미 있는 세계와 접촉하지 못하고 사무실에서 시간을 보내는 것이죠. 상위 직급으로 올라갈수록 심해지고, 또 규모가 큰 조직일수록 이런 경영자들이 많다는 것은 심각한 현상입니다.

드러커　내가 컨설팅을 했던 어느 경영자는 회의와 미팅 때문에 도대체 고객을 만날 수 없다고 하소연을 하기도 했네. 그렇지만 변명의 여지가 없어. 외부를 파악하고 변화를 인식하는 것은 경영자가 모든 일에 우선해서 해야만 하는 일이야. 또한 경영자가 중시하는 것이 조직 전체가 중시하는 것을 결정하게 마련이지. 자신이 지금 어떻게 시간을 사용하는지를 냉정하게 점검하고 결과가 있는 외부에 보다 많은 시간을 투자해야 하네. 경영자가 내부 일로 시간을 보내는 것은 조직구조의 결함, 잘못된 직무 체계 등 대부분 조직의 결함 때문에 생기는 문제야. 때로는 모든 의사결정을 통제하려는 경영자의 에고ego 때문이기도 하고. 고객이 있고 시장이 있는 외부를 만나고 외부에서 기업을 경험하지 못하는 경영자는 경영자로서 자격이 없네.

기회, 집중과 혁신

나　네, 알겠습니다. 경영자는 늘 외부를 파악하는 데 최선을 다하고 외부의 시각에서 조직이 제공해야 하는 가치를 판단하고, 이를 구현하는 구매, 제조 등 내부 가치사슬을 개선해야 합니다. 이럴 때만 조직의 자원이 의미 있게 사용됩니다. 그럼, 두 번째 요건인 기회는 어떻게 접근할 수 있을까요?

드러커　기회는 탁월한 결과를 달성할 수 있는 원천이자 혁신의 원천이네. 그 어떤 조직도 문제에만 집중해서는 제대로 결과를 달성할 수 없네.

나 리더십 지위를 얻기 위해서도 혁신은 필요하죠.

드러커 그렇지. 물론 현재 사업이나 상품을 개선하는 일을 통해서도 어느 정도 결과를 얻을 수는 있네. 그렇지만 고객의 바람을 제대로 충족시키는 진정한 결과는 혁신에 달려 있지. 따라서 지속적으로 혁신하겠다는 경영자의 의식적 선택과 체계적 노력이 필요한 것이네. 혁신에는 다음과 같은 의미가 담겨 있네.

혁신의 의미

- 고객가치를 새롭게 충족시키는 모든 것: 상품, 기술, 프로세스, 조직 방식.
- 폐기와 집중을 통한 용기를 발휘하는 것.
- 지속가능한 조직의 핵심 요소.

나 여러 가지 의미가 담겨 있군요. 혁신은 상품만이 아니라 기술, 그리고 기업활동 과정을 포함하고 있고요.

드러커 그렇지. 고객가치를 새롭게 실현할 수 있는 모든 변화와 개선이 혁신이네. 그리고 혁신은 인간의 활동이고, 조직의 활동이야. 그래서 폐기와 집중이 필요한 것이야.

나 네. '폐기와 집중'은 경영자가 말 그대로 인식해야 하는 덕목입니다. 규모에 대한 집착, 성공하고 있는 기존 사업에 대한 고집을 가진 경영자가 많습니다. 현재까지의 성공에 연연하거나 혹은 필요한 일이라며 포기하지 못하는 경영자들은 혁신을 등한시하게 되죠. 결국 조직을 위기에 빠뜨립니다. 현재 온라인콘텐츠 시장의 선두 주자인 넷플릭스Netflix가 사업 초기에 5000만 달러라는 헐값에 당시 비디오 대여 사업의 거인이었던 블록버스터Blockbuster에 매각될 뻔했습니다. 블록버스터 경영자들은 비디오 대여 사업이 너무나도 잘되고 있었기 때문에 이 기회를 날려버렸습니다.

드러커 그런 경우는 결코 희귀하지 않네. 성공하고 있는 경영자들은 잘 버리지 못하지. 화려한 업적을 달성했던 대기업의 경영자들도 그렇고 말이야. 경영에 가장 필요한 도구는 쓰레기통이야.

나 제가 가장 좋아하는 박사님의 멘트입니다.

드러커 하하, 고맙네. 사실, 아이디어가 부족해서 실패하는 경우는 많지 않아. 오히려 혁신의 기회가 왔을 때 이를 낚아채지 못해서 실패하는 경우가 더욱 많지. 예를 들어 일본 기업이 만든 휴대용 트랜지스터라디오가 미국에서 성공했던 이유는 일본이 오직 한 라인에서 생산되는 소수 모델에 집중했기 때문이네. 반면 미국 기업의 제품라인은 별 차이도 없는 많은 모델들을 통제할 수 없을 정도로 과다하게 보유하고 있었지. 그러다 보니 새로운 기회가 왔지만 움직일 수가 없었네. 집중은 결과를 창출하기 위한 관건이야. 다음과 같이 집중해야 하네.

결과를 창출하는 핵심 부문에 대한 집중

- 최대 수익을 창출해 낼 극소수의 제품, 제품라인, 서비스, 고객, 시장, 유통 채널, 최종소비자에게 집중한다. 경영자는 매출이 너무 적거나 혹은 분산되어 주로 비용만 발생시키는 제품에 대해서는 관심을 최소화해야 한다.
- 스태프 부문의 노력도 중요한 결과를 창출할 수 있는 소수의 활동에 집중한다.
- 효과적인 비용 통제를 위해 비용 절감이 기업의 성과와 결과에 중요한 영향을 미칠 소수의 분야에 작업과 노력을 집중한다. 비교적 낮은 수준의 개선으로도 경제적 효과성을 상당하게 향상시키는 분야에 비용 절감 노력을 집중한다.
- 높은 경제적 결과를 달성할 수 있는 소수의 중요한 기회에 인적자원을 투입한다. 특히 지식활용이 효과성에 중요한 일을 수행하는 고급 인적자원을 기회에 집중 배분한다. 특히 기업의 인적자원 가운데 가장 희소하고 값비싸고, 잠재적으로 가장 효과적인 자원인 경영자 또한 기회에 투입해야 한다(드러커(1964: 11~12).

나 집중은 가히 경영의 근본 원칙이라고 생각합니다. 사업 분야, 제품, 고객, 그리고 사람까지 기업이 수행하는 모든 활동에서 지켜야 할 원칙이라는 생각이 듭니다.

드러커 그렇네. 집중은 성장과 성취로 향하는 길을 밝혀주는 등불과도 같아. 개인으로 보면 자신이 꿈꾸는 삶을 살고, 조직으로 보면 조직목적을 실현하는 여정을 해나갈 수 있도록 해주네.

결과를 창출하는 관점

나 대화 내용을 정리해 보면, 결과를 단순하게 생각하는 것이 얼마나 좁고 위험한 생각인지 알게 되었습니다. 외부 관점에서 넓고 깊게 결과를 생각해야만 올바른 결과가 무엇인지를 발견할 수 있는 것입니다.

드러커 잘 이해했네. 결과는 사명을 실현하는 올바른 행동으로 이끄는 목표이고, 성과이며, 반드시 성취해야 하는 것이지. 경영자들은 다음 관점에서 결과를 생각해야 하네.

결과를 찾는 관점

- **초점** Focus: 사명과 비전이 요구하는 것
- **이동** Shift: 무엇을 원하는가에서 무엇에 공헌하는가로
- **바깥에서 안으로** Outside-in: 고객가치를 충족하는 것
- **집중** Concentration: 우리가 가장 잘할 수 있는 것

나 철저하게 사명을 구현하는 것, 외부의 시각에서 가치 있는 것, 가장 중요한 것으로서 고객이 요구하는 것을 찾으라는 것이군요. 그리고 의도나 이

상으로 그치지 않고 실제로 구현되는 결과여야 한다는 점에서 조직 역량과도 부합해야 하고요.

드러커 진정으로 조직이 기여해야 하고 성취할 수 있는 소수의 결과를 발견해야 하네. 그리고는 온 힘을 기울여서 결과를 창조하는 것이지. 결과는 결코 가벼운 것이 아니야

결과를 정의하기

나 이제 이 핵심 요건들과 올바른 관점을 기준으로 진정으로 성취해야 할 결과에 대해서 정의하는 문제를 얘기하고 싶습니다. 어떤 경영자들은 쉽게 생각하고, 또 어떤 경영자들은 어려워하고 힘들어하는 문제입니다. 저도 기업에서 기획임원으로 일하면서 '내가 최선을 다해 이루어야 하는 것은 무엇인가?'에 대해 많이 고민했습니다.

드러커 왜 결과를 정의하는 일이 힘들었지? 결과를 제대로 정의하게 되면 성공의 기회가 비로소 만들어지는 일인데 말일세.

나 경영자가 겪어야 하는 장애요인이 있습니다.

결과를 정의하는 어려움

- **우선순위 설정의 어려움**: 중요한 목표, 중요한 과제가 많다. 어떤 것을 우선해서 달성해야 하는지 판단하기 어렵다. 매출 같은 외형적 결과가 우선이 되어야 하는가? 적정한 이익이 먼저인가? 또한 조직규모가 커서 여러 사업부서가 있는 경우에는 자원을 둘러싼 갈등과 대립도 발생한다.

- **단기적 성취와 장기적 성공 간의 균형**: 조직은 생존하면서 성장해야 한다는 근원적 과제가 있다. 종종 단기적 성취와 장기적 성공 간에 갈등이 발생한다. 미래

신상품을 위한 연구개발과 현재 상품의 성공을 위해 어떻게 자원배분을 해야 하는가?

• **정량적 결과와 정성적 결과**: 결과에는 정량적인 것도 있고 정성적인 것도 있다. 재무성과는 정량적 결과이고 고객 신뢰, 리더십 역량, 협력과 소통 문화는 중요한 정성적 결과이다. 종종 측정이 어렵다는 이유로 정성적 결과를 소홀히 다룬다. 어떻게 정성적 결과를 제대로 정의하고 관리할 수 있을까?

드러커 나도 이해하네. 조직에는 여러 가지 중요한 영역과 활동이 있기 때문에 무엇이 중요한가를 임의적으로 결정할 수는 없지. 모든 것을 얻으려면 결국 어떤 것도 얻을 수 없다는 원칙을 고수해야 하네. 분명하게 소수의 결과를 정의하고 이에 집중해야지.

나 어떤 접근방법으로 이런 어려움을 극복할 수 있을까요?

드러커 먼저 결과가 있어야 하는 영역을 살펴봐야 하지. 즉 의미 있는 결과가 반드시 산출되어야 하는 분야 말이야. 조직의 생존과 지속가능성에 중요한 영향을 미치는 영역들이지. 기업으로 보면 제품 및 제품라인(또는 서비스), 시장(고객 및 최종소비자), 유통 채널의 세 가지가 가장 중요하네. 제품의 중요성은 잘 알고 있겠지만 시장과 유통 채널의 중요성은 잘 모르는 경영자가 많네.

세 가지 결과 영역 Result Area

기업은 중요한 결과가 산출되어야 하는 세 가지 영역이 있다. 제품, 시장, 유통 채널, 이 세 가지 영역은 각각의 영역 자체가 가치와 결과를 창출해 내는 별개의 영역이다. 각 영역은 특별한 수익기여와 함께 특별한 비용을 발생시킨다. 영역 간의 관계와 함께 세 영역은 함께 분석되어야 한다.…… 기업이 낮은 성과를 초래하는 일반적인 원인 중 하나는 이 세 가지 영역 사이의 불균형 때문이다.

포장 식품을 슈퍼마켓을 통해 유통하던 어느 대규모 포장 가공식품 회사가 고급 식품을 개발하고 다른 상품들은 대형 식품유통처를 통해 판매하는 것과 다르게 고급

> 식품 전문점을 통해 유통했지만 실패했다. 고급 식품의 수요자로 생각했던 가정주부들은 대부분이 이런 전문점을 이용하지 않았으며, 전문점을 방문하는 소수의 가정주부들에게는 대형 제조업체에서 만든 가공포장식품은 그것을 무엇이라고 부르든 하급 식품일 뿐이다.
>
> 시장과 유통 채널은 종종 제품보다 더 결정적이다. 제품은 기업 내에 존재한다. 경제적 관점에서는 시장과 유통채널도 기업의 일부분이다. 그러나 시장과 유통 채널은 제품과 관계없이 독자적으로 존재한다. 이 의미가 일차적으로 중요하고, 제품은 부차적이다. ……
>
> 유통 채널은 유통 채널인 동시에 고객이다. 유통 채널은 제품의 유통 채널로서 제품과 적합해야 하고, 시장, 고객, 최종 용도에도 적합해야 한다(Drucker, 1964: 20~24).

나 기업은 가장 먼저 이 영역들에서 경제적 성과를 달성해야 한다는 것이지요? 많은 기업이 이 영역에서 제대로 결과를 산출하지 못한다는 뜻이기도 하고요?

드러커 정확한 지적이야. 기업은 제품, 시장, 유통 채널에서 반드시 성과를 창출해야 하고, 그것도 경쟁자들에 비해 탁월한 수준을 달성해야 하네. 산업의 역사를 보면 내가 말하는 뜻을 알 수 있을 게야. 모든 산업이 초기에 형성되고 곧바로 많은 기업이 참여해서 우글우글하다가 결국에는 소수의 기업이 산업을 지배하는 것을 생각해 보게. 이것은 가장 근간이 되는 이들 세 가지 영역에서 성과 차이가 나기 때문이지.

나 맞습니다. 자동차산업이 대표적이라고 생각합니다. 1900년대 초만 해도 전 세계에서 100여 개 기업이 활동하다가 미국의 경우 포드, 제너럴모터스, 크라이슬러의 3사 체제로 굳어졌고, 현재는 도요타, 제너럴모터스, 폭스바겐, 포드, 현대기아라는 5대 메이커가 세계시장을 지배하고 있죠. 최근에는 신경제의 대표 산업인 인터넷 산업에서도 구글, 페이스북, 아마존, 넷플릭스, 유튜브 등 소수 기업에 의한 독과점체제가 굳어지고 있고요. 그렇다면 이 세

가지 결과 영역으로 충분한 것인가요?

드러커 그렇지는 않네. 내가 『경영의 실제』에서 기업의 목표 영역으로 주장한 여덟 개의 분야(영역)에서 결과를 정의할 수 있어야 하네. 이 분야들은 기업의 생존과 지속성을 위해 충분한 성과가 있어야 하는 것들이지.

기업의 목표 설정 분야

시장점유율, 혁신, 생산성, 물적자원 및 화폐 자원, 수익성, 경영자의 성과와 경영자의 육성, 근로자의 성과와 태도, 사회적책임(드러커, 2006: 101).

나 잘 알겠습니다. 제품, 시장, 유통에서 분명한 경제적 성과를 만들어야 하고, 이를 위해서 구체적인 결과의 목표를 이 여덟 가지 분야에서 정하는 것이지요?

드러커 맞네. 결과는 단 하나가 아니야. 기업이란 사람과 자원이 다양한 활동을 통해 결합해서 성과를 만드는 조직이네. 최소한 이 여덟 가지 분야에서는 진정한 결과, 올바른 성과를 만들어야 하네.

결과를 구성하는 프레임

나 네, 잘 알겠습니다. 그런데 비영리조직의 경우를 살펴보고 싶습니다. 비영리조직은 경제적 영역(시장, 경쟁, 상품 등)보다는 재원 조달, 후원자 확보, 자원봉사자 관리가 더욱 중요한 영역들입니다.

드러커 맞아. 자네가 언급한 영역은 비영리조직에게는 핵심적인 활동 영역들이네. 그런데 문제는 이 영역에서 나타나는 결과가 사명을 실현하는 데 연결되어야 한다는 점이야. 기부금을 많이 확보한다고 해서 기부금이 사명을 실현하는 데 쓰이고 있다는 증거가 되지는 않지. 따라서 '과연 무엇이 우리가 사명에 다가가고 있다는 것을 말해주는가?'에 대해서 쉽게 판단하지 말고 늘 고민해야 하지.

나 어떤 말씀인지 알겠습니다. 많은 사회적기업들이 취약계층 고용 규모를 중요하게 생각하는데요, 취약계층의 자립이 사명인 이상, 고용은 중요한 결과입니다. 그렇지만 고용률이 충분한 결과는 아닙니다. 1차로 고용 창출에 성공했다고 해도 고용된 인력이 일과 경력 계발을 통해 자립할 수 있을 정도로 성장하는지는 불확실합니다. 충분한 관심을 기울이고 효과적으로 노력하는 부분을 파악하기에는 부족한 것이죠.

드러커 그런 문제는 비영리조직에는 기업처럼 숫자로 딱 떨어지는 보텀 라인bottom line이 없기 때문에 항상 안고 있는 어려움이라고 할 수가 있어. 그러나 변명거리가 돼서는 안 되지. 보다 명료하게 사명을 생각하고 우선순위를 분명하게 함으로써 진정으로 의미 있는 결과가 무엇인지를 발견해 나가야 하네.

나 알겠습니다. 결과에 대한 정의를 정리해 보겠습니다. 조직은 경제적 성과, 사회적책임, 영향력이라는 범주에서 결과를 창출해야 합니다. 이 범주는 기업과 비영리조직 모두에게 적용할 수 있습니다. 경제적 성과는 제품, 시장, 유통 영역에서 성과를 얻는 것이고, 여덟 가지 목표 영역에서 결과를 정의할 수 있습니다. 조직의 사명과 비전, 참여하는 사업에 따라 구체적인 결과 지표는 다를 수 있습니다.

드러커 잘 정리했네.

나 고맙습니다. 저는 기업과 비영리조직에서 일을 해오면서 결과를 정의하는 접근방법을 고민했습니다. 결과는 성취를 전제로 하는 것으로 조직 활동과 자원을 집중해야 하는 중요한 것인데, 정의를 내리는 작업은 참 어려웠습니다. 여러 가지 영역을 고려해야 하고, 우선순위를 정해야 하니까요. 그래서 어떤 프레임이 필요하다는 생각을 오래했습니다.

드러커 음, 좀 더 자세하게 설명해 주겠나?

나 네. 결과를 도출하는 일종의 틀이라고 할까요? 저는 이것을 결과 프레임이라고 부릅니다. 조직이 성취해야 하는 성과는 단 하나가 아니기 때문에 포괄적으로 결과를 균형 있게 정의할 수 있는 틀입니다.

결과 프레임

$ 경제적 성과	人 사람	行 프로세스	社會 영향력	顧客 고객가치
매출액	인재 확보	품질수준	신뢰	고객만족
시장지위	리더십 개발	혁신수준	사회적책임	시장점유율
영업이익	조직문화	성장률	지역사회 기여	고객유지율
경제적 부가가치	헌신과 몰입	글로벌 진출	사회문제 해결	고객로열티
현금흐름				

드러커 음, 여러 영역을 균형 있게 보는 시각이 담겨 있군. 기업의 목표는 단 하나가 아니라고 말한 내 말과도 일맥상통하네.

나 네, 그렇습니다. 이 프레임은 박사님이 말씀하신 다양한 영역 간의 조화와 균형이라는 경영원칙을 바탕에 둔 것입니다. 이 프레임은 다섯 가지 핵심 영역으로 구성되어 있습니다. 또한 이 영역들은 서로 긴밀하게 연관되어 있습니다.

결과 프레임

- **경제적 성과**: 경제적 성과를 달성하는 것은 기업의 기본 목표이다. 비영리조직에게는 경제적 성과가 첫 번째 목표는 아니지만 조직의 사업과 활동을 유지하기 위한 최소한의 경제적 성과를 필요로 한다.

- **사람**: 모든 조직의 성과는 인적자원의 역량과 공헌에 의해 결정된다. 인적자원은 지속적으로 성장하는 유일한 자원으로 조직은 인적자원에서 중요한 결과를 달성해야만 한다.
- **프로세스**: 조직은 상품, 시장, 유통 채널에서의 다양한 활동이 효과적으로 연계되고 정렬될 때 성과를 달성할 수 있다.
- **영향력**: 조직은 조직이 하는 사업을 통해 사회에 긍정적인 영향력을 미쳐야 할 책임이 있다.
- **고객가치**: 모든 조직의 기본 목적은 고객을 만족시키고 고객의 삶에 긍정적 기여를 하는 것이다. 조직이 고객가치를 창출하고 증대하고 있는가는 가장 중요한 결과이다.

드러커 훌륭하네. 기업만이 아니라 비영리조직에게도 이 프레임은 적절해 보이네. 비영리조직은 사람이 상품이자 곧 고객인데, 그들이 변화된 삶을 살도록 돕는다는 사명을 달성하려면 매우 효과적으로 경영을 해야 하기 때문이지. 경제적 성과도 있어야 하고 운영 과정도 효율적이어야만 하네.

나 맞습니다, 박사님. 이 프레임은 경제적 성과, 사람, 프로세스, 사회적 영향, 고객가치 실현이라는 핵심 결과 영역을 보여주는 것이고 이 모든 영역에서 성과가 있어야 한다는 것을 알려줍니다. 물론 구체적인 결과가 무엇인가에 대해서는 조직의 사명이나 사업 분야, 역량에 맞게 결정하면 되는 것이지요. 특히 기업 경영자들은 경제적 성과에 지나치게 치중하는데, 저는 사회적 영향에 대한 고려를 강조하고 싶습니다. 비영리조직 경영자에게는 경제적 성과 영역과 프로세스 영역을 강조하고 싶습니다.

드러커 좋은 지적이야. 그 어떤 조직도 사회를 벗어나 존재할 수 있는 조직이란 없지. 모든 조직은 사회 속에서 in society 사회와 함께 with society 존재하지. 그러자면 먼저 사회를 위해 for society 가치를 제공해야만 하네. 경영은 사회와 인간을 함께 바라보는 것이야.

나 네, 박사님. 모든 경영자들이 깊이 새겨야 하는 말씀이라고 생각합니다. 다른 누구보다도 최고경영자는 자신이 속한 조직이 성취해야 하는 결과를 조직, 인간, 사회라는 폭넓은 관점에서 정의해야 합니다. 편협한 시각을 극복해야 하지요.

결과를 위한 경영: 측정과 평가

드러커 이제, 실천의 영역으로 넘어가서 결과를 창출하는 경영에 대해 얘기해 보세. 어떻게 하면 효과적으로 결과를 달성할 수 있을까? 바로 실제 경영을 어떻게 관리하느냐의 문제이지.

나 결과를 중심으로 체계적으로 경영활동을 할 수 있어야 합니다. 자원을 결과를 달성하는 일에 제대로 사용하고 또 효율적으로 일을 해나가야 합니다.

드러커 맞네. 그런데 이 단순한 사실을 알면서도 자원을 낭비하거나 실패로 끝나는 일을 하는 조직이 많아. 의도와 행동은 언제나 차이가 있는 법이지. 그래서 결과를 위한 경영을 한다는 철저한 자세가 필요하다네. 자네가 말하는 체계적인 경영활동에서 가장 중요한 것은 무엇이라고 생각하나?

나 결과가 달성되고 있는지를 측정하고 평가해서 활동을 조정하는 일입니다. 경영자들이 늘 하고 있지만 잘하지 못하는 일이 바로 이 일이죠.

드러커 맞아. 결과를 위한 경영은 결과를 제대로 측정하는 일에서 출발해야 하네. 측정하지 않으면 관리할 수 없는 법이지. 그렇다면 어떻게 이 일에 접근해야 할까?

나 먼저 무엇을 측정해야 하는지를 정해야 합니다. 간단해 보이는데 사실은 어려운 과업입니다. 제가 컨설턴트로 일할 때 성과지표를 개발하고 관리체계를 수립하는 프로젝트를 많이 했는데요, 측정의 대상을 개발하는 작업이 시간도 가장 오래 걸리고 어려웠습니다.

드러커 맞네. 진정으로 결과를 달성하고 있는지를 파악하도록 돕는 소수의 측정 대상을 정하는 일은 결코 쉽지 않아. 그래서 정량적 평가와 정성적 평가를 균형 있게 한다는 원칙에서 출발해야 하네. 모든 결과가 숫자만으로 측정되지 않기 때문이지.

나 중요한 말씀입니다. 그런데 정량적 평가란 재무성과, 시장에서의 위치 등 결과 달성의 정도를 수치화할 수 있는 것을 대상으로 하는데요, 정성적 평가는 어떤 대상을 말씀하시는 것인지요?

드러커 예를 들어 연구개발의 수준, 리더십, 혁신 수준, 사회적책임, 연구의 질 등을 생각해 보게. 이런 것들은 매우 중요한 결과들이지.

나 네, 잘 알겠습니다. 조직의 장기적인 경쟁력이나 역량 향상, 조직의 가치와 연관된 것들이군요. 그런데 혁신이나 리더십, 조직문화는 숫자로 표현할 수 없습니다. 이런 결과를 측정할 수 있는 정성적 지표를 개발하는 것이 참 어렵습니다.

드러커 이해하네. 그렇지만 신뢰할 만한 방법은 있어. 예를 들어 연구소 직원들이 자신이 하고 있는 연구 작업의 가치를 정량화할 수는 없지. 하지만 그들은 3년마다 모여 '삶의 변화에 기여하기 위해 우리는 무엇을 성취했는가, 미래의 결과를 위해 지금 우리는 무엇에 집중해야 하는가?'라고 자문할 수 있네(드러커, 2010: 87). 이처럼 정성적 평가는 수치로 표현할 수는 없지만, 결과를 얻기 위해 어느 정도의 성과를 달성하고 있는지를 판단할 수 있지.

나 아, 그렇군요! 이해됩니다. 저도 예를 들어보겠습니다. 가난한 청소년에게 공부를 가르치는 일을 하는 비영리단체를 알고 있는데요, 이 단체는 '성적 향상', '대학진학률'이라는 정량적 평가 기준과 함께 '학생들이 주도적으로 수업에 참여한다'는 정성적 평가 기준도 사용합니다.

드러커 좋은 사례야. 정성적 평가 기준은 파악이 쉽지 않은 대상에 관한 것이라 개발이 어렵고 주관적인 것이지만 정량적 기준만큼 중요해. 그리고 평가란 어디까지나 판단의 문제라는 것을 주지하기 바라네. 정성적 평가를 위해 충분하게 판단할 만큼의 정보를 수집하기란 어렵지 않아.

나 잘 알겠습니다. 많은 경영자들이 계량화에 지나치게 몰입하는 경향이 있습니다. 아무래도 똑 부러지게 결과를 알 수 있기 때문이겠죠. 반면 숫자로 표현되지 않는 것은 무시하는 경향이 있습니다. 예를 들어 '리더십'이나 '직원의 헌신'을 그렇게 중요하다고 강조하지만, 이를 측정하는 기업은 매우 적습니다.

정량적 평가와 정성적 평가

발전과 성취는 정성적 측면과 정량적 측면에서 평가될 수 있다. 이 두 유형의 평가 기준은 얽혀 있어서 서로 상대편을 명백하게 해주며, 삶이 어떤 식으로 어느 정도 변화되고 있는지 밝히기 위해 필요하다.

정성적 평가 기준은 특정 맥락 안에서의 변화의 깊이와 폭을 다룬다. 그것은 구체적인 관찰로 시작해서 패턴을 만들어나가며 미묘하고 개별적인 이야기를 알려준다. 정량적 평가는 타당하고 풍부한 데이터를 제공한다(드러커, 2010: 86~87).

드러커 동감하네. 그런데 반대의 경우도 있어. 어떤 비영리단체들은 숫자를 경시하는데 이것 또한 잘못된 태도야. 응급 전문 병원이라면 환자를 제때에 치료하는지가 매우 중요한 결과가 아닐까? 그렇다면 응급환자에 대한 대응 시간을 파악할 수 있어야겠지. 10분 안에 대응하는 것과 1시간이 지나서야 대응하는 것은 엄청난 차이가 있지 않겠나?

나 맞습니다. 쉽지 않지만 정량적 평가와 정성적 평가 사이에 균형을 맞춰야 합니다.

드러커 좋네. 그럼 다음 과제는 무엇이 되어야 할까?

나 다음 과제는 평가 결과를 활용해서 일을 제대로 하도록 관리하는 과정입니다. 실행의 문제, 행동의 문제입니다. 어떤 접근방법이 효과적일까요?

드러커 피드백과 개선 활동이야말로 관리 과정의 핵심 활동이지. 자네는 어떻게 이 일을 해야 한다고 생각하는가?

결과를 위한 경영: 폐기와 강화

나 체계적으로 목표와 실제 결과를 비교하고, 다음 활동을 계획하는 과정을 제대로 운영해야 합니다. 기업은 이사회, 경영자 회의 혹은 임원 회의를 통해 이런 활동을 수행하고 있죠.

드러커 그렇지. 그런데 나는 많은 기업과 비영리조직을 자문하면서 그들이 운영하는 회의에도 자주 참가해 봤는데 제대로 이 일을 하지 못하는 경우를 자주 목격했어. 이런 활동을 통해 무엇을 달성하려고 하는지가 불분명했기 때문이었네.

나 어떤 말씀이신지요?

드러커 평가가 평가에 그치는 일이 많았네. 평가를 열심히 하고 목표와 결과와의 차이를 분석도 하는데 그 이후에 필요한 행동을 하지 못하고 있었어. 다음과 같은 질문을 제대로 해야 하는데 그렇지 않았다는 뜻이지.

- 우리는 이 부분에 대한 자원 투입을 정당화할 수 있을 정도로 뛰어난 결과를 충분히 거두고 있는가?
- 만일 지금도 이 일을 하고 있지 않고 있다면, 다시 이 일을 하겠는가?

나 참 아이러니합니다. 목표와 현실의 차이를 바탕으로 새로운 행동을 하는 것이 당연한데도, 왜 이것이 어려울까요?

드러커 여러 가지 이유가 있지만 가장 중요한 잘못은 폐기를 잘 못하는 것에 있네. 자원을 가장 성공할 수 있는 곳에 투자한다는 단순한 원칙을 실천하는 것인데도 폐기는 매우 어려운 일이거든. 지금 열심히 하고 있는 사업, 상품, 프로젝트, 프로그램을 폐기해야 하기 때문이지.

나 이런 경우를 지적하시는 것이죠? 판매가 부진한 상품을 계속 광고하는 것, 성과를 달성하지 못하는 경영자를 계속 일하도록 하는 것, 더 이상 구체적인 성과를 내지 못하는 연구개발 프로젝트를 접지 못하는 것…….

드러커 맞아. 어느 조직에서나 경영자들은 쓸모없어진 것, 즉 효과가 있어야 했지만 그렇지 않은 것, 한때는 생산적이었으나 더 이상 그렇지 않은 것에 집착하지(드러커, 2010: 89). 내가 1964년에 출판한 『창조하는 경영자(Managing for Results)』에서 "관리자의 에고에 대한 투자investment in managerial ego"라고 이름 붙였던 것에 집착하는 것이네. 자신이 노력했던 사업이나 제품을 포기하는 일은 곧 자신만의 소중한 신념을 거스르기 때문이지. 실패를 인정하는 일이기도 하고. 그렇지만 폐기가 우선이야. 폐기하지 않는다면 새로운 기회에 투입할 자원을 결코 만들지 못해!

나 박사님이 강조하시는 폐기와 집중의 원칙을 다시 생각하게 되네요.

드러커 모든 경영자는 경영자란 올바른 일을 하는 사람이라는 점을 철저하게 이해하고, 이를 행동으로 철저하게 책임져야 하네. 이 점에서 자기평가는 경영자에게 가장 필요한 습관이야. 결과를 분석하고 나서는 폐기해야 할 것과 강화해야 할 것을 생각하고 분명한 조치를 취해야 하지.

나 깊이 새겨두겠습니다. 모든 사업과 상품, 공정, 프로젝트, 사람 등 기업이 하는 모든 일을 철저하게 평가하고 '폐기와 강화'라는 원칙에 따르는 결정과 행동이 결과를 만들 수 있습니다.

리더의 책임은 결과를 달성하는 것

나 박사님, 자연스럽게 결과를 제대로 달성한다는 경영자의 책임으로 주제가 넘어온 것 같습니다. 결과에 대한 경영자의 책임에 대해 분명하게 정리하고 싶습니다.

드러커 먼저 경영자는 결과 달성에 대해 전적인 책임을 가진 사람이라는 점을 이해하고 모범을 보이도록 노력해야 하네.

> **결과를 달성하는 경영자의 책임**
>
> 기업을 정상 상태로 전환시키는 것이 경영자의 직무이다. 기업을 경영하는 데 있어 문제가 아니라 기회에 초점을 맞추고, 리더십 지위를 재창출하고, 평범한 수준으로 전락하는 추세에 대응해야 한다. 타성에서 벗어난 기업에 새로운 에너지를 도입하고, 새로운 방향을 결정하고, 힘을 회복하는 것이 진정 경영자가 해야 할 직무이다(드러커, 2008: 30).

나 결과, 혹은 성과가 경영자의 가치를 결정한다는 신념으로 철저하게 책임을 수행하라는 뜻이군요.

드러커 그렇네. 내가 다섯 가지 질문을 조언한 중요한 이유도 여기에 있지. 스스로 자기평가를 지속할 때 경영자는 자신의 책임을 상기하고, 무엇을 해야 하는지를 발견할 수 있네.

> **자기평가와 경영자의 책임**
>
> 자기평가 과정에서는 조직의 결과가 무엇이어야 하는지, 미래의 성공을 위해 어디에 집중할 것인지 결정해야 한다. 사명이 책임의 범위를 규정한다. 리더는 무엇이 평가되고 판단되어야 하는지 결정하고, 조직이 자원을 낭비하지 않도록 보호하며, 의미 있는 성과를 산출하도록 분명히 해야 할 책임이 있다(드러커, 2008: 91).

나 잘 알겠습니다. 경영자는 리더이고 리더가 되어야 합니다. 리더는 언제나 최종 결과에 책임을 지는 사람입니다. 목적도 중요하지만 결과를 통해 드러나지 않는다면 의미가 없죠.

드러커 제대로 보았네. 기업이든 대학이든, 혹은 병원이든 모든 조직은 자신의 목적을 구현하기 위해 환경에 적응하면서 자신이 의도하는 변화를 일으킬 수 있어야 해. 그런데 이상과 현실, 목표와 결과의 차이는 언제나 발생하고 경영자는 끊임없이 변화에 적응하면서 조직의 이상을 추구해 나가지. 결과를 위한 경영은 결국 잠재적 결과에 대한 지식을 축적하고, 모험적 결정을 하며, 목표를 재조정하면서 행동하는 것이야. 경영자는 이 모든 과정에 전적인 책임을 지면서 행동하는 존재이네.

나 박사님이 현대 조직의 경영과 경영자에 대해서 지속적으로 중요성을 말씀하신 이유를 이해하겠습니다.

결과를 현실로 만드는 것은 계획이다

나 박사님, 네 번째 질문에 대해 많은 것을 배웠습니다. 이제 다음 질문으로 넘어갈까요? 그런데 한 가지 궁금한 점이 있습니다. 결과를 달성하기 위해서는 당연히 구체적인 계획이 필요합니다. 그러나 항상 모든 결과가 달성되지는 않습니다. 그렇다면 결과를 잘못 정의한 것일까요? 혹은 계획이란 항상 불충분한 것일까요?

드러커 결과를 정의하게 되면 무엇이 이루어진 것일까? 실제로 창조된 것은 아직 없다네. 단지 이제 자원과 노력을 투입할 방향과 대상이 정해진 것일 뿐이네. 그래서 다음은 계획을 세우게 되는데, 계획은 자원을 어떻게 사용하고 어떤 노력을 할 것인지를 구체적으로 정하는 작업이야. 행동의 이정표를 세우는 작업이지. 그런데 결과를 달성하기 위한 모든 결정이란 모험적이라는 사실을 먼저 인식해야 하네. 결과가 있는 외부 시장과 환경은 경영자의 통제권이 미치지 않는 바깥 세상이고 예상하지 못한 변화가 본질인 세계이지 않나? 따라서 계획은 실제로 나타난 결과에 따라 변화되어야 하지.

나 결과와 계획은 서로 피드백을 받으면서 변화되는 것이라는 뜻이지요?

드러커 제대로 이해했군. 결과를 정의하고 계획을 통해 자원과 노력에 대해 결정하고, 실제 상황 변화에 따라 결과에 관한 지식을 새롭게 하면서 계획을 바꾸고 적응하는 것이지. 즉, 결과를 달성하는 과정은 한 번으로 끝나지 않는 지속적인 평가와 적응의 과정이야. 이 점을 유념하면서 다음에는 계획의 의미가 무엇이고, 어떻게 올바른 계획을 세울 것인가에 대해 얘기해 보도록 하지.

| 요약 |

드러커가 제기한 네 번째 질문은 결과를 제대로 정의하라는 것이다. 이 질문은 사명과 고객가치를 실현하기 위해 조직이 달성하고자 하는 중요한 목표 혹은 성과를 정하는 것이다. 이를 통해 자원을 투입해야 하는 영역과 활동의 초점을 정할 수 있다.

경영자는 결과가 의미하는 바를 제대로 이해해야 한다. 먼저 시간 축이다. 결과는 단기적 차원과 장기적 차원에 걸쳐 있다. 단기적으로 성과를 창출하면서 장기적인 성장의 기반을 만드는 것이어야 한다. 또한 결과에는 정량적인 것만이 아니라, 정성적이지만 중요한 것이 있으며 이를 균형적으로 파악해야 한다. 경제적 성과, 영향력, 사회적책임이라는 렌즈로 결과를 정의할 수 있다.

결과는 조직의 내부가 아니라 외부에 있다. 결과가 나타나는 것은 오직 조직 바깥이며, 조직 안에는 노력과 비용만이 있다. 경영자는 내부에 치중하는 근시안을 극복해야 한다.

드러커에 따르면 결과를 정의하기 위해서는 의미 있는 외부와 기회에 초점을 맞춰야 한다. 고객이 있는 현장에서 고객의 요구를 파악하고, 조직이 다른 조직보다 뛰어나게 공헌할 수 있는 기회를 발견해야 한다.

기회를 활용한다는 것은 곧 혁신을 추구한다는 것이다. 기회와 혁신은 올바른 결과를 창출하는 두 개의 기둥이다. 기회가 현악기의 공명판이라면 혁신은 줄이다. 드러커는 폐기와 집중을 원칙으로 기회를 활용하고 혁신에 성공하는 결과가 무엇이 되어야하는가를 발견하라고 조언한다.

결과를 산출하는 조직의 행동을 올바르게 하는 것이 결과를 위한 경영이다. 결과를 위한 경영은 결과를 제대로 정의하고 측정과 평가를 체계적으로 수행하는 것이다. 결과와 실제 성과는 언제나 차이가 있다. 경영자는 측정과 평가를 통해 차이를 분석하고, 폐기할 것과 강화할 것을 판단해야 한다. 이 과정에서 결과에 기여하도록 자원을 효과적으로 운용해야 한다. 특히 드러커는 경영자에게 폐기할 것에 대한 분명한 판단과 행동으로의 실천을 요구한다.

마지막으로 결과를 위한 경영은 리더의 전적인 책임을 요구한다. 목표와 실제 결과의 차이를 분석하고, 자원과 인재를 결과를 위해 쓰이도록 하는 과정은 지루하지만, 끊임없이 지속되어야 하는 경영자의 과업이자 중대한 책임이다. 하고 싶은 일을 하지 말고, 필요한 일을 하라. 결과를 위한 경영에서 지켜야 하는 가장 중요한 원칙이다.

| Action Point |
올바르게 결과를 정의하기

결과는 사명이 실현되고 있으며, 고객가치가 구현되고 있다는 것을 알려주는 특별한 성과다. 올바른 결과에 대한 정의는 자원과 노력이 가치를 창출하도록 만든다. 결과 정의는 정량적·정성적 영역에 대한 균형과 함께, 외부와 기회, 그리고 혁신에 초점을 맞추어야 한다.

1. 결과를 정의하기 위한 핵심 질문 리스트

우리는 조직의 결과를 어떻게 정의하는가?

- 사명, 고객, 가치라는 결과에 담겨 있어야 하는 핵심 요소에 비춰볼 때 현재의 결과 정의는 충분한가?
- 우리 조직의 중대한 목표(사명 달성, 전략 실현, 생산성과 혁신, 고객가치 실현 등)가 실현되고 있다는 것을 현재의 결과 정의로 파악할 수 있는가?
- 미래의 결과 정의에 담겨야 하는 핵심 내용은 어떤 것이 되어야 할까?(조직 사명과 비전, 전략 등 중대한 목표, 조직 역량과 자산, 정량적·정성적 관점에서 균형 있게 검토함)
- 앞 질문에 대한 대답으로 볼 때 우리 조직은 그러한 결과들을 어느 정도 달성했는가?
- 결과 달성에 기여 한(또는 방해한) 것이 있다면 어떤 것인가?
- 정량적×정성적 차원에서 앞으로 결과를 어떻게 측정할 것인가?(현재의 측정 과정과 방식, 미래의 측정 과정과 방식을 검토함)
- 우리 조직의 결과 지표들은 충분하게 활용되고 있는가? 결과를 통한 개선활동은 효과적으로 이루어지고 있는가?
- 우리 조직은 결과를 내부, 외부와 적절하고 공유하고 있는가?(주주, 구성원, 투자자, 이해관계자 등)

2. 균형성과표: 다양한 관점에서 결과를 정의하기•

균형성과표Balanced Score Card: BSC는 기업이 달성해야 하는 중요한 성과지표를 균형 있게 구성해야 한다는 주장에 바탕을 둔 성과지표설계 방법론이다. 성과지표는 곧 기업이 달성해야 할 결과를 뜻한다.

균형성과표는 재무적 결과에만 치중하는 기업 관행을 비판하고 이러한 관행은 효과적인 전략 실행과 기업의 지속가능한 성과 창출을 방해한다고 주장한다. 재무적 결과는 최종적으로 기업이 얻게 되는 결과일 뿐 결과의 모든 것이 아니다. 즉 기업은 고객만족이나 생산성 등 다양한 영역에서도 중요한 성과를 달성해야 하며, 이러한 성과가 모여 최종적으로 기업의 재무적 성과를 얻도록 만드는 것이다. 또한 기업은 현재만이 아니라 미래에도 성장을 지속할 중요한 성과를 현재 달성해야 한다. 재무적 수치만 바라보는 경영은 경영자를 근시안에 빠뜨리고 단기적 의사결정에 매몰되게 하는 낡고 잘못된 경영이다.

올바르고 효과적인 경영은 가장 중요한 전략 목표를 달성하기 위해서 전략과 연계되고 정렬된 성과지표를 균형 있게 구성하는 데 달려 있다. 이를 위해 균형성과표는 네 가지 관점을 제시하고 이를 통해 기업이 달성해야 하는 중요한 결과를 정의하는 방법론을 제시했다. 이해하기 쉬운 프레임과 재무성과(목표)만을 추종했던 단면적 시각을 극복한다는 아이디어에 많은 경영자들이 호응했고 전 세계적으로 많은 기업이 균형성과표를 도입해서 운영하고 있다[세계 1000대 기업 가운데 BSC를 도입한 기업은 2006년 말에 50%에 이른다(Bain & Company 서베이, 2006)].

균형성과표는 재무, 고객, 내부, 학습과 성장이라는 네 가지 관점을 제시하며, 이 관점들은 기업이 가치를 창출해야 하는 영역이자 달성해야 하는 중요

• 이 글은 Kaplan·Norton(1992. 1/2)을 인용했다.

한 결과를 파악하도록 돕는 프레임이다.

균형성과표의 네 가지 관점과 중요한 지표

- **재무적 관점(주주, 투자자의 시각에서 중요한 결과들)**: 경제적 부가가치(EVA), 자기자본이익률(ROI), 총자산이익률(ROE), 순이익 등의 자산 수익성지표, 주가 관련 지표(시가총액, 배당률 등)
- **고객 관점(고객의 시각에서 중요한 결과들. 기업가치 창출의 가장 큰 원천은 고객)**: 고객만족도, 고객충성도, 시장점유율, 브랜드인지도 등
- **내부 비즈니스 프로세스 관점(조직 내부 활동에서 중요한 결과들. 성과를 창출하는 기업의 핵심 프로세스 및 핵심 역량)**: 생산성, 원가효율, 공정혁신 수준, 신제품 비율, 신기술 수준 등
- **학습과 성장 관점(조직의 미래 역량 구축에서 중요한 결과들. 다른 세 가지 관점의 성과를 끌어내는 원동력)**: 직원 역량 수준과 투자, 리더십 수준과 투자, 정보시스템 투자, 지식 경쟁력 등.

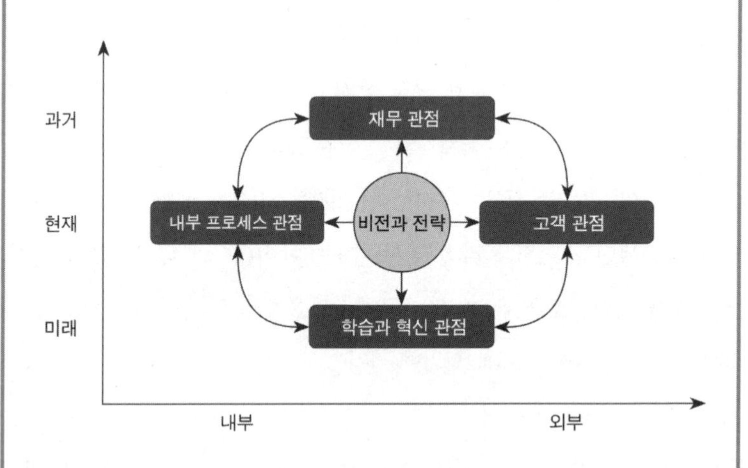

〈균형성과표 프레임워크〉
조직의 성과를 판단하는 종합적인 관점에 따른 성과 목표·성과지표설계방법론

| Business Case |

올바르게 결과를 정의하고, 자원을 효과적으로 투입하여 탁월한 결과를 산출하는 조직의 사례를 참조한다. 효과적인 결과 정의는 사명을 실현하고 고객가치를 충족시키는 경영활동을 위한 핵심 요인이다. 자원 활용의 효과성과 경영활동의 효과성이 높아지기 때문이다.

1. 레고의 실패와 성공: 고객이 원하는 제품과 경험에 집중한다

미국 조지워싱턴대학교 김형태 객원교수는 『예술과 경제를 움직이는 다섯 가지 힘』(2016)이라는 책에서 레고 사례를 사업의 본질을 파악하고, 이를 통해 성공을 달성한 사례로 소개한다. 필자가 보기에 레고의 성공은 또한 결과에 대한 정의가 얼마나 중요한가를 말해주는 좋은 사례이다. 레고는 디지털과 인터넷으로 대변되는 산업 환경에서도 성장을 구가하는 희소한 기업 중 하나인데, '제품'에 대한 잘못된 정의와 올바른 정의에 따른 대비되는 결과를 잘 말해준다. 레고는 한때 고객가치와 제품에 대한 정의를 잘못 내리는 바람에 큰 실패를 맛보았지만, 고객이 원하는 제품에 대한 정의를 새롭게 해서 성공 경로를 다시 개척했다. 김형태의 『예술과 경제를 움직이는 다섯 가지 힘』에 나오는 사례를 정리해서 소개한다.

> 잘 알려진 덴마크의 완구회사 레고는 목공소와 목재 공급업을 하던 올레 커크 크리스티안센이 자녀들에게 나무로 조립식 장난감을 만들어준 것을 계기로 창립되었다. 레고의 핵심적 혁신은 1958년 조립이 가능한 벽돌식 블록 장난감을 출시하면서부터 시작되었다. 레고는 표준화된 형태의 완구용 블록을 생산해 판매했는데, 단순함

에서 시작해 가장 복잡한 형태로 무한히 확장될 수 있다는 것이 레고의 원형이며 본질이었다.

1990년대 들어 컴퓨터의 보급과 각종 게임시장이 급성장하자 레고는 어려움에 직면했다. 레고 경영진은 단기적 이익을 위해 테마공원인 레고랜드를 설립했고, 어린이 의류, 신발, 학용품, 완구 완제품까지 생산하며 회사의 기본적 원형을 포기했다. 그러나 레고의 사업 다각화 전략은 실패했다.

1998년부터 2003년까지 연속해 적자를 기록한 레고를 2004년 회생시킨 것은 전문경영인 외르겐 비크 크느투슈토르프다. 그의 경영전략은 원형적인 비즈니스로 돌아가는 것이었다. 레고는 아동용 의류 사업을 비롯해 테마공원 레고랜드에 이르기까지 본질에 서 벗어난 사업들을 정리했다(김형태, 2016: 207~211).

성공적인 귀환 이후 레고는 기업의 본질을 확고히 유지하는 바탕 위에서, 기존의 움직이지 않는 장난감에서 움직이는 장난감으로, 어린이용 레고에서 건물과 도시 건축까지 포괄하는 성인용 레고 아키텍트로, 그리고 레고 영화에 이르기까지 지속적인 변화와 확장을 도모했다. 그 결과, 레고는 과거의 위기를 극복했고 현재까지 높은 성장을 지속하고 있다.

2. 약속의 연필: 결과를 구체적으로 정의하고 공개하고 공유한다

다음 사례는 '약속의 연필'이라는 비영리단체에 관한 이야기다. 이 단체의 홈페이지에 다음과 같이 설립 목표를 밝히고 있다.

유엔으로부터 '2014 올해의 교육기관상'을 수상한 '약속의 연필Pencils of Promise'은 애덤 브라운Adam Braun이 2008년 창립한 비영리단체다. 전 세계 모든 아이들이 교육받을 수 있도록 학교를 세우고, 교사를 훈련하고, 학생들에게 장학금을 제공한다. 전 세계 가난한 지역에 2018년 7월까지 477개의 학교를 설립했다.

『피터 드러커의 최고의 질문』에 실린 이 단체 창업자의 글에 소개된 사례와 관련 기사, 홈페이지를 참조했다. 이 사례는 비영리재단의 창업자가 어떻게 결과를 생각하는지를, 그리고 그 생각에 따라 지속적으로 더 높은 목표를 향해 노력하는 자세를 잘 보여준다.

> 우리가 막 몇 개의 학교를 설립하던 몇 년 전 어느 날. 나는 서른 살이 될 때까지 '약속의 연필'이 서른 개의 학교를 설립하면 좋겠다는 말을 일기에 썼다. 그런데 우리는 이제 200여 개 이상의 학교를 개교했다. …… 이제 막 30대가 되고 보니 나의 20대 시절이 내게 가르쳐준 것이 무엇인지 깨달았다. 세상에 '최상'이라는 말은 없다는 것을 말이다. …… 성공하는 사람들은 목표를 달성하는 것만으로는 만족하지 않기 때문에 몸에 묻은 먼지를 툭툭 털어내고 가던 길을 계속 가는 사람들이다. …… 더 확실하게 말하면, 가장 성공적인 사람들은 목표를 달성하는 것으로 만족하지 않는다. …… 믿을 수 없을 만큼 어마어마한 목표를 설정하라. 열정을 가지고 그 목표를 추구하라. 그리고 더 멀리 떨어진 곳으로 결승선을 이동시키라(드러커, 2017: 173~177).•

약속의 연필이 지향하는 목표는 분명하다. 인터뷰에서 애덤 브라운은 소외된 아이들을 위한 교육이라는 목적을 실현하는 구체적인 목표를 밝혔다.

> 약속의 연필'은 모든 아이가 교육받을 수 있어야 한다고 믿습니다. 그 목표를 이루기 위해 학교를 세우고, 훈련 프로그램을 만들고, 글로벌 공동체를 형성하지요. 현재 세계에는 5800만 명의 어린이가 전혀 교육을 받지 못하고 있습니다. 질 좋은 교육을 받지 못하는 어린이까지 합하면 그 수가 더 늘어나고요. 우리는 이런 상황을 개선하기 위해 적극적으로 행동합니다. 2015년 말까지 학교 500곳을 세우고, 1000명의 선생님을 훈련하고, 1만 명의 학생들에게 장학금을 지급하고, 1만 명의 학생들을 우리 프로그램으로 교육하는 게 우선 목표입니다(브라운, 2014.12).

• 『피터 드러커의 최고의 질문』(디산북스, 2017)은 드러커가 다섯 가지 질문을 최초로 정리해 저술한 『피터 드러커의 다섯 가지 경영원칙』에 사례를 추가해 개작한 책이다.

이러한 체계적이고 명확한 목표설정은 세계적인 컨설팅 회사인 베인앤컴퍼니에서 일했던 창립자의 경험이 바탕에 있다고 보인다. 또한 애덤은 '약속의 연필'을 기업처럼 운영하는 방침을 채택했고, 단체가 지향하는 결과에 대해 후원자들이 쉽게 이해하고 참여할 수 있도록 해놓았다.

'약속의 연필'은 한 아이를 교육하는 데 25달러, 교실 하나 짓는 데 1만 달러, 학교 한 채를 짓는 데 2만 5000달러가 든다고 한눈에 들어오게 설명하고, 온라인으로도 쉽게 기부할 수 있게 해놓았다(브라운, 2014.12).
약속의 연필은 결과(성과)를 기업이 하는 수준 이상으로 명확하게 정의했다. 학교 수, 학생 수, 장학금 지원 규모, 지원 교사 규모가 주요한 지표이다. 또한 궁극적인 결과로서 사업의 성공을 다음 두 가지 지표로 정의했다.

KPI: 문장 읽기 능력Oral Reading Fluency

KPI: 문장 이해 능력Reading Comprehension

이러한 내용은 모든 이해관계자들에게 공개된다. 이것은 단체에 대한 후원자의 신뢰를 강화하고 적절한 후원을 확보하는 데 기여한다.

단체 홈페이지에는 결과Results를 별도로 구분해서 공개하고 있으며 다음과 같이 그 의미를 설명하고 있다.

우리는 우리가 (달성한) 결과를 외부에 명확하게 공개하고 접근 가능하도록 할 수 있다고 믿습니다. 우리 팀은 정보를 디지털방식으로 우리가 보유한 데이터허브로 수집하고 가장 최신의 정보를 시각적으로 볼 수 있도록 합니다(pencilsofpromise.org).

약속의 연필 홈페이지에 게시된 사업성과 보고자료(2020.12.25)

약속의 연필 데이터 허브

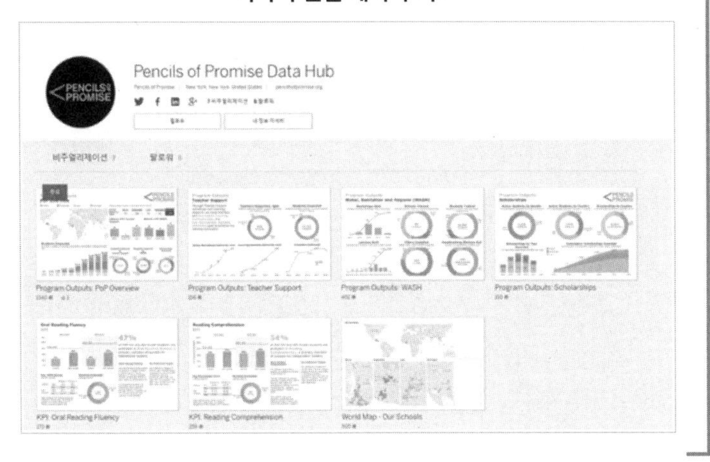

6장

다섯 번째 질문

우리의 계획은 무엇인가?

6장 소개

계획이 미래를 주도하지는 않는다. 그렇게 하려는 시도 자체가 어리석은 것이다.
미래는 예측할 수 없기 때문이다. 계획은 그러한 불확실성에도 불구하고
당신이 도달하기 '원하는' 특정 지점과 당신이 거기까지 도달하는 방법을 규정한다.
계획은 분석, 용기, 경험, 직관을 필요로 한다.
그것은 기술이라기보다는 책임이라 할 수 있다.

피터 드러커

이번 장은 계획을 주제로 대화한다. 계획에 대한 질문은 앞서 얘기한 사명, 고객, 고객가치, 결과를 모두 아우른다. 목적과 이념을 실현하는 '행동 경로'를 발견하는 질문이기 때문이다. 보물섬을 발견하는 항해를 출발하기 전에 여정을 만드는 것이 계획에 담긴 의미다. 드러커와 나는 조직에서 계획을 수립하는 의의와 함께 계획에 담겨야 하는 내용, 효과적으로 계획을 수립하는 방법을 살펴본다.

계획을 수립하는 것은 다섯 가지 질문을 통한 자기평가 과정의 마지막 단계다. 드러커는 계획은 의도를 행동으로 이끄는 것이라는 말로 계획에 담긴 의미를 강조한다(드러커, 2010: 104). 인류를 달에 보낸다는 사명은 우주선 제작과 발사 계획으로 구체화되어야 한다. 계획을 통해 조직은 사명을 현실로, 자원을 가치로 바꾼다.

계획은 사명, 비전, 목적, 목표, 실행 방법, 예산, 평가를 포함한다(드러커, 2010: 99). 계획을 수립하려면 먼저 사명을 확인하고, 소수의 목적과 목표를 설정해야 한다. 드러커와 나는 이들 각각에 담긴 요점을 검토한다. 이들은 모

두 연결되어 있다. 사명은 조직이 존재하는 이유로서 목적과 목표로 구체화된다. 목적은 조직이 장기적으로 가고자 하는 방향이자 미래의 윤곽이다. 목표는 목적이 달성되고 있다는 것을 알려주는 명확한 성취 지점을 말한다.

드러커와 나는 효과적인 계획에 담겨야 하는 필수 요소에 대해 대화한다. 올바른 계획은 폐기, 집중, 혁신, 위험 감수, 분석이라는 요소를 바탕에 담고 있다. 이들 요소는 계획이 많은 내용을 담은 예쁜 문서가 아니라 행동에 대한 책임이라는 점을 명확히 한다.

또한 계획에서 절대로 빠지면 안 되는 것이 있다. 그것은 실행이다. 실행되지 않는 계획은 계획이 아니다. 계획을 제대로 실행하려면 책임이 부여되어야 한다. 드러커는 계획을 실행할 사람이 계획을 세워야 한다는 것을 주장하고, 이를 통해 조직 구성원들이 계획을 이해하고 주인 의식을 구축하도록 하여 계획에 헌신할 수 있도록 이끌어가야 한다는 점을 강조한다.

최종적으로 드러커와 나는 평가를 통한 모니터링과 계획을 수정하고 전략적 초점을 재조준하는 피드백 과정에 대해 대화한다. 그리고 계획과 실행을 탁월하게 운영하는 조직의 사례를 살펴본다.

1

계획이 담고 있는 것

나 드러커 박사님, 드디어 마지막 질문에 도착했습니다. '우리의 계획은 무엇인가?'라는 질문입니다. 어려운 질문은 아니라고 생각합니다. 모든 조직이 항상 하는 일이니까요. 굳이 이 질문을 제시하신 이유가 있을 것 같습니다.

드러커 당연한 이유가 있지. 그리고 당연한 것이 사실은 어려운 것이네. 자네는 이 질문이 무엇을 묻고 있다고 생각하지?

나 저는 기업에서 플래닝Planning 업무를 오래했습니다. 저에게 계획 수립은 꽤 익숙한 일이죠. 중장기전략계획, 연간경영계획, 사업계획, 투자계획……. 음, 경영혁신계획도 있었네요. 계획을 세우는 일은 조직에는 기본에 속합니다. 기업을 운영하려면 목적을 달성하기 위한 전략, 중요한 활동, 자원 배분 계획 수립과 예산을 수립해야 하니까요. '우리의 계획은 무엇인가?'라는 질문은 목적을 달성하는 행동의 청사진을 제대로 만들라는 뜻이라고 생각합니다.

기업은 어떻게 계획을 만드는가

드러커 제대로 이해하고 있군. 그런데, 많은 경영자들이 너무 쉽게 계획을 생각하는 경향이 있어. 기업에서 계획을 수립하는 과정을 살펴보면 내가 말한 뜻을 알 수 있지. 자네가 경험한 현실을 설명해 보겠나?

나 대체로 기업은 다음과 같은 방식으로 계획을 수립합니다.

기업의 계획 수립 방식

- **환경 분석**: 대내외 환경 변화 분석(거시환경, 산업환경, 경쟁환경, 자원시장 환경)
- **방침 수립**: 주요 경영 방침, 주요 사업 목적, 전략적 주안점 등
- **전체 목표 수립**: 핵심 성과를 중심으로 하는 기업 전체 경영 목표 수립(매출, 이익 등)
- **부문 목표 수립**: 사업부별 목표 또는 마케팅, 제조, 연구개발, 인력 등 기능별 목표 수립
- **활동 계획 수립**: 경영활동, 프로젝트, 프로그램): 목표 달성을 위한 주요 활동에 대한 계획
- **투자 계획 수립**: 주요 활동 및 프로젝트에 대한 자원 조달 및 배분 계획
- **예산 수립**: 주요 활동 및 프로젝트에 대한 세부 예산 편성 및 집행 계획

드러커 음, 기업이 계획을 세우는 방식은 과거와 크게 달라진 점은 없군. 이러한 방식 자체에 특별한 문제도 없어 보이고 말이야. 그런데 과연 자네는 이런 방식으로 계획을 수립하면서 제대로 일을 하고 있는지 확신했는지가 궁금하네.

나 뜨끔합니다, 박사님. 그렇기도 하고 아니기도 했습니다. 풋풋한 신입 사원 시절에 처음으로 이 일을 맡았을 때는 열정적으로 일했습니다. 계획 수립이라는 목표를 달성하는 이정표를 만드는 멋진 일이라고 생각했거든요. 또한 계획 수립은 한정된 자원, 한정된 시간을 가장 효과적으로 사용해서 성공에 이르는 가장 빠른 길을 개척하는 일이라고 생각했습니다. 제 적성과도 잘 맞았고 다양한 정보를 분석하고 종합해서 통합된 내용을 만드는 작업이 즐

거웠습니다. 그런데, 하면 할수록 계획 수립이라는 일이 만만치 않다는 것을 알게 되었습니다. 심지어 과연 조직에 계획이 필요한 것인가 하는 의문도 들었고요.

드러커 그 말은 어떤 뜻인가?

나 계획과 현실의 격차가 종종 크다는 것을 발견했기 때문입니다. 열심히 계획을 만들었지만 계획대로 실행되지 않는 경우도 있었고, 계획과 무관하게 경영 활동이 이루어지는 경우가 많았습니다.

드러커 왜 그런 상황이 벌어졌던 것일까?

나 여러 가지 이유가 있지만 현실과 맞지 않는 무리한 계획을 만든 경우거나 현실이 예상과는 다르게 변해버린 경우가 많았습니다. 이런 경우, 계획을 수립하자마자 쓰레기통으로 보내기도 했습니다. 1990년대 후반에서 2000년대 초까지 벌어진 닷컴 열풍에 따른 변화 같은 것 말입니다. 당시에는 계획이 기업을 목적으로 이끄는 중요한 도구인가에 대해 회의감을 자주 느꼈습니다.

드러커 환경 변화가 극심해지면서 전략이 필요 없다는 극단적인 견해가 등장하기도 했었지. 계획을 세울 때 추정한 현실과 실제 현실은 당연히 다르네. 그 차이가 커지면 계획의 유용성은 낮아질 수밖에 없지. 그런데 요점은 계획 수립이 어렵다는 것이 아니야.

나 어떤 말씀이신지요?

드러커 핵심은 이러한 문제가 계획을 제대로 세우지 못한 탓인지 혹은 계획 자체가 안고 있는 한계에 따른 것인지를 잘 구별하는 데 있어. 그래서 계획의 가치에 관련된 문제가 무엇인가를 깊이 파악하는 것이 좋겠네. 자네가 먼저 계획에 관련된 문제를 설명해 보겠나?

나 가장 흔하게 발생하는 문제는 계획한 일정을 지키지 못하는 경우입니다. 예를 들어 상품 개발 계획이나 마케팅 계획은 일정이 매우 중요한데요,

실행 과정에서는 지연되는 경우가 많습니다. 다양한 조직이 이 문제를 겪고 있죠. 엄청난 실패를 겪는 조직도 있습니다.

계획의 오류•

- 시드니 오페라하우스는 완공 예정일을 3년 이상 넘긴 1966년에도 계속 건설 중이었다. 이 건물은 1963년에 완공되기로 계획되어 있었다. 그런데 10년이 지난 1973년에야 규모를 축소한 상태로 개관했다. 처음에는 700만 달러가 소요될 것으로 계산되었는데 완공이 늦어지면서 1억 200만 달러로 비용이 늘었다.
- 유로파이터Eurofighter 방어 프로젝트는 계획보다 6년이 더 걸렸다. 초과 비용은 80억 유로에 달했다.
- 덴버 국제공항은 계획한 일정을 16개월을 넘겨서야 완공되었는데, 총비용은 40.8억 달러가 들었고 이것은 계획보다 20억 달러를 초과한 것이다.

드러커 엄청난 실패로군. 자네는 이런 실패가 왜 발생했다고 생각하지?

나 계획은 본질적으로 불확실성을 안고 있습니다. 이러한 실패는 경영자들이 계획을 수립하면서 불확실성을 경시하고 지나치게 낙관적인 계획을 세웠기 때문이 아닐까요? 경영자의 오만이 배후에 있다고 생각합니다.

드러커 아주 냉정한 평가지만 나도 공감하네.

나 반대 경우도 있습니다. 계획을 현실과는 무관한 요식 행위라고 생각하는 것이죠. 만들어지자마자 서랍으로 직행하는 것이 계획이라고 냉소적인 말을 하는 경영자들도 있습니다. 계획무용론이라고나 할까요? 계획을 수립하기는 하지만 실행에 옮기는 전략이나 행동 계획을 담은 것이 아니라 예산을 배분해 놓은 엑셀 시트로 생각하는 것이죠.

드러커 냉소는 경영에는 가장 유해한 적이네. 진지한 통찰과 성실한 노력

• 이 글은 wikipedia, "Planning fallacy"를 참고해 작성했다.

을 내쫓는 극악무도한 주범이지. 책상 서랍에 묻히는 계획은 정교함의 역설 탓이야. 계획은 정확해야 한다는 생각에 치중하는 태도지. 두 가지 입장이 있네. 첫 번째는 계획은 현실을 반영해야 하는데 100퍼센트 정확하게 반영하긴 어려우니 예산 계획 정도로 계획의 가치를 무시하는 것이야.

두 번째는 반대의 경우인데, 정확성을 제고하기 위해 너무나 많은 내용을 계획에 포함시키려는 태도지. 모든 상황을 통제할 수 있다고 가정하고는 모든 것을 예비해 두려는 잘못된 의지를 발휘하게 되지. 결국 그런 계획은 현실에서는 소용없는 것이 되어버리네.

나 네, 맞습니다. 또한 조직 역량이나 자원에 대한 현실적 판단이 부족한 것도 이유라고 생각합니다. 목표를 무리하게 설정하는 것이죠. 제가 일했던 한 기업에서는 연간 매출액이 2000억 원인 수준인데도 다음 해 매출액을 5000억으로 세웠던 적이 있습니다. 회장님의 비전이 반드시 성취해야 할 목표가 된 것이지요. 높은 목표를 통해 직원들의 의욕을 고취하려는 깊은 뜻이었지만, 꿈을 현실로 달성해야만 하는 직원들의 부담감은 상상 외로 막대했습니다.

드러커 나도 공감해. 경영자들은 계획을 수립하면서 많은 실수를 하고 있지. 계획을 통해 제대로 경영하는 일은 만만치 않은 것이야. 그래서 먼저 계획에 대해 분명한 생각을 해둬야 하네. 왜 조직이 계획을 수립하며, 효과적인 계획이란 어떤 것이고, 어떻게 계획을 경영의 도구로 사용하느냐에 대해 명료하게 판단해야 한다는 뜻이네.

계획은 예측이 아니다

드러커 먼저 계획은 절대로 예측이 아니라는 점을 인정해야 하네. 아무리 뛰어난 기업가나 조직이라고 해도 미래를 알 수는 없지 않겠나? 예언자와 경영자는 어울리지 않아. 계획만으로는 결코 미래를 주도할 수 없네.

나 그 말씀은 어떤 뜻인지요?

드러커 계획은 그 누구도 알 수 없고 완벽하게 통제할 수 없는 미래를 향한 중요한 행동을 지금 정해두는 것인데, 그 미래상이 계획한 대로 이루어진다고 생각할 수 있겠나?

나 계획한다고 해서 원하는 미래가 만들어지지는 않는다는 뜻이지요? 그렇지만 계획은 있어야 하지 않나요?

드러커 당연하지. 계획은 본질상 불확실한 것이지만, 조직이 원하는 특정 지점과 그곳에 도달하는 방법을 규정하는 것이네. 이것이 있어야만 조직은 자원과 노력을 집중할 수 있지. 예를 들어 신상품을 성공시키려는 목표에는 시장점유율 계획, 유통경로 계획, 목표 미달 시 대안, 활동별 투입 자원 등 목표·상황·행동에 대한 계획이 있어야 하네. 이렇게 해서 계획은 미래를 창조하는 행동을 이끌어가는 것이네. 인간의 행동을 한 방향으로 규율할 수 있게 되는 것이지. 내가 다음과 같은 말을 통해 전달하려고 했던 뜻이네.

> 미래를 예측하는 것은 깜깜한 밤에 라이트를 끄고 백미러를 보며
> 시골길을 운전하는 것과 같다
> 미래를 예측하는 가장 좋은 방법은 미래를 창조하는 것이다.

나 그렇군요, 잘 알겠습니다. 그래서 박사님께서 "계획은 분석, 용기, 경험, 직관을 필요로 한다. 그것은 기술이라기보다는 책임이라 할 수 있다"라고 말씀하신 것이군요.

드러커 제대로 이해했군. 계획은 현재 알고 있는 사실과 상황에 대한 분석, 경영자의 경험을 통해 걸러진 정보를 기초로 체계적으로 수립해야 하지만, 불

확실한 미래에 대한 판단은 100퍼센트 확실한 것이 아니야. 분석과 직관이 모두 필요한 이유네. 또한 경영자는 자신의 판단을 믿고 행동 계획을 결정해야 하지. 목표를 달성하기 위해 자원과 노력을 사용한다는 의지와 앞으로 나타날 모든 결과에 대한 자신의 책임을 분명히 하고서 말이야.

나 말씀을 듣고 보니 계획에는 중요한 뜻이 담겨 있군요.

드러커 그렇네. 계획은 예측이 아니라 미래를 창조하는 행동을 정하는 것이야. 이제 폭넓게 계획의 필요성을 검토해 보세. 자네가 한번 설명해 보게나.

나 계획의 필요성은 다음과 같이 설명할 수 있습니다.

계획의 필요성

첫째, 계획은 미래의 불확실성을 줄인다. 경영자들이 변화를 예측하고 변화의 영향에 대해 생각하게 만들고, 변화에 대응하는 방안을 개발하도록 함으로써 미래의 불확실성을 줄인다. 계획은 미래를 준비하는 적절한 방침과 전략을 명확하게 세우도록 한다.

둘째, 계획은 조직 역량을 모으는 장치다. 계획은 경영자와 직원 모두에게 방향과 우선순위를 제시하고, 이를 통해 협력을 이끌어낸다. 모든 조직 구성원이 우리 회사가 어디로 가고 있고, 그 목표에 도달하기 위해 기여해야 하는 것이 무엇인지를 이해할 때 서로의 행동을 조정할 수 있고, 팀워크와 협력이 증진될 수 있다.

셋째, 계획은 효율적인 경영활동을 위한 장치다. 계획을 통한 우선순위와 자원 활용 계획은 중요한 활동에 자원을 배분하고, 우선순위가 낮은 활동을 없애거나 줄이도록 돕는다.

넷째, 계획은 조정과 통제를 촉진한다. 만약 조직 구성원들이 스스로 무엇을 해야 하는지 모른다면 그들의 성과를 평가하기 어렵다. 계획에 담긴 목표와 세부 계획, 기대성과를 통해 계획의 진행 여부와 목표가 충족되었는지를 평가할 수 있다. 만약 심각한 차이가 발견된다면 이를 수정할 수 있다.

드러커 잘 정리했어. 계획은 기업활동에 방향과 목표와 규율을 부여하는 효율적인 장치로서 반드시 있어야 하는 것이네. 다만, 계획에 담긴 가정에 대해서는 언제나 틀릴 수 있다는 한계를 철저하게 인식하고서 말이야.

계획에 담아야 할 것: 목적, 목표, 실행 방법, 예산, 평가

나 그렇다면 계획에 담아야 하는 내용은 어떤 것이 있을까요? 책상 서랍이 아니라 현장에서 미래를 창조하는 행동 지침으로 활용되는 계획 말입니다.

드러커 계획은 사명에서 시작해서 실행 방법과 예산으로 완성되지(드러커, 2010: 108). 즉 조직의 궁극적 존재이유인 사명에 비추어서 이를 실현하는 목표를 설정하고, 이 목표를 달성하는 경영활동을 조직하고, 최종적으로 자원을 배분하는 계획을 설정하는 것이라네.

> 계획은 사명Mission, 비전Vision, 목적Goals, 목표Objectives, 실행 활동Action Steps, 예산Budgets, 평가Appraisal를 모두 망라한다(드러커, 2010: 99).

나 여러 항목이 포함되네요. 일반 기업도 이런 항목을 다 포함해서 계획을 수립합니다. 그렇지만 용어는 명확하게 정의할 필요가 있다고 생각합니다. 조직마다 사용하는 의미가 다르기도 하고요. 그리고 마지막에 언급하신 '평가'는 이해가 되지 않습니다.

드러커 계획을 세울 때는 가장 먼저 사명을 확인해야 해. 사명을 실현하기 위해 지금 무엇을 해야 하는지를 확실하게 발견해야 하기 때문이지. 어떤 경우에는 사명을 재검토하는 경우도 있을 수 있어. 외부 환경이 변했을 수도 있거든. 사명을 철저하게 확인할 때 이를 실현하는 목적과 목표를 도출할 수 있네. 다음 사례를 살펴보도록 하지.

어느 미술관의 사명과 목적•

사명: 예술과 사람을 맺어준다.

목적 1: 소장품을 보존하고 뛰어난 작품을 찾고 수집하는 제휴 관계를 고무시킨다.

목적 2: 대중적이고 학술적인 전시, 지역사회 교육, 출판을 통해서 사람들이 예술을 발견하고, 즐기고, 이해하도록 만든다.

목적 3: 미술관 방문객을 크게 증가시키고 신규 및 기존 회원들과 함께 미술관의 영향력을 강화한다.

목적 4: 최신식 시설, 기술, 운용을 유지한다.

목적 5: 장기적으로 재정적인 안정을 강화한다.

나　사명과 목적이 잘 연결되어 있네요. 사명에 담긴 포괄적인 내용(예술과 사람의 연결)이 소장품 확보, 대중적인 행사, 방문객 증가, 시설 관리, 재정적 안정으로 구체화되었습니다.

드러커　그렇네. 자네가 말했듯이 사명은 높은 수준에 있는 포괄적인 것이고 계획은 사명을 실현하기 위한 행동을 표현한 것이야. 바로 인간의 행동이고 조직의 행동 말일세. 따라서 포괄적인 사명을 구체적인 행동으로 전환하려면 목적과 목표를 잘 정립해야 하지. 그래서 비전선언문을 만드는 것이 계획 수립에 도움이 되네. 비전선언문에 조직의 목적을 달성하고 사명을 성취했을 때의 모습을 그려보는 것이지.

나　그렇군요. 그런데 목적과 목표는 명확하게 정의해야 하지 않을까요? 저는 장기적인 목표와 단기적인 목표라는 시간을 기준으로 구분하지만 가끔은 혼동합니다. 같은 말 같기도 하고, 달라야 하는 것 같기도 하고요. 기업에서는 대개 전략목표 혹은 전략과제와 경영목표라는 말로 구분하기도 합니다.

• 이 글은 드러커(2010: 102~103)를 인용했다.

드러커 둘은 명확하게 다른 것이야. 목적은 조직이 나아가야 하는 근본적이고 장기적인 방향이야. 사명을 실현하기 위해 장기적으로 달성해야 하는 어떤 지점이지. 반면 목표는 명확하게 측정 가능한 단기적인 성취를 뜻하네. 따라서 목적은 미래의 윤곽을 그려주고, 목표는 성공이라고 말할 수 있는 결과를 창출하기 위해 자원을 집중하는 영역을 알려주지. 그리고 네 번째 질문에서 반드시 실현하겠다는 결과를 정의하지 않았나? 결과에 대한 답변이 이제 목적과 목표로 구체화 되는 것이지. 결과 중에서 중요성과 수준, 실현 전망을 기준으로 조직의 상황에 따라 접근하면 될 것이네.

나 명확하게 이해됩니다. 앞선 질문에서 도출한 내용들이 계획에서 구체화되는 것이군요.

계획은 행동이다

나 다음은 실행 활동입니다. 이것은 목표를 달성하는 활동을 계획하는 것을 말씀하시는 것이죠? 신상품 개발이 목표라면 연구개발과 상품 개발, 마케팅에 관한 중요한 활동이 정리되어야 합니다.

드러커 그렇지. 실행 활동이란 목표를 달성하는 가장 중요한 행동을 말하네. 그런데 중요한 점은 기능적으로 하고 있는 행동이 아니라 목표와의 관련성에서 반드시 실천해야 하는 전략적 행동, 필수적 행동을 말한다는 점이네.

나 단순히 조직을 운영하기 위한 행동이 아니라 결과를 달성하는 의도적 행동을 말씀하시는 것이죠? 예를 들어 회계 결산이나 구매 행위가 아니라 해외시장 공략을 위한 해외 지점 설치, 현지 관리자 채용 같은 행동 말이죠?

드러커 그렇네. 또 하나 중요한 점은 모든 행동에는 책임이 분명하게 부여되어 한다는 점이야. 책임이 없다면 결과도 없고 성공도 없네. 그래서 실행 활동을 계획서에 담을 때는 책임자(책임 조직), 달성 시한, 기대하는 결과가 반드시 포함되어야 하네.

행동에 포함해야 할 것: 행동, 책임자, 달성 시점, 기대성과

예시 신상품 개발 실행 활동 계획

행동	책임자	달성 시점	기대성과
신상품 후보 발굴	연구소 ○○팀	○○년 3월	시장규모 10억 이상 후보 3개
상품 시제품 개발	연구소 ○○팀	○○년 9월	기능 테스트가 가능한 시제품 2개
신상품 개발 확정	마케팅 본부장	○○년 12월	개발 상품과 상품 사양, 개발 계획

나 잘 알겠습니다. 박사님 말씀에 뜨끔합니다. 제가 사업계획을 수립하면서 특히 이 부분을 소홀히 했습니다. 부서별로 역할과 책임이 명확한 활동은 문제가 없었는데 새로운 프로젝트에 대해서는 명확한 책임자를 정하지 못한 경우도 있었고, 마감 시한에 대해서 타협을 많이 했습니다. 부서는 되도록 늦게, 경영진은 되도록 빨리 일정을 제안했는데 이에 대해 명확하게 결론을 내지 못했죠.

드러커 충분히 이해하지만 그렇게 해서는 안 되지.

나 네, 다음은 예산입니다. 예산 수립은 기본적인 일이라 많은 경영자들이 잘 이해하고 있습니다.

드러커 경영자들이 매우 익숙하게 하는 일이기는 하지. 또 예산을 짜는 재무기법도 많이 발달했고 말이야. 그런데, 몇 가지 유의할 점에 대해서 얘기해 보고 싶네. 과연 예산 수립을 통해 적절하게 자원을 배분하고 있는가 하는 문제 말일세.

나　　당연히 예산은 한정된 자원을 활동과 프로젝트에 제대로 배분해야 합니다. 따라서 우선순위에 따라 배분 지침을 잘 세우는 것이 중요하죠.

드러커　　그렇지. 그런데 과연 이 원칙이 잘 지켜지고 있다고 보는가? 실제로 많은 조직을 보면 철저하게 효과에 입각한 예산 수립이 잘 안 되고 있네. 대표적으로 사업 부문 간의 갈등이나 경영자 간의 영역 다툼으로 예산이 왜곡되는 문제가 있지. 만일 자네가 전자제품을 생산·판매하는 기업의 CEO라고 생각해 보세. 오랜 기간 꾸준한 매출과 수익을 올려준 범용 제품을 담당하는 사업부와 이제 막 시장이 형성되고 있는 첨단 상품을 판매하는 사업부 간에 어떻게 예산을 배분하겠나? 두 사업부가 나름 상당한 근거가 있는 확장 계획을 세웠다면 어떻게 예산을 책정하겠는가?

나　　꽤 어려운 문제입니다. 저라면 조금씩 양보하도록 모두를 설득하겠습니다.

드러커　　많은 기업들이 그렇게 하고 있지. 그렇지만 타협은 그 누구도 만족시키지 못해. 서로 자기 아이라고 우기는 부모들에게 아이를 반으로 잘라주는 것과 같아. 솔로몬은 이 문제를 잘 해결해서 한 번에 끝났지. 그런데 경영자는 이런 문제를 자주 만나게 되는데, 타협을 하게 되면 관련된 사업부 모두 불만을 품게 될걸세. 그리고 다음부터는 실제 필요한 것보다 과장된 예산안을 제안할 것이고 말이지.

나　　박사님 말씀이 맞습니다. 솔직하게 인정합니다. 제가 기획팀에서 일할 때 이런 현상을 자주 겪었습니다. 돈은 모자라고 달라는 곳은 많고…… 어떻게 접근해야 할까요?

드러커　　예산 편성은 기술이나 기법에 관한 문제가 아니야. 한정된 자원, 우선순위라는 원칙, 다양한 요구 간의 충돌을 풀어야 하는 어려운 과업이지. 안타깝지만 이 문제를 해결하는 보편적 원칙은 없네. 다만, 경영자는 우선순위와 효과성이 예산 편성의 원칙이 되도록 이를 잘 다듬어야 하고, 기준과 원칙에 따른 예산 배분이 되도록 관여된 사람들을 잘 설득해야 한다는 것을 지적하고 싶네.

평가 없는 계획은 계획이 아니다

나 잘 알겠습니다. 다음은 평가입니다. 이것은 계획과 실적에 대한 비교 분석을 말씀하시는 것이지요?

드러커 맞아. 계획과 평가는 동전의 양면이고 수레를 움직이는 바퀴와도 같아. 실제로 나타난 일, 즉 성공과 실패를 계획에 비추어 분석하고 평가해야 하네. 이를 통해 계획이 올바른 것인지를, 혹은 계획을 수정해야 하는지를 알 수 있게 되지.

나 그렇다면 계획을 수립할 때 평가할 것이 무엇인지를 사전에 정의해 둬야겠네요. 이것이 불충분하다면 나중에 계획이 제대로 가고 있는지를 알기 어려우니까요.

드러커 좋은 지적이야. 계획에는 중요한 성과지표가 반드시 포함되어 있어야 해. 만일 고객만족도 향상을 중요한 목표로 설정했다면 고객만족도나 고객 충성도, 고객 재방문율 같은 성과지표를 사전에 만들어두는 것이야.

나 전적으로 동의합니다. 사명과 목적을 측정할 수 있는 도구가 없다면 얼마나 이루어지고 있는지 알 수가 없으니까요. 박사님께서도 결과를 위한 경영에서 올바른 성과지표와 측정을 강조하셨지요.

드러커 맞네. "측정할 수 없는 것은 관리할 수 없다"라는 말은 경영자에게는 매우 중요한 원칙이지. 결코 까먹으면 안 되네.

나 명심하겠습니다, 경영자는 평가지표를 사전에 잘 만들어두어야 합니다.

드러커 그렇네. 그런데 이것으로 충분한가?

나 다른 문제가 있습니다. 의외로 많은 기업이 계획서를 정교하게 만드는 데는 열심히 노력하고서는 평가를 제대로 하지 않습니다. 그러고는 변명을 합니다. "시간이 부족해요, 평가만 할 수는 없지 않나요?" 또는 "큰 성공과 실패가 흔한 일은 아니잖아요. 대체로 계획대로 가고 있습니다"라고 말합니다. 특히 그다지 큰 차이가 없다는 변명에는 화가 납니다. 최선의 목표가 담긴 계획을 세웠다면 목표치를 크게 벗어나지 않는 현실은 있을 수가 없거든요. 이 변명은 성취 가능성이 그다지 어렵지 않은 안정적인 계획을 세웠다는 증거입니다. 뛸 수 있는 경기, 승리 가능성이 높은 전투만을 계획했다고 할까요? 기록을 높이는 것이 아니라 승률에 집착하는 조직은 결코 성장하지 못합니다. 그래서 저는 '계획이 무엇인가?'라는 질문은 계획을 수립할 때만이 아니라 계획을 집행하는 과정에서도 계속 질문해야 한다고 생각합니다.

드러커 좋은 지적이야. 계획은 소설도 아니고 혁명선언문도 아니네. 계획은 열망을 담은 탐험 계획과 가까울 게야. 계획은 사명과 결과를 연결하는 행동의 여정을 만드는 것이기 때문이지. 구성원들의 노력을 모아 의도를 실천으로 바꾸고, 의미 있는 변화를 창조하는 일이 바로 계획이지. 따라서 계획은 한 번 만들어두면 그것으로 완성된 것이 아니라, 사업 활동을 하는 내내 점검되고 평가되고 바뀌는 역동적인 것이어야 해.

계획이 이끄는 조직

나 박사님 말씀을 듣고 보니, 계획은 조직 활동의 전 과정을 이끄는 도구라는 생각이 듭니다. 사명을 실현하는 목적과 목표를 명확하게 세우고, 이를 달성하는 활동을 조직하고, 자원을 배분하고, 평가를 통해 사명 달성을 점검하거나 재검토하는 과정은 조직이 운영되는 과정 그 자체입니다. 다음 그림처럼 말이죠.

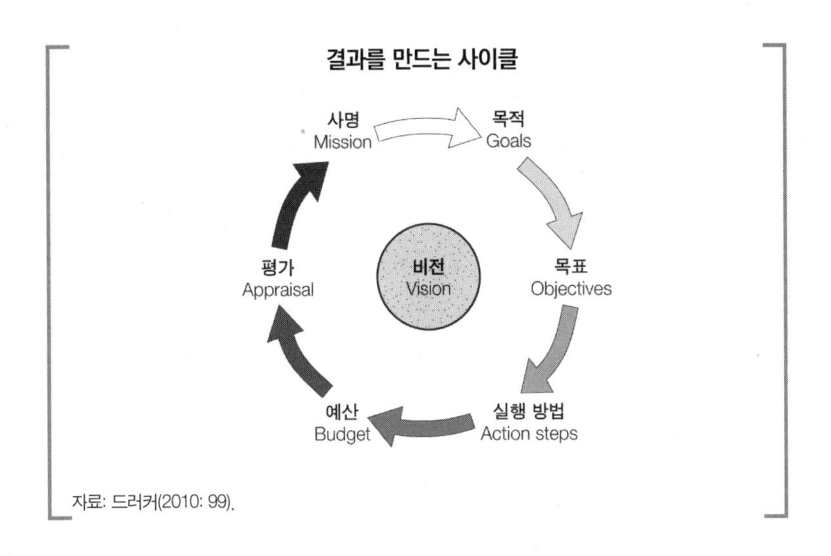

자료: 드러커(2010: 99).

드러커 정확한 표현이야. 계획을 통해 결과를 만드는 사이클을 조직 안에 구축하는 것이지. 원대한 사명이나 목적은 헌신의 의지와 방법을 담은 계획을 통해 비로소 조직을 이끌게 되는 것이지.

나 그러고 보니 "경영자의 역할은 지루한 일을 끊임없이 수행하는 것"이라는 박사님의 말씀이 이제야 이해됩니다. 경영자가 하는 일은 사명과 비전을 세우고, 사람들이 집중해서 행동하도록 하고, 늘 결과를 점검하면서 목표에 다가가도록 하는 것이지요.

드러커 하하, 잘 이해하고 있군. 올바른 일을 꾸준히 실행하는 것은 결코 화려하지 않아. 흔히 사람들이 생각하듯이 화려한 집무실에서 멋지게 지휘하는 모습은 경영자의 본 모습이 아니야. 경영자의 일이란 책임을 상기하고, 현실로부터 교훈을 배우고, 다시 실천하는 끊임없는 과정이지. 페리클레스와 키루스라는 고대의 두 지도자가 있네. 역사가인 투키디데스는 페리클레스를 이렇게 묘사했지. "카리스마가 넘치는 아테네의 지도자로 훌륭한 용모와 침착성, 지혜를 가졌으며, 스스로 규율을 만들고 다른 사람들보다 높은 자리에서 사람들을 이끄는 철인왕의 모델."

반면에 그 또한 뛰어난 리더였던 크세노폰은 페르시아를 이끈 키루스를 진정한 리더로 칭송했는데, 키루스가 한 일이 무엇이었는지 아나? 병법, 협상, 회의 진행, 평가 기준과 승진 지침 수립, 동맹국 관계 대응, 의사소통이었다네. 매우 지루하고 특별할 것이 없는 조직의 일상 과업들이었지. 경영자는 바로 이런 일을 하는 사람이네.

나 그렇군요. 계획을 현실로 만들기 위해 경영자가 어떻게 해야 하는지 알겠습니다.

드러커 계획은 이러한 경영자의 일을 제대로 하도록 돕는 것이어야 하네. 계획은 결코 고정적인 것이 아니야. 단 한 번으로 완성될 수 없고 현실로부터 재평가되고, 바뀌면서 행동을 이끄는 발판이 되는 것이지.

2

효과적인 계획과 효과적인 경영

나 박사님, 이제 계획을 제대로 만드는 방법을 알고 싶습니다. 완벽이 아니라 효과적인 계획을 수립하는 일 말이죠. 저는 여러 번 계획을 수립해 봤지만 노력에 비해 생산성이 낮은 일이 또 이 일인 것 같습니다.

드러커 왜 그렇게 생각하지?

나 먼저, 시간과 정보의 부족이 항상 어려운 점이었습니다. 매년 연간 사업계획을 세우지만 항상 시간에 쫓겼죠. 현재 사업을 운영하면서 미래 계획을 세우는 데 경영자들이 큰 부담을 느끼는 것이 사실입니다. 또한 계획 수립에 필요한 정보(시장, 고객, 경쟁자, 산업 환경, 기회 및 위험 요인 등)를 모으고 정리하는 일도 만족스럽지 않았고요.

드러커 기업이 느끼는 압박감이 간단치 않다는 점은 나도 잘 알고 있네. 또한 더욱더 어려운 일이 되고 있지. 외부 환경의 불확실성은 높아지고 변화의 속도는 빨라지고 있네. 기술혁신과 경쟁환경의 변화는 과거 수십 년 동안 이루어진 변화를 단 몇 주로 압축하고 있지. 이런 변화의 한가운데 있으니 계획 수립에 큰 압박을 느낄 수밖에 없는 것이네.

나 그렇습니다. 계획 수립에 많은 시간을 투자하기도 어렵고, 그렇다고 해도 열심히 만든 계획이 제대로 굴러갈지 확신을 갖기가 점점 어렵습니다. 일종의 딜레마라고 할까요?

드러커 그렇지만 불확실성이 높아질수록 행동 경로를 명확하게 세워둬야 해. 무엇을 어떻게 할지를 정해둬야 실제로 어떤 일이 벌어졌을 때 대응하기가 쉽지 않겠나? 오늘날에는 효과적인 계획이 더욱더 필요해졌다는 뜻이야.

나 정교하지는 않지만 큰 그림을 담아야 하고, 중요한 행동에 대해서는 계획을 만들어야 한다는 뜻인가요?

드러커 바로 그렇네. 계속 강조하지만 경영자들은 정교함에 대한 집착을 이제 버려야 해. 계획이 미래를 예측하는 것이 아니라는 점을 분명히 이해하고 가장 중요한 핵심 요소를 담도록 노력해야 하지. 이 핵심 요소가 담겨 있어야만 실현 가능성이 높은 올바른 계획을 세울 수 있네.

효과적인 계획의 핵심 요소

드러커 효과적인 계획은 폐기, 집중, 혁신, 위험 감수, 분석의 다섯 가지 요소를 담고 있어야 하네.

효과적인 계획의 다섯 가지 요소*

① **폐기** Planned abandonment

폐기는 적절한 결과를 산출하지 못하거나, 산출을 감소시키는 사업, 상품, 프로그램이나 활동을 의도적으로 제거하는 것이다. 폐기에 대한 결정은 계획 수립에 있어 첫 번째 결정이다.

② **집중** Concentration

집중이란 잘하는 것을 더욱 강화하는 것이다. 조직은 성공을 가능케 하며 올바른 결과를 성취하는 데 공헌할 수 있는 사업, 상품, 프로그램, 활동에 초점을 맞추어야 한다.

③ **혁신** Innovation

혁신은 새로운 관점에서의 성과를 만들어내는 변화를 말한다. 혁신은 다양한 형태로 나타날 수 있는데, 새로운 상품, 프로그램이나 서비스, 더 좋아진 프로세스 등으로 나타날 수 있다.

④ **위험 감수** Risk-taking

계획은 어느 지점에서 위험을 무릅쓸 것인지에 대한 결정을 포함한다. 조직이 감당할 수 있는 위험과 무리한 위험을 구분하고, 단기적 안목과 장기적 안목의 균형을 맞추어야 한다.

⑤ **분석** Analysis

포기할 것, 집중할 것, 새로운 것의 시작, 모험의 여부에 대해 조직은 알지 못하는 경우와 확신하지 못하는 경우를 인지해야 한다. 최종적인 결정 이전에 분석을 통해 결정의 효과성을 높여야 한다.

나 박사님이 '폐기'를 먼저 제시한 것이 의미심장합니다. 계획 수립에 앞서 버려야 할 것을 확실하게 하라는 말씀이시죠? 목표 달성에 기여하지 못하는 사업, 제품, 일을 먼저 버리라는 뜻이라고 생각합니다.

드러커 의미를 제대로 이해했군. 무엇인가를 얻으려면 반드시 먼저 버려야 하네. 목표 달성에 도움이 되지 않았던 것, 유용성과 기여 가능성을 상실한 것들을 포기한다는 뜻이야. 이것들을 그대로 둔 채 멋진 계획을 세울 수 있을까? 계획은 가장 큰 성공 가능성에 자원을 배분하는 것인데도 말이지.

나 박사님께서 폐기를 말씀하신 것은 참으로 뛰어난 통찰이라고 생각합니다. 그런데도 폐기를 제대로 이해하지 못하는 경영자들이 많습니다.

드러커 많은 경영자들이 창조나 혁신에는 고개를 끄덕끄덕하면서도 폐기에 대해서는 큰 관심을 기울이지 않아. 시간과 자원, 인재가 충분하다고 생각

• 다섯 가지 요소는 드러커(2010:105~108)가 제시했으며, 설명글은 저자가 해설한 것이다.

하기 때문일 게야.

나 　그런 조직도 있을 수 있지 않을까요?

드러커 　결코 그렇지 않네. 자네는 조직에서 부족한 것이 무엇이라고 생각하는가? 대부분은 조직에서 부족한 것은 아이디어라고 생각하는데 전혀 이치에 맞지 않는 생각이야. 언제나 진정으로 부족한 것은 아이디어가 아니라 자원이야. 부족한 자원을 먼저 풀어주지 않으면 혁신을 위한 충분한 자원을 확보할 수가 없지 않나? 그래서 계획을 수립할 때는 먼저 '우리가 현재 이 부분에 전념할 수 없다면 그것을 시작해야 하는가?'라고 물어봐야 하네. 만일 답이 '반드시 그렇다'가 아니라면 그것을 포기해야만 하지.

나 　현재 하고 있는 사업이나 상품, 프로젝트, 그리고 활동을 평가해서, 더 이상 큰 기여를 하지 못하거나 자원을 낭비하고 있는 것이라면 과감히 손을 떼야 한다는 말씀이시죠?

드러커 　바로 그것이지. 이 말은 말 그대로 받아들여야 하네. 미국 코닥Kodak이 자신들이 오랜 기간 선두 주자로 지배했던 필름 산업을 고수하다가 결국 디지털카메라에 밀려 내리막길을 걷게 된 사례는 결코 특이한 일이 아니네.

나 　잘 알겠습니다. 박사님께서 1981년에 제너럴 일렉트릭GE의 CEO로 부임한 잭 웰치에게 하신 조언이 생각납니다. "만일 이것을 하고 있지 않다면, 지금도 이것을 할 것입니까?"라고 질문하셨고, 이에 대해 웰치는 "1위나 2위가 아닌 사업은 하지 않겠다"라고 결심했죠.

드러커 　그렇네. 웰치는 성공을 그리기에 앞서서 파괴를 기획했네. 그는 항공기 엔진, 가전, 중장비 기기, 조명 등 GE를 만들었던 사업을 원점에서 평가했네. 그리고 가전 사업 포기를 비롯해서 중요한 결정을 했지. 그가 폐기를 먼저 한 것은 그가 책임을 지고 있는 GE를 위해 올바른 결정이었네.

나 　네, 맞습니다. 그런데요, 박사님, 폐기는 인재와의 관계에서 더욱더 중요하다고 생각합니다. 인재를 낭비하는 조직 관행이 너무나 많습니다.

드러커 인재는 조직에서 가장 희소하고도 소중한 자원이지. 그럼에도 인재를 낭비하기란 매우 쉬워. 이들을 그저 문제를 해결하는 일이나 큰 성과를 기대할 수 없는 일에 방치한다면 이들이 큰 성과를 통해 조직에 큰 공헌을 할 수는 없을 것이네.

나 그렇지요. 그런데도 조직에서는 우선 급하니까 제일 우수한 직원을 문제 해결에 투입합니다. 경영자들이 각성해야 하는 사안입니다. 그렇다면, 박사님, 어떻게 하면 폐기를 올바르게 실천할 수 있을까요?

드러커 체계적으로 폐기하는 절차를 경영원칙으로 정착시켜야 하네. 원해서 하는 것이 아니라 항상 실천하는 관행으로 뿌리내려야 하지. 체계적 폐기는 정해진 시점에 정해진 대상에 대해 폐기를 검토하는 것을 말하네. 폐기할 대상을 정하는 시기와 방식을 미리 정해두지 않으면 언제든 자원은 낭비되거나 비효율적으로 사용되기가 쉬워. 왜냐하면 사람은 심리적으로 폐기를 좋아하지 않기 때문이야. 특히 현재의 성공을 이룩해 온 것을 버리는 결정은 큰 저항을 불러오기 때문이네. 따라서 매년 계획을 세울 때는 먼저 버릴 것을 결정한다는 것을 방침으로 정해두면 좋을 것이네.

나 잘 알겠습니다. 폐기를 계획의 첫 번째 원칙으로 삼는다는 것을 명심하겠습니다. 그다음 '집중'은 성공할 부분에 노력을 모아야 한다는 뜻이지요? 자원을 집중한다는 뜻이기도 하고요.

드러커 그렇지. 계획에는 반드시 집중해야 할 것을 정해둬야 해. 오직 집중만이 성공을 가능케 하며 더욱 강화할 수 있기 때문이지. 아울러 최고의 성과를 창출하려면 집중해야 한다는 뜻이기도 하고 말이야. 특히 뛰어난 실적을 보일 때가 바로 '우리는 더 높은 기준을 세울 수 있는가?'라고 물어야 하는 순간이야.

나 그런데요 박사님, 한 가지 어려운 문제가 생각납니다. 특히 여러 사업 부서나 여러 제품으로 이루어진 큰 조직에서는 집중이 쉽지 않습니다. 집중을 하려면 자원을 재배분해야 하는데 이 일이 참 난제입니다. 모든 사업 부서가 자신만이 중요하다고 주장하고 많은 자원이 필요하다고 외칩니다. 제가 일했던 조직에서도 이런 경우는 연례행사였습니다. 그러다 보니 연간계획을 수립할 때 지난해에 비해서 약간의 변화만 주는 선에서 자원을 배분했습니다. 집중이 아니라 형평이 원칙이 되었습니다.

드러커 어떤 상황인지 잘 알고 있네. 현재의 사업, 현재의 상품, 현재의 프로젝트는 저마다 강력한 대변인이 있어. 그래서 경영자는 이들이 하는 말을 잘 듣고 균형적으로 판단하기 위해 최선을 다해야 하지. 그런데 진정으로 집중이 어려운 이유는 집중이란 흑과 백 사이에서 하나를 고르는 일이 아니라 크게 다르지 않은 회색 가운데서 선택을 하는 일이기 때문이야.

나 네, 어떤 말씀이신지 알 것 같습니다. "열 손가락 깨물어 안 아픈 손가락 없다"라는 속담이 생각납니다. 각 사업이나 부서마다 다 자원이 필요한 이유가 있죠. 어떻게 하면 제대로 집중을 실천할 수 있을까요? 부서와 경영자 간에 갈등 없이 실천할 수 있을까요?

드러커 집중하지 않으면 큰 성공을 얻을 수 없다는 최고경영자의 철저한 인식이 먼저 있어야만 하네. 미래를 위해 현재 집중해야 하는 것이 무엇인가를 분별하고, 일단 결정했다면 타협 없이 실천하겠다는 의지를 발휘해야 하지. 그리고 과거보다 미래에 투신하는 기업가정신을 모든 경영자가 갖도록 돕는 조직문화가 있어야지. 이런 문화가 튼튼한 조직에서는 자신이 소속된 부서가 아니라 기업 전체에, 현재 성공하는 상품이 아니라 미래에 성공할 상품에 모든 경영자가 초점을 맞추게 되네.

나 알겠습니다. 미국 3M은 5년간의 신상품 매출 비율을 철저하게 준수하는 조직문화로 유명합니다. 이 기업의 경영자들은 늘 다음 상품을 준비하죠. 다음으로 계획과 혁신에 대해서 얘기하고 싶습니다.

드러커 내가 마케팅과 혁신은 기업의 가장 중요한 기능이라고 언급했던 것을 기억하고 있는가? 기업의 본질은 변화를 일으키는 데 있네. 그래서 모든 계획에는 혁신을 반드시 포함시켜야 하지.

나 유지가 아니라 혁신을 담아야 한다는 뜻이지요? 어떤 접근방법으로 혁신을 계획할 수 있을까요?

드러커 먼저 새로운 기회에 주목해야 하지. 외부 환경을 잘 살펴보고, 고객의 소리를 들어보고 우리가 활용할 수 있는 기회는 무엇일까를 질문해야 하네. 위대한 경제학자인 조지프 슘페터Joseph Schumpeter가 말한 대로 혁신은 새로운 가치를 창출하는 모든 것이야. 새로운 상품, 새로운 시장, 새로운 유통 방식, 새로운 프로세스, 새로운 업무 조직과 방식이지. 중요한 것은 혁신의 원천을 넓고 깊게 살펴보고, 기업 강점에 부합하는 혁신 기회를 발견하는 것이야.

나 알겠습니다. 그렇지만 현실적으로 모든 혁신을 다 할 수는 없지 않나요?

드러커 혁신은 '새로운 것은 뭐든지 좋다'는 생각과는 전혀 다른 것이야. 그래서 혁신의 기회를 발견한 뒤에는 실행의 문제를 진지하게 검토해야만 하지.

혁신 실행을 위한 점검

- 새로운 혁신을 위해 필요한 것이 무엇인가?
- 고객이 가치 있게 여기는 것은 무엇인가?
- 기술적 수준은 어떠한가?
- 우리가 변화를 이끌어낼 수 있는가?

나 제가 만나본 혁신적 기업가들은 모두가 새로운 사업 기회 발굴과 상품 개발에 온 정신을 다 쏟습니다. 이들이 경영하는 조직의 규모는 다양했습니다. 혁신은 체계적이고 고된 노력을 요구한다는 박사님의 말씀이 생각납니다. 규모가 크든 작든, 기업 역사가 길든 짧든 박사님이 말씀하신 질문에 대답하면서 혁신의 기회를 발굴해야만 하죠.

드러커 그렇지. 저마다 참여하는 산업과 분야에 따라 기회는 다양할 것이야. 그리고 자신이 기회를 발견하지 않는다면 다른 사람이 먼저 기회를 발굴하고 앞서갈 것이야. 혁신은 선택이 아니라 기본이고 필수적인 목표네. 아마존의 제프 베이조스Jeff Bezos가 1994년 인터넷 경제가 막 태동하던 시기에 전자상거래라는 비전을 보고 아마존을 창업하기 위해 매우 서둘렀던 것을 생각해 보게나.

나 네. 그럼 다음으로 위험 감수는 어떻게 이해해야 할까요? 폐기와 계획의 관계같이 위험 감수가 왜 계획에 담겨야 하는 핵심 요소인지 잘 이해되지 않습니다.

드러커 위험 감수야말로 기업가정신의 요체네. 그리고 기업가정신은 기업이 갖춰야 하는 필수 기능이지. 기업 자체가 새로운 변화를 이끌기 위해 만든 조직이라는 점을 잊지 않았겠지?

나 그 점은 잘 알고 있습니다. 그렇지만 위험에 어떻게 대응해야 하는지가 혼란스럽습니다. 최고의 보상을 기대하면서 모든 위험에 과감하게 대응해야 할지, 아니면 안정적으로 최소한의 위험을 선택해야 할지 말입니다. 혹은 위험이란 가능한 회피해야 하는 것이 아닌가 하는 생각도 가능하다고 봅니다.

드러커 위험을 잘못 이해하고 있기 때문에 혼란스러운 것이야. 가장 흔한 오류는 위험 감수란 모든 위험을 두려워하지 않고 받아들이는 자세라고 이해하는 것이지. 위험 감수에는 다음과 같은 뜻이 있네.

위험 감수

- 위험을 회피할 수는 없다. 미래의 변화를 위해 현재 내리는 결정은 언제나 위험을 동반한다.
- 중요한 것은 불가피한 위험이 무엇인가를 이해하는 것이다.
- 너무 보수적이라면 기회를 상실하게 되고, 너무 빨리 너무 많이 위험을 무릅쓴다

면 기업의 지속성이 큰 위험에 처한다.

• 위험을 무릅쓰는 결정에는 정해진 공식이 없다. 그래도 반드시 이루어져야 한다.

나 받아들일 수 있는 위험을 분별하고, 일단 받아들이기로 판단했다면 과감하게 결정을 내려야 하는 것이군요.

드러커 모든 혁신과 성공을 일군 조직의 배후에는 위험을 무릅쓴 결정이 반드시 있네. 그리고 어떠한 위험인가에 대한 신중한 판단이 결정에 담겨 있지. 어떠한 위험도 받아들이지 않거나 혹은 극단적으로 모든 위험을 무릅쓴다면 아마 혁신은 없었을 것이야. 그런데 조직 바깥의 외부인들은 위험한 결정에 담겨 있는 가정과 고려 사항이 눈에 보이지 않기 때문에 잘못 생각할 수 있지. 그래서 실패한 결정은 항상 무모한 것이었고 성공한 결정은 항상 안전한 결정이었다고 사후 평가를 하기 때문에 위험에 대해 잘못된 생각을 하는 것이네.

나 그렇군요.

드러커 올바르게 위험을 인식하고 기업가적 의사결정을 내린 사람들을 잘 살펴보게. 어떤 사람이 생각나지?

나 1980년대 초에 개인용컴퓨터 산업을 개척했던 스티브 잡스Steve Jobs나 빌 게이츠Bill Gates, 마이클 델Michael Dell이 그렇고 90년대 말에 인터넷 산업을 개척했던 아마존의 제프 베이조스나 구글의 세르게이 브린Sergey Brin이 외부인이 보기에는 그랬습니다. 이들이 내린 결정은 당시 통념으로 보면 터무니없고 위험한 생각이었습니다.

기업가적 의사결정의 예

• 기업이 구매하는 중대형 컴퓨터가 한창 팔리던 시기에 처리 가능한 일도 적고 필요성도 입증되지 않은 장난감 같은 개인용컴퓨터를 판매한다.

- 거대한 PC 제조업체가 지배하던 시기에 PC를 주문을 받아서 제작하고 배달한다.
- 거대 서점이 전국에 있는데 인터넷으로 책을 판다.
- 야후가 지배하던 검색시장에서 단순하고 전혀 아름답지 않은 검색서비스로 도전한다.

그렇지만 이들은 자신이 하는 사업에 따르는 위험을 받아들였고 자신의 결정을 확신했습니다.

드러커 바로 그렇다네, 이들은 기업가적 의사결정을 했지. 위험을 인식하고, 받아들일 수 있는 위험이 무엇일까를 판단하고 필요한 행동을 과감하게 실천한 것이지. 이들은 직관만을 믿고 그렇게 행동한 것이 아니야. 산업의 흐름, 소비자의 인식 변화를 나름대로 이해하고 혁신에 따른 위험에 대해 냉정한 판단을 한 것이네.

나 위험을 감수한다는 말뜻을 이제 알겠습니다. 유통제국을 넘어 거대한 라이프기업으로 발전하고 있는 아마존이 좋은 사례가 아닐까 생각합니다. 초창기에 아마존은 지속되는 적자에 시달리면서도 미국 전역에 물류센터를 설치하는 데 심혈을 기울였습니다. 물류센터 설치라는 결정은 수억 달러를 투자하는 것이고 만일 기대만큼의 온라인 거래가 증가하지 않는다면 기업을 망하게 할 만큼 위험이 큰 결정이었습니다. 그럼에도 상품 규모 증대, 배송 시간 단축이라는 고객가치를 실현하기 위해서는 필요한 결정이었습니다. 지금 아마존은 세계 최대의 라이프기업이 되었습니다.

드러커 잘 이해했군. 다시 강조하지만 그 어떤 기업과 경영자도 위험을 회피할 수 없어. 위험을 감수하고 기회로 활용하는 태도가 올바른 것이네.

나 네. 이제 마지막 요소인 분석입니다. 계획에서 분석은 중요한 요소라고 생각합니다. 모든 결정의 근거는 경영자의 바람이 아니라 현실에 근거해야 하기 때문이죠. 제 생각으로는 분석 수준과 범위가 중요한 문제가 아닐까 싶습니다.

드러커 그렇지. 충분한 분석을 위해 필요한 정보가 무엇인지를 잘 생각해야 하지. 자네는 어떤 정보가 필요한 정보라고 생각하고 있지?

나 몇 가지 핵심 정보가 있습니다. 기업을 둘러싼 환경 정보, 시장 정보, 경쟁자 정보, 역량과 자원에 관한 정보이죠. 계획에 담는 목표와 중요한 우선순위를 정하기 위해 꼭 알아야 하는 정보들이죠.

드러커 잘 알고 있군. 그런데 정보를 이해하는 초점을 먼저 분명히 해야 되네. 그렇지 않으면 분석만능주의에 빠지거나 무기력증에 빠지게 되지. 자네가 앞서 말한 것처럼 많은 시간을 공들여 계획을 만들고도 써먹지 못하는 경우가 생기게 되지.

나 네, 그 점은 잘 알고 있습니다. 어떻게 정보를 이해해야 할까요?

드러커 자네는 조직에게 의미 있는 결과는 내부가 아니라 외부에 있다고 내가 말한 것을 기억하는가? 고객이 있고 결과가 있는 현장은 외부야. 따라서 외부에서 어떤 일이 벌어지고 있고, 어떤 변화가 있는지 이해하도록 돕는 정보를 얻는 것이 분석의 의미이자 가치네. 이를 통해 목적과 목표, 결정의 근거를 얻을 수 있지. 최소한 다음 영역에 대해서는 제대로 분석을 해야 하네.

분석이 필요한 영역

- 이제 막 나타나고 있는 기회
- 의미 있는 변화
- 예기치 못한 성공과 실패
- 취약하지만 필수적인 과업 영역
- 임박한 도전

나 그렇군요. 항상 계획을 세울 때 정치·사회·경제·문화·기술 등 다양한 정보를 수집해서 분석했지만 가장 중요하게 파악해야 하는 것이 무엇인지 깊게 생각 못 하고 있었습니다. 이러한 영역에 대해서 어떻게 분석을 하는 것이 효과적일까요?

드러커 기업은 시장조사를 신뢰하고 많이 사용하고 있지. 물론 이것은 필요한 작업이야. 그런데 중요한 것을 놓치고 있어. 외부로부터 새로운 가치를 발견하는 통찰력은 형식적 조사를 넘어서는 개방적 태도에 달려 있네. 다음 사례를 보게.

펩시콜라 이야기

1970년대 펩시는 미국 콜라 시장에서 코카콜라에 한참 뒤져 있었다. …… 펩시의 시장 조사팀은 고객들이 청량음료를 사서 마실 때 나타나는 행동을 연구하기 시작했다. …… 조사팀은 총 350 가족에게 할인된 가격에 매주 원하는 만큼의 콜라를 살 수 있도록 했다. 이들 가족들의 행동을 추적한 결과 아무도 예상치 못했던 사실을 발견했다. 즉 그 가족들이 콜라를 마시는 양의 한계는 집으로 들고 갈 수 있는 양만큼이었다. 여기에서 힌트를 얻은 펩시는 콜라를 묶음으로 판매하는 데 초점을 맞추기 시작했다. 특히 콜라 용기를 보다 가볍게, 가능한 한 손에 들고 가기 편하게 만드는 데 집중했다. 그래서 펩시는 유리병 대신에 플라스틱 용기와 여섯 개가 한 묶음이 아닌 더 많은 수를 팩으로 묶는 방식을 도입했다. …… 그런 혁신은 결코 코카콜라나 펩시콜라 마케팅 담장자의 직관에서는 나올 수 없는 것이었다. …… 그런 혁신은 또 고객들이 무얼 원하는지 조사한다고 해서 얻을 수 있는 것도 아니었다. 펩시가 혁신에 성공한 것은 다른 사람의 경험에서 힌트를 얻은 데다 열린 마음으로 왜 그런가 하는 호기심으로 자세히 관찰한 덕분이다(마그레타, 2004: 228~229).

나 아, 그렇군요! 직접 고객이 있는 현실에서 어떤 일이 벌어지고 있는지, 사람들은 어떻게 행동하고 있는지, 무엇이 사람들의 행동을 이끄는지를 편견 없이 이해하도록 노력해야 하는 것이군요.

드러커 그렇네. 분석이란 외부 현실을 가능한 한 편견 없이 이해하려는 노력이야. 그렇지만 오랜 기간 업계에 종사하고 경험을 쌓으면 자신만의 시각을 갖게 되지. 그래서 실제로 벌어지고 있는 현실을 제대로 이해하지를 못해요. 그 누구라도 선입견 없이, 경영자가 스스로 만들어놓은 마음의 경계를 넘어서서 외부 현실을 바라볼 때 기회의 실마리를 발견할 수 있네.

나 네, 알겠습니다. 마음속에 깊이 새겨둬야겠습니다. 기업들이 비슷한 전략과 유사한 마케팅 활동을 하는 것도 비슷한 정보를 비슷한 시각으로 보기 때문이 아닐까 생각합니다. 이미 충분히 산업을 알고 있고 고객을 이해하고 있다는 자만감도 있고요. 분석을 하지만 진정한 분석이 아니라 자신이 이미 알고 있는 견해를 확증하는 측면도 있습니다.

드러커 맞는 지적이야. 그래서 새로운 기업이 시장의 틈새niche를 발견하고 대기업을 흔드는 혁신을 만들기도 하는 것이지. 자, 이제 계획에 대해 배운 것을 정리해 볼까?

책임이 계획을 이끈다

나 네, 정리하자면 조직은 미래에 대한 완벽한 예측이 아니라 위험을 감수한 책임 있는 결정으로서 계획을 수립합니다. 이 계획은 폐기할 것과 집중해야 할 것, 혁신해야 할 것을 담고 있고, 분석과 신중한 검토를 거친 것입니다. 그래서 조직의 사명과 목적, 목표 달성을 이끌어갈 수 있는 행동서약이 됩니다. 즉, 방향을 정립하고 주요한 행동을 선택한 것이고 반드시 실행하겠다는 의지를 담은 것입니다. 물론, 이 계획은 실행 과정에서 환경 변화와 결과에 유연하게 대응하면서 변화해 가야 합니다.

드러커 잘 정리했네. 그렇다면 이것으로 충분한 것인가? 이제 좋은 계획을 세웠으니 만족해도 되는가 말일세.

나 또 다른 무엇이 남았나요?

드러커 경영자들이 그다지 중시하지 않는 중요한 한 가지가 남았지. 바로 계획을 실행되게 하는 것 말일세. 서랍에 묻히지 않고 직원의 손과 발로 옮기는 일 말일세. 바로 계획 실행에 대해 책임을 부여하는 일을 말하네.

나 박사님이 항상 강조하시는 실천의 문제군요.

드러커 사실 실천은 계획을 수립하면서부터 시작되는 것이야. 바로 계획을 실행할 사람이 계획을 온전하게 이해하고 계획에 대해서 '내가 책임이 있다'라는 주인 의식을 만드는 작업이기 때문이지.

나 계획 수립 과정에서는 최소한 관리 책임이 있는 모든 경영자가 계획 수립에 참여합니다. 이 과정에서 자연스럽게 주인 의식이 형성되지 않나요?

드러커 쉽게 판단하면 안 되네. 단지 과정에 참여하는 정도가 아니라 계획 수립과 실행에 부인할 수 없는 책임을 부여해야 한다는 말일세. 이것을 철저하게 하려면 몇 가지 원칙을 실천해야 하네.

계획 수립의 원칙

- 실행 방법(목표, 활동, 책임자)과 예산은 그것을 실행할 사람들에 의해서 개발되어야 한다.
- 역할을 맡는 모든 사람이 의견을 제시할 기회를 가져야 한다.
- 계획 수립 과정에서 건설적인 논쟁을 한다.

나 알겠습니다. 이 원칙과 기업의 관행은 큰 차이가 있네요. 많은 기업에서 계획은 하향식으로 만들어집니다. 일부 경영자나 관리자가 참여하기는 하지만 상부에서 정해준 목표나 중요한 계획을 구체화하는 역할에 한정되어 있습니다.

드러커 왜 그렇게 하향식을 선호한다고 생각하지?

나 계획 수립은 많은 지식과 경험을 가진 고위 관리자만이 할 수 있다는 편견 때문이기도 하고 부서 간 갈등을 피하려는 생각도 있습니다. 또 신속하게 계획을 수립하려는 의도도 있습니다. 또 어떤 기업에서는 참모인 전문 스태프(기획부서나 재무부서)가 주도하기도 합니다. 이 방식은 현장 관리자가 소외되는 문제가 있습니다. 현장 관리자는 의견 제시에 그치는 경우가 많죠. 중요한 전략이나 목표는 경영진이 하달하거나 기획부서가 제시하는 경우가 많습니다. 박사님께서 말씀하신 원칙은 말 그대로 실행을 할 사람에게 수립 과정에서도 전적인 책임을 부여하라는 말씀이시죠?

드러커　그렇네.

나　계획을 집행하려면 계획을 실행할 사람이 자기 책임이라는 주인 의식이 있어야 한다는 박사님 말씀은 옳다고 생각합니다. 그런데요, 현실적으로 이것이 가능할까요? 계획 수립 과정에 많은 시간을 투입하는 현실에서 의사소통에 너무 많은 시간이 걸리지 않을까요? 그리고 적지 않은 현장 관리자들도 하향식 과정을 편안하게 생각하기도 합니다.

드러커　일본 기업의 의사결정 과정을 보면 이 원칙이 얼마나 중요한지를 이해할 수 있을 것이야. 이들은 결정 과정에서 결정에 관련된 모든 사람들이 의견을 제시하고 활발하게 생각을 교류하네. 따라서 매우 많은 시간이 걸리지만 최종 결정을 내리는 단계가 되면 모든 사람이 결정의 의미와 목적, 자신에게 부여된 책임을 이미 이해하고 있지. 따라서 결정을 실행하는 과정은 유연하고 신속해. 하향식으로 일사불란하게 계획을 수립하는 관행과 이들의 관행 중에서 어떤 방식이 진정으로 시간을 효과적으로 사용하고 있으며, 계획의 실행 가능성을 담보하고 있다고 생각하는가?

나　그렇군요. 잘 알겠습니다. 실행할 사람이 제대로 이해하지 못하는 계획은 사실 의미가 없죠. 사람들은 자신이 이해하고 책임을 진 계획에 대해서는 진정으로 헌신한다고 생각합니다.

드러커　맞아. 누가 일방적으로 제시하거나 만들어준 계획은 완전한 헌신을 이끌 수 없어. 세 살배기 어린이도 80세가 넘은 노인도 마찬가지야. 사람들이 계획을 원하도록 만들고, 스스로 행동하도록 만들어야 하네. 바로 책임이 계획을 이끄는 것이지.

완전히 만족하지 마라

드러커 이제 가장 어렵고 재미없는 일이 남았네. 바로 목표를 달성하는 과정을 모니터링하고 조직이 제대로 결과를 달성하고 있는지를 측정하는 일이지.

나 네. 그렇습니다. 측정과 평가라는 일입니다.

드러커 이 일은 대부분의 기업에게 생소한 일은 아니야. 어떻게 이 일을 하고 있는지 설명해 줄 수 있겠나?

나 네. 제가 잘 설명할 수 있습니다. 기업은 성과지표를 통해 성과를 측정하고 성과 분석 회의를 통해 목표와 결과를 비교합니다. 그리고 여기에서 발견한 차이를 분석하고 계획을 수정합니다.

드러커 잘 설명했어. 주기적인 모니터링과 평가는 기업에게는 관행이지. 그런데, 실제로 이런 과정을 통해 의미 있는 개선이나 변화를 실천하고 있는가?

나 크게 만족스럽지는 않습니다. 많은 시간을 들여 회의도 하고 차이를 분석하고 평가하지만, 이런 활동이 의미 있는 개선으로 이어지지 않는 경우가 많습니다.

드러커 대체로 기업은 문제점에 치중하는 경향이 있어. 자연히 책임을 추궁하는 데 시간을 소비하고 있지. 평가를 통해 배우고 성장하는 경험을 하지 못한다는 말이야.

나 어떤 뜻인지요?

드러커 평가는 결과와 실적의 차이를 발견하고 대응하기 위한 것만이 아니야. 평가는 조직에게는 중요한 학습 과정이 되어야 하네. 성공과 실패를 통해 배우고 이를 통해 더 나은 전략으로 이끄는 시사점을 발견해야 하지. 예를 들어 대단하게 생각하지 않았던 상품이 크게 성공했다면 이것은 고객이 원하는 새로운 가치를 드러내주는 징표일 수도 있어. 혹은 모든 기업이 경기침체로 어려움을 겪는 와중에 급격하게 성공하는 경쟁자가 있다면 이것은 새로운 기회를 말해주는 것일 수도 있고 말이지.

나 평가를 통해 실제로 일어나고 있는 일을 파악하고, 조직이 하고 있는 일의 결과에 담긴 의미를 배우고 이를 통해 계획을 수정해야 한다는 뜻이지요?

드러커 그렇네. 자네는 깊은 탐색과 분석을 통해 자네가 가고 싶은 곳으로 안내하는 나침반과 여행 시나리오를 만들었어. 그렇지만 이 시나리오는 절대로 들어맞지 않아. 따라서 자네는 현실에서 시나리오대로 행동하면서도 동시에 겸손하게 실제로 벌어지는 일을 관찰하고 인정해야만 해. 자네가 틀렸거나 실수했다는 것을 인정하라는 말일세. 그리고 이렇게 배운 것을 다시 시나리오에 반영하는 것이지. 자네는 끊임없이 자네의 계획을 재연마하고 재조정해야 한다는 말이네.

나 계획을 세우고 나서 완전히 만족하면 안 된다는 말씀이시네요. 깊이 새겨두겠습니다.

드러커 조직마다 상황은 다르겠지만 반기나 분기마다 계획을 현실과 비교해서 평가하고 구체적으로 배운 것을 정리하고 반드시 새로운 활동으로 기획하는 관행을 정착시켜야 하네.

나 네. 결국 계획을 만들고 행동하고 또 계획하는 과정은 끊임없는 자기 재창조의 과정이라고 생각합니다. 어떻게 하면 이러한 자기 재창조의 과정을 지치지 않고 수행할 수 있을까요?

드러커 제대로 보았어. 사명에서 계획에 이르는 모든 과정은 끊임없는 자기평가와 재창조의 과정이야. 이 일은 경영자인 자네가 짊어져야 하는 궁극적 책임이네. 내가 어떻게 그것을 도와줄 수 있겠나? 다만, 이 질문을 기억하면 좋을 것 같네. 자네가 어떠한 존재가 될 수 있는지에 대해 계속 주목하게 만드는 질문이야. '왜 기업가로 창업했는가? 경영자로 무엇을 성취하고자 하는가? 이 조직에서 무엇을 위해 이렇게 일하는가?' 이 질문이 자네와 자네 조직을 항상 새롭게 할 수 있도록 이끌어줄 게야(드러커, 2010: 110).

"우리는 무엇으로 기억되기를 원하는가?"
피터 드러커

| 요약 |

드러커가 제기한 다섯 번째 질문은 계획을 제대로 수립하라는 것이다. 이 질문은 사명이라는 조직의 궁극적 의도를 행동으로 바꾸는 실행 방법을 도출하는 것이다. 계획이 있어야만 자원과 노력을 투입할 대상과 실행 활동, 행동의 책임을 정할 수 있다.

계획은 단지 해야 하는 일을 정리하는 것이 아니다. 계획은 사명으로부터 출발해야 한다. 가장 먼저 조직의 사명을 점검하고 이를 구현하는 목적과 목표를 수립해야 한다. 목적과 목표는 사명으로 향하는 중간 지점이다. 목적은 조직이 장기적으로 성취하려는 중요한 결과이고 목표는 단기적으로 성취하려는 결과다. 그 다음은 이를 실현하는 실행 방법을 선택해야 한다. 그다음은 이를 실현하는 실행 방법을 선택해야 한다. 그리고 예산을 통해 자원 활용 계획을 수립한다. 이렇게 만들어진 계획은 사명에서 실행까지 조직이 결과를 위해 운영되도록 돕는 도구가 된다.

효과적인 계획은 폐기, 집중, 혁신, 위험 감수, 분석이라는 요소를 담고 있다. 계획은 가장 중요한 것, 최고의 결과를 만들 수 있는 것, 새로운 가치를 만드는 것에 대한 행동의 서약이기 때문이다. 아울러 미래에 대한 확실한 예측이 아니라 불확실성을 감안한 결정을 포함한다.

계획은 최고경영자나 기획임원의 소유물이 아니라 조직 구성원 모두의 것이다. 경영자는 계획이 구성원의 소유물이 되도록 해야 한다. 실행할 사람이 책임을 지는 계획만이 온전하게 실행된다. 이를 위해 실행을 책임지는 사람이 계획을 만들도록 지원하고 스스로 책임을 갖도록 도와야 한다.

좋은 계획은 완성된 계획이 아니라 실행 과정에서 유연하게 바뀔 수 있는 계획이다. 실제 결과에 따른 평가는 계획의 일부로서 주기적으로 평가하여 계획을 수정해야 한다.

드러커는 산을 옮기는 것은 불도저라는 말로 선한 의도가 결과를 만들지 않는다는 점과 실천의 중요성을 강조한다. 아무리 멋진 사명이나 비전을 만들었다고 해도, 결과가 만들어지는 외부(고객이 있는 시장 ,현장)에서 조직이 의도적인 행동을 하지 않으면 어떠한 변화도 일어나지 않는다. 경영자는 계획을 통해 조직이 반드시 해야 하는 일을 선택하고 자원과 노력을 투입한다. 계획은 경영자의 위험을 감수한 결정, 행동에 대한 용기, 달성에 대한 의지를 담은 것이다. 결국 사명에서 계획까지 이르는 과정은 경영자에게 자기평가와 재창조의 과정이다.

| Action Point |
효과적으로 계획 만들기

계획은 조직이 달성하고자 하는 목적과 목표, 실행 방법을 정리한 것이다. 이러한 내용은 사명 달성을 촉진하는 것이어야 한다. 계획 수립은 행동에 대한 헌신과 자원 활용에 대한 위험 감수를 포함하며, 실행 과정에서 계속 평가되면서 수정된다. 계획은 우선순위에 따라 집중해야 할 것을 명확하게 해야 하고, 행동을 이끌 수 있도록 실행 책임과 일정이 분명하게 부여되어야 한다. 좋은 계획은 완벽한 것이 아니라 책임을 이끄는 것이다.

1. 피터 드러커 다섯 가지 질문을 적용하기•

우리는 우리의 노력을 어디에 집중해야 하는가?

- 당신의 그룹이나 책임 영역에서 초점을 맞추어야 한다고 생각하는 부분을 리스트로 만들라. 그 이유와 각각의 부분이 사명에 어떻게 부합되는지 간략하게 설명하라.
- 당신의 조직이 초점을 맞추어야 한다고 생각하는 부분을 리스트로 만들라. 그다음, 그 이유와 각각의 부분이 사명에 어떻게 부합되는지 간략하게 설명하라.

우리는 무엇을 다르게 해야 하는가?

- 당신의 조직이 추가해야 하는 프로그램, 활동, 고객의 필요가 있는가?
- 포기해야 할 것이 있는가?

• 이 글은 드러커(2010: 144~148)에서 인용했다. 이 책의 원발행자인 리더투리더재단(Leader to Leader Institute)이 계획 수립을 위한 후속 질문으로 제시한 내용이다. 더 상세한 접근이 필요하다면 『피터 드러커의 다섯 가지 경영 원칙 자가평가 워크북』(아시아코치센터, 2011)을 활용하기 바란다.

조직의 결과를 달성하기 위한 우리의 계획은 무엇인가?

- 우리가 바라는 결과 달성을 가능케 하는 목적들은 무엇인가?
- 비영리단체라면, 사람들을 변화시키고 사명을 촉진하도록 도와주는 목적(근본적인 의도)은 무엇인가?
- 우리의 목적 달성을 가능케 하는 측정 가능한 목표들은 무엇인가?
- 우리의 목표 성취를 가능케 하는 측정 가능한 실행 방법들은 무엇인가?
- 그러한 목적, 목표, 실행 방법을 성취하기 위해 요구되는 자원들에 대한 예산의 함의Budget implication는 무엇인가?
- 달성 목표일은 언제인가?
- 각각의 목적, 목표, 실행 방법을 성취하는 데 책임지고 해명할 사람은 누구인가?
- 우리가 바라는 결과를 어떻게 평가하고 측정하는가?

2. 우선 과제 설정: 해야 할 일과 그 일이 중요한 이유를 밝힌다•

우선 과제는 '왜'라는 질문에서 시작해서 '무엇'으로 끝나는 것이다. 사명감에 닿아 있고, 적절하고, 명확한 것이다.

우선 과제 도출을 위한 질문

- 사명감을 고취하는 우선 과제를 설정했는가?
- 적절한 우선 과제를 설정했는가?
- 구성원들이 우선 과제를 명확하게 인지하고 있는가?

• 이 글은 스마트 외(2016)를 참고해 작성했다.

우선 과제 도출

① **사명감을 고취하는 우선 과제:** 우리는 이 일을 왜 하는가? 우선 과제는 '왜'라는 질문에서 무엇을 해야 하는지 답을 찾는 것으로 끝난다.

② **적절성:** 무엇에 집중해야 하는가? 조직의 비전과 목적에 맞아야 한다. 주력 사업, 조직이 가장 기대하는 성과. 고객, 직원, 제품, 시장, 경쟁업체, 공급업체, 전략적으로 중요한 사업과 관련이 있다.

③ **명확성:** 우선 과제가 너무 많으면 없는 것과 같다. 우선 과제를 설정한다는 것은 결단을 내린다는 뜻이다.

3. 효과적인 계획의 4대 요소*

사업 계획business plans을 보면 너무 많은 잉크를 숫자에 낭비하고, 현명한 투자자에게 진정으로 중요한 정보에는 거의 관심을 기울이지 않고 있다. 진정으로 중요한 것은 다음의 네 가지 항목이다. 이들은 모든 새로운 벤처기업에게 가장 중요한 것이다.

- 사람
- 기회
- 상황/맥락
- 위험과 보상

위대한 사업 계획은 이 네 가지 항목에 대해서 올바른 질문을 하는 데 집중한다. 그렇지만 이런 계획을 작성하기란 쉽지 않은데 왜냐하면, 대부분의 기

* 이 글은 Sahlman(1997)을 인용했다.

업가는 야생의 눈을 가진 낙관주의자이기 때문이다. 어떤 경우라도 시장은 예측이 불가능할 정도로 변덕스럽다. 그 누가 집에 장착된 방향제를 팔려고 생각했겠는가?

사람은 계획을 실행하는 주체로서 역량을 갖춘 팀을 말한다. 계획에는 이를 실행할 책임이 명확하게 부여되어 있어야 한다. 그리고 기회는 본문에서 설명한 것처럼 기회와 잘 연결되어 있는 목적과 목표를 담아야 한다는 뜻이다. 상황/맥락은 계획에 담고 있는 목적과 목표, 전략과 중요한 활동이 현실과 잘 부합하고 있어야 한다는 뜻이다. 너무 이르거나 너무 늦은 계획은 성공하기 어렵다. 위험과 보상은 계획에 담겨 있는 목표가 투입하는 자원을 정당화할 수 있을 정도로 충분한지를 묻는 것이다. 너무 소심하거나 너무 대담한 계획은 성공하기 어렵다.

4. 스타트업 벤처를 위한 사업계획서에서 질문해야 할 것•

- 기업이 생산하는 제품 또는 서비스는 어떤 문제를 해결하는가? 어떤 개발되지 않은 필요를 충족시키는가?
- 문제 해결을 위한 기업의 해결책은 무엇인가?
- 고객은 누구인가, 그리고 기업은 그들에게 상품을 어떻게 마케팅하고 판매하는가?
- 이 해결책을 포함하는 시장의 규모는 어느 정도인가?
- 사업모델은 어떤 것인가(어떻게 돈을 버는가)?
- 경쟁자는 누구이고 기업은 경쟁 우위를 어떻게 유지할 것인가?
- 기업은 어떻게 사업을 운영하고 성장하려고 하는가?

• 이 글은 Cayenne Consulting LLC(2015)을 인용했다.

- 경영진은 어떤 사람이고 이들이 사업을 운영하는 자격을 제공하는 것은 무엇인가?
- 사업에 관련된 위험과 위협은 어떤 것인가, 그리고 이것들을 제거하기 위해서 무엇이 이루어져야 하는가?
- 자본과 자원에 대한 요구 조건은 어느 정도인가?
- 기업이 달성한 재무실적과 예상 추정 수치는 어떠한가?

| Business Case |

올바르게 계획을 만들고 실행 책임을 명확하게 부여하여 계획으로 행동을 이끄는 조직의 사례를 참조한다. 효과적인 계획은 구성원들이 분명하게 목적과 목표를 이해하도록 하며, 스스로 책임지고 헌신하도록 돕는다. 또한 자원을 효과적으로 사용하도록 하여 조직의 사명이 실현되도록 이끈다.

1. 미국 애리조나 걸스카우트의 계획

우리의 계획은 무엇인가?[•]

- **목적: 멤버십**

모든 커뮤니티와 대상그룹에서 걸스카우트 조직을 강화한다.

- **전략**

잠재력을 개발하고 있는 소녀의 비율을 유지하고 증가시킨다.
멤버십은 대상지역에서 인구다양성을 반영한다.
회원유지율을 유지하고 증가시킨다.

- **목적: 프로그램**

소녀들이 인정하는 혁신적인 프로그램을 제공하는 애리조나 소녀들을 위한 탁월한 조직이 된다.

- **전략**

프로그램은 소녀들의 관심을 반영한다.

• Girl Scouts-Arizona Cactus-Pine Council, Inc.(2001). 피터 드러커의 다섯 가지 질문을 그대로 적용해서 도출한 내용이다.

분회는 장기 프로그램 목표를 지원하는 현재와 미래의 활동을 촉진하기 위해 유지되고 적응되도록 한다.
걸스카우트 쿠키 판매는 소녀들이 가치를 배우고 재미를 느끼고 성취감을 얻도록 운영한다.

- **목적: 자원봉사자**

자원봉사자 모집·계발·유지에서 탁월성과 포용성을 발휘한다.

- **전략**

활동적 리더십을 발휘하는 자원봉사자 수를 유지하고 증가시킨다.
애리조나 카운실 전 지역에서 자원봉사자 훈련이 유연하고 접근 가능하도록 한다.
걸스카우트 활동에 자원봉사자의 참여가 증가하도록 한다.

- **목적: 아이덴티티(정체성)**

소녀들의 욕구를 이해하고 공감하며 지지하는 신뢰받는 조직이 된다.

- **전략**

걸스카우트 조직이 단지 만들어진 어떤 것이 아니라 커뮤니티에 있는 소녀들과의 파트너십을 통해 발견되는 어떤 것이 되도록 한다.
미국 걸스카우트 이미지 캠페인을 통해 지역 공동체 안에서 걸스카우트가 알려지고 이해가 향상되도록 한다.
애리조나 걸스카우트 조직이 다른 단체와 파트너십을 맺고 협력하는 데 리더가 된다.

- **목적: 운영관리**

모범적으로 운영되는 탁월한 조직이 된다.

- **전략**

조직의 필요를 충족시키도록 자원을 신중하게 사용한다.
재원 조달처를 다양화하고 확장한다.
더욱더 넓게 모든 책임(360도 책임)을 다하고 정직하고 개방적인 피드백을 얻기 위해 이해관계자 그룹을 대표하는 사람들을 운영에 포함한다.
리더십 팀은 개방적인 위계구조와 의사소통 방식, 공유리더십을 가진 이사회와 직원관계를 계속 촉진하고 혁신을 추구하고, 성공을 활용한다.
지속적으로 평가하고 결과를 측정한다.

7장

맺음말

기업가의 길

나와 멋진 미팅을 가졌다고 말하지 마세요.

돌아가셔서 다음 주 월요일 지금과는 다른 무엇인가를

당신이 할 것을 나에게 말해주세요.

피터 드러커

지금까지 멘토 드러커에게 다섯 가지 질문을 통해 위대한 조직을 만들어가는 통찰과 실천 지식을 배웠다. 이제 당신 차례다. 당신이 꿈꾸는 성취를 위해 배운 것을 행동으로 옮기는 일이다. 지금 당신은 출발점에 서 있다. 위대한 탐험을 시작하는 입구에 막 도착한 것이다. 지식을 행동으로 실천하고 꿈을 성취로 바꾸기 위해서는 힘든 과정을 거쳐야 한다. 모든 탁월한 성공은 하루아침에 만들어지지 않는다는 진리를 기억하기 바란다. 긴 여정이 될 것이다.

힘든 여정이 성취로 향하는 여행이 되려면 무엇이 필요할까? 여정을 생각하는 마음가짐이 첫 번째로 필요하다. 나는 어떤 여행을 하고 싶은가? 배운 것을 상기하자. 그다음에는 여정에서 얻고 싶은 목표를 세우고 여정을 통해 경험해야 하는, 하고 싶은 일을 그리는 것이다.

1

다섯 가지 질문을 진정으로 이해하라

다섯 가지 질문은 기본foundation을 묻는다

다섯 가지 질문은 정체성과 목적, 초점과 목표, 행동 계획을 묻는다. 왜 이 질문이 중요할까? 조직을 조직으로 만드는 가장 중요한 토대를 묻기 때문이다. 조직이란 사람들이 모인 것이지만 사람들의 모임이 자동적으로 결과를 만들지는 못한다. 사람들의 모임은 군중일 수도 있고 대중일 수도 있다. 조직은 인위적인 것이고 화학 법칙과는 무관하기 때문이다. 조직이 결과를 만들려면 사람들을 행동하게 만드는, 그것도 한 방향으로 움직이게 만드는 이념이 필요하다. 이념은 왜 이 조직이 필요하며, 무엇을 성취하려는 것인가에 대한 답변이다. 이것은 누가 보더라도 명확하고 단순해야 한다. 또한 조직에는 행동을 이끄는 이정표가 필요하다. 무엇을 목표로 무엇을 실천해야 하는가에 대한 청사진을 말한다. 다섯 가지 질문을 통해 이념과 행동의 이정표를 명확하게 정립할 때 비로소 조직을 창조하는 밑바탕을 튼튼히 만들 수 있다.

당신은 기업가로서 꿈을 가지고 사업을 시작했고, 특별한 결과를 기대하고 조직을 만들었다. 사업은 상품이 아니며 조직은 공장이 아니다. 이 말은 사업은 고객을 창조하는 것이 본질이며, 조직은 고객을 만들어내는 활동을 제대로 하는 사람들의 결사체라는 뜻이다. 사업모델이나 생산공정, 혹은 제조 기술은 단지 하나의 요소일 뿐이다. 조직이 제대로 일할 수 있는 바탕이 만들어지지 않으면 이 모든 요소들은 장식품에 지나지 않는다.

지속가능한 조직의 기반은 언제나 고객과 외부에 있다

조직은 조직 자체가 아니라 조직 바깥을 위해 존재한다. 이것이 조직의 본질이다. 인류 역사상 가장 오래된 조직의 하나인 가톨릭교회는 중간중간 본질을 잊고 방황하기도 했고 사람들로부터 배척받기도 했지만 오늘날까지도 많은 사람이 의미를 찾고 참여하는 가장 오래된 조직으로 남아 있다. 교회는 인간의 구원이라는 사명을 유지하고 있기 때문이다. 이처럼 조직은 자신이 아니라 고객에게 가치를 창출해야만 한다. 조직의 출발점도 고객이고 종착점도 고객이다. 당신이 만든 조직이나 사업에 아무리 많은 애착을 갖더라도 고객에게는 언제나 하나의 선택지에 불과하다. 조직을 고객에게 매우 중요한 것으로 만드는 일이 기업가로서 당신이 해야 하는 가장 중요한 일이다. 그것은 고객이 조직을 통해 중요한 니즈를 실현하고 삶의 변화를 만들어갈 수 있도록 돕는 일이다. 다섯 가지 질문은 바로 이것을 질문한다.

바깥을 보라고 촉구한다. 대부분의 기업가는 사업을 시작하는 시점에는 신중하고 겸손하다. 사업 성공에 대한 불확실성을 이해하고 있고, 자원이 충분하지 않고 역량이 부족하다는 사실을 알고 있기 때문이다. 그런데 점차 사업이 성장하고 조직이 커지면서 이 초심을 잊기 쉽다. 자신감과 자만심 간의 경계가 모호해지는 순간을 맞기도 한다. 이때가 가장 위험한 때다. 성공을 통해 얻은 지식과 역량은 고객창조와 혁신이라는 기업의 기본 과제를 쉬워 보이게 한다.

다섯 가지 질문은 기업가로 하여금 초심을 다시 생각하게 한다. 기업의 목적에 대한 근본적인 사고와 고객 창조라는 기본 과업에 대해 가장 겸손한 자세로 질문한다. 그 핵심은 외부에서 자신을 들여다보는 것이다.

조직과 리더는 변화에 맞춰 질문을 새롭게 제기해야 한다.

조직이 있는 환경은 늘 변한다. 이 말은 기업가라면 익숙한 주장이다. 그런데 환경에 대응해야 한다는 주장은 실제를 너무 단순하게 말한 것이다. 조직은 환경과 분리해서 존재하고 조직의 선택에 따라 환경과 교류하는 것이 아니라 조직 자체가 늘 변화하는 환경 속에 있다. 따라서 조직은 늘 자신이 어디에 있는지를, 어디로 가고 있는지를, 어디로 가야 하는지를 질문해야 한다. 조직이 그대로 머물러 있기를 원해도 이는 불가능하다.

경제학자들은 종종 기업의 평균 수명을 계산하는데 2000년대 초에는 30년이라는 통계가 등장했고, 이제 이 수치는 낡은 것이 되었다. 기업의 수명은 더 짧아지고 있다. 미국 뉴욕증권거래소에 상장된 기업들 중 시가총액순으로 상위 30대 기업의 변천을 살펴보라. 2020년 10월 기준 상위 10대 기업은 20년 전에는 이름도 없던 기업들이 다수다. 변화에 대응하지 못하는 기업들은 조용히 사라지게 마련이다.

그런데, 진정으로 중요한 것은 사라진 기업이 아니라 남아 있는 기업들이다. 이들은 어떻게 지속가능한 기업으로 살아남고 번창했을까? 2018년 8월 2일에 미국 증권시장 최초로 시가총액 1조 달러를 달성한 애플이 그 이유를 잘 설명해 준다. 애플은 1976년에 애플컴퓨터로 창립되었고 한때는 회사가 사라질 운명에도 처했었지만 현재는 모바일라이프를 선도하는 기업이다. 이처럼 오직 변화에 맞추거나 변화를 선도하면서 지속적으로 혁신하는 조직만이 살아남는다.

드러커의 다섯 가지 질문을 지속하라. 이 질문에 대답하려면 현실과 변화에 주목해야 하고 조직을 재창조로 이끄는 바탕을 생각해야 한다.

다섯 가지 질문은 한 번에 대답하고 완성되는 것이 아니다. 대답은 늘 변해야만 한다. 창조는 끝이 아니라 재창조로 가는 앞 단계일 뿐이다.

2

다섯 가지 질문에 대답하라

다섯 가지 질문을 이해하고 이제 답변을 해보자. 기업가로서 당신이 혼자 시작할 수도 있고, 직원들과 함께할 수도 있다. 잊지 말아야 하는 것은 답변을 내리는 과정은 솔직한 자기평가와 함께 비전을 생각하고 나누는 작업이라는 점이다. 현재보다 큰 미래를 꿈꾸는 작업이고, 미래를 성취하려면 지금 무엇을 해야 하는가라는 결단을 내리는 작업이다.

진정성과 야심을 고수하면서 내가 내리는 답변이 올바른 것인지 겸손하게 생각해야 한다. 본 장 마지막 부분에 필자가 개발한 '다섯 가지 질문' 질문 양식이 있다. 이 질문 양식을 활용하면 도움이 될 것이다.

감동하는 스토리를 만들라

다섯 가지 질문에 대한 답변은 조직이 어떻게 위대함을 달성하는가에 대한 이야기이다. 이야기에는 주인공이 있고 사건이 있고 역경이 있으며, 이 역경을 이겨내는 용기와 열정이 담겨 있다. 다섯 가지 질문에 대한 답변도 같다. 누가 무엇을 위해 온몸과 마음을 바치겠는가를 말하는 것이다. 만일 이야기가 만들어지지 않는다면 아직 답변이 충분하지 못하고 진실하지 못한 것이다.

21세기를 앞두고 있던 1990년대에 많은 기업들이 "2000년대 세계 5대 기업이 된다"거나 "세계시장 매출액 5위 달성"과 같은 비전을 제시했다. 이러한 슬로건이 감동을 주는가? 이야기는 최소한 다음 질문에 대해 진정성이 담긴 내용을 담아야 한다. 영국의 정치가이자 작가인 벤저민 디즈레일리Benjamin Disraeli는 "우리가 인간을 통치하는 도구는 언어다"라고 말했는데 이 말은 진실에 가깝다. 사명과 비전을 이야기로 전달하라. 진심이 담긴 이야기가 진정한 이야기다.

- 나는 왜 이 조직을 만들려고 하는가?
- 내가 하려는 사업은 사람들에게 어떤 가치를 주고자 하는가?
- 내가 하는 일은 중요한 차이를 사람들에게 줄 수 있는가?
- 나는 이 업을 끝까지 하려고 하는가?
- 직원들에게 '왜 이것이 당신에게 중요한 것인가'를 어떻게 말해야 할까?

사명-목적-실행이 연결되어 가치를 창조하는 스토리를 만든다

위대한 조직에 관한 이야기는 사명에서 시작해서 목적과 목표, 행동이 자연스럽게 연결된다. 이를 시간 차원으로 바라보면 이야기는 미래에서 시작해서 현재로 연결된다. 미래는 비전이고 현재는 행동이다.

조직은 사람이 인위적으로 만든 실체다. 조직을 만든 이유는 궁극적으로 조직이 존재하는 이유, 곧 미래의 어느 시점에 달성하려는 사명이 있기 때문이다. 애플의 창업자 스티브 잡스는 디지털라이프를 가장 혁신적으로 제공하는 사업을 꿈꿨고, 가장 뛰어난 디지털기기와 플랫폼(아이폰과 아이튠즈, 운영체제)을 구성했다. 혁신적 디자인과 사용자 편의성을 구현하는 상품으로 이를 실현하려고 했다. 미래는 아직 오지 않았지만 반드시 오는 것이다. 어떠한 미래를 맞이할 것인가에서 기업가의 비전이 드러난다. 기업가는 미래에 실현하려는 목적을 세우고 목적을 실현하는 행동을 오늘 실천한다.

- 사명이 실현된 미래는 어떤 모습인가?
- 함께 성취하려는 목적은 무엇이고, 목적을 달성하기 위해 반드시 탁월하게 실천해야 하는 과제는 무엇인가?
- 어떠한 어려움이 예상되는가? 이 어려움을 어떻게 극복해 나갈까?
- 직원들에게 무엇을 위해 어떻게 행동하라고 말하겠는가?
- 우리가 사명과 비전을 성취하고 있다는 것을 무엇으로 알 수 있을까?

3

다섯 가지 답변을 행동으로 실천하라

다섯 가지 질문에 대해 답변을 했는가? 당신이 솔직하게 내린 답변은 꽤 오랜 시간 고민과 노력 끝에 나왔을 것이다. 그러나 답변은 그 자체로는 아직 가치가 없다. 답변에 담긴 상상을 현실로, 의도를 결과로 만들어야 한다. 어디에서부터 어떻게 시작할까?

드러커도 강조했지만 기업가는 사회를 위해 새로운 가치를 만드는 사람이다. 이러한 가치 창조는 단 한 번의 성공으로 끝나지 않는다. 가치를 창조하는 과정은 영속적인 과정이다. 기업가는 어떻게 이 일을 성취하는가? 바로 창조하는 경영을 지속적으로 실천하는 것이다.

성취는 하나의 변화다. 그것도 모멘텀이 있는 변화를 뜻한다. 이처럼 의미 있는 변화는 오직 조직이 새로워질 때 가능하다. 조직이 새로운 목적을 갖고, 새로운 능력을 갖추고, 구성원이 새롭게 자신을 성장시켜 나갈 때 조직은 새로운 가치를 창출한다. 동시에 조직을 새롭게 창조한다.

애플은 개인용 PC로 시작했지만 현재는 모바일라이프 제품을 만든다. 온라인으로 책을 팔았던 아마존은 현실을 가상으로 옮긴 O2O 서비스Online to Offline를 제공한다. 모든 사람들이 원하는 상품을 가장 쉽게 구매할 수 있는 구매 대리인으로 아마존은 자신을 자리매김하고 있다. 에어비앤비는 창업주들이 살던 작은 아파트를 며칠 동안 임대하는 서비스로 시작했지만 현재는 수십 개국에서 수백만 명이 참여하는 공유경제를 이끌고 있다. 이러한 사례는 조직을 진정으로 창조해 나가는 모습을 보여준다.

창조적 변화의 배후에는 창조하는 경영, 혁신하는 조직이 있다. 드러커는 늘 행동을 강조했다. 그리고 결과를 언급했다. 경영은 마음속에 있는 아이디어를 상품으로 만들고 사람들의 노력을 합쳐서 새로운 가치를 만드는 창조적인 행위이다. 성공은 창조의 또 다른 이름이다.

비전을 항상 공유하라: 우리는 무엇으로 기억되고 싶은가?

진정으로 되고 싶은 모습을 모든 사람이 이해하고 공감하는 조직은 새로운 것을 만들어낸다. 최초에는 창업자가 품은 작은 생각이 씨앗이다. 이 씨앗은 많은 사람이 편안하게 쉴 수 있는 그늘을 드리울 정도로 튼튼한 가지와 풍성한 잎으로 자라야 한다. 조직의 지향점을 사람들의 마음속에 살아 있도록 만들라. 이 일이야말로 리더를 분별하는 첫 번째 시금석이다.

- 내가 꿈꾸는 미래는 어떤 모습인가?
- 그 미래를 위해 성취하고 싶은 목표를 어떻게 전달할 수 있을까?
- 사업과 상품이 제공하는 가치는 어떤 것인가?
- 진정으로 중요한 차이를 만들려면 무엇을 어떻게 해야 하는가?
- 우리가 다른 조직보다 잘하는 것으로서 더 탁월하게 해야 하는 혹은 할 수 있는 것은 무엇일까?

기회를 활용하라: 우리에게 있는 기회로 무엇을 혁신할 것인가?

노력은 결과를 보장하지 않으며 땀을 흘린다고 성과가 만들어지지는 않는다. 올바른 리더십과 효과적인 경영은 창조의 필수 요소다. 이 세상에 언제나 통하는 성공 방정식은 없다. 그러나 성공 확률을 높일 수 있는 접근방법은 있다. 드러커는 기회에 초점을 맞추고 혁신하려는 체계적인 노력을 제안한다. 창조는 항상 유한한 자원을 이용하는 고된 노동이다. 한정된 자원으로 새로운 가치를 만들기 위해서는 현명해야 하며, 그것은 바로 기회와 혁신을 활용하는 것이다.

20세기 초 헨리 포드는 부유한 귀족이 아니라 대중이 이용하는 생활용품으로서 자동차를 원하는 수요를 읽었고 단순한 모델과 효율적인 생산공정을 만들어서 자동차산업을 개척했다. 20세기 말 빌 게이츠는 과학적 계산을 처리하는 비싼 장비에서 개인이 업무처리를 위해 이용하는 도구로서 컴퓨터를 이해했고, 컴퓨터를 가동하는 플랫폼으로서 쉽게 설치하고 사용 가능한 운영체제Operating system: OS를 개발해서 개인용컴퓨터 산업을 개척했다. 이처럼 기회와 혁신의 결합은 또 다른 창조를 만들어낼 것이다.

- 다가오고 있는 미래의 관점에서 지금 활용할 수 있는 기회는 어떤 것인가?
- 이 기회는 우리 조직의 핵심 역량을 통해 가치를 창출할 수 있는 것인가?
- 우리는 기회를 활용하기 위해 무엇을 하고 있는가?
- 기회를 활용하고 우리의 핵심 역량을 활용하는 것으로서 혁신의 방향은 어떤 것이 될까?
- 체계적인 혁신을 지속하면서 새로운 가치를 만들려면 어떠한 일을 반드시 잘해내야 할까?

| 부록 |

1. 제언

2. 다섯 가지 질문 작성 양식

3. 드러커는 누구인가

1

제언

4차산업혁명을 혁신의 기회로

석유, 전기, 전자, 자동차, 항공기, 반도체, 컴퓨터 등 문명을 이끈 산업의 중심은 늘 변해왔다. 이러한 변화의 바탕에는 기술이 있다. 21세기 초를 넘어 중반으로 가고 있는 현재는 인공지능(AI), 클라우드 컴퓨팅, 가상현실, 로봇 등이 미래를 이끌 기술로 각광받고 있다. 그런데 현재 일어나는 기술 발전은 이전과는 질적으로 다른 점이 있는데, 바로 기술융합이다. 다른 분야의 기술이 서로 결합하여 새로운 가치를 제공하는 방식으로 응용되고 있다. 2016년 세계경제포럼(다보스포럼)에서는 이러한 기술융합을 특징으로 연결성과 자동화를 혁신하는 변화가 이루어지고 있으며 이를 '4차산업혁명'이라는 말로 표현했다.

이후로 '4차산업혁명'은 산업계를 넘어서 국가 차원, 세계 차원의 화두가 되었는데 그만큼 4차산업혁명이 이끌어갈 수 있는 변화가 크다고 기대되기 때문이다. 그러나 실질적인 변화가 무엇이 될 것인가는 아직 확실하지 않다. 또한 4차산업혁명이 이끌 변화가 모든 사람에게 긍정적이 될 것인가에 대한 다양한 시각이 있다. 인공지능과 로봇 기술이 야기할 수 있는 노동 구조와 사회 변화에 대해 부정적 전망을 하는 전문가도 적지 않은 것이 사실이다.

중요한 점은 역사의 큰 흐름에서 큰 변화는 모든 사람을 위한 것이 아니었다는 점이다. 그러나 동시에 보다 많은 사람에게 좋은 변화가 되기 위한 정책과 노력이 긍정적 발전을 이끌었다는 사실이다. 즉, 변화를 이끄는 계기에는 가치관이 없다. 원자력의 발견은 전기 문명의 혁신을 이끌었지만 원자폭탄이라는 그림자를 또한 드리웠다. 그러나 인류는 이러한 그림자를 없애려는 수많은 노력을 통해 원자력을 통제하고 있다. 따라서 중요한 것은 기업가가 4차산업혁명이 제공할 수 있는 변화의 계기를 활용하여 사람들에게 유익한 풍요라는 가치로 창출하는 것이다. 이 과제는 곧 기업가적 혁신이라는 과제를 뜻하며 드러커는 몇 가지 중요한 원리와 접근방법을 제안한다.

경영은 진정한 기술이다

4차 산업혁명에서 무엇이 중요한 것일까? 전기, 화학에너지, 정보기술이 기존 혁명을 이끈 것처럼 이번에는 사물인터넷, 빅데이터, 인공지능, 드론, 나노기술……. 실상 중요한 것은 기술 자체가 아니다. 새로운 기술은 늘 등장했으며 기술을 통해 만들어질 삶의 변화가 진정으로 중요한 것이다. 기술 자체로는 삶의 변화를 이끌지 못한다. 기술을 통해 삶의 가치를 보다 풍요롭게 제공하는 방식이 만들어지고, 이를 사람들이 받아들일 때 비로소 변화가 이루어진다. 예를 들어 전기를 동력으로 삼는 자동차는 가솔린차(화석연료차)보다 먼저 등장한 것이었다. 그러나 잠깐의 화려함을 뒤로하고 전기차는 사라졌으며 가솔린차가 자동차의 주류가 되었다. 그리고 이제야 비로소 전기차는 가능성 있는 수송수단으로 재등장하고 있다. 스마트폰이 중요한 것이 아니라 제한 없는 정보의 교류와 소통이라는 방식이 가능해지고 이를 사람들이 삶의 방식으로 이용하는 변화가 중요한 것이다.

20세기 중반에는 오늘날에는 3차산업혁명이라고 부르는 정보기술혁명이 등장했다. 사람들의 기대와 산업계의 전망은 오늘날 4차산업혁명 못지않았다. 이때 드러커는 정보기술Information Technology: IT에서 중요한 것은 'I'이며, 정보를 어떻게 새롭게 이해하고, 다루고, 이를 통해 새로운 혁신을 하느냐가 경영자의 과제라고 주장했다. 그의 주장은 옳다. 4차산업혁명을 가능하게 만드는 핵심 영역인 빅데이터Big Data 역시 데이터 처리 기술의 혁신성보다도 그것이 무엇을 제공할 수 있는가 하는 'I'로서 해석할 수 있어야 한다. 그리고 그 해석은 빅데이터 설계자나 인공지능설계자도 아니라 기업가, 경영자가 하는 것이다. 즉 경영이 진정으로 중요한 것이다.

드러커는 1972년에 저술한 『매니지먼트(Management)』* 서문에서 "경영은 진정한 의미에서 기술이다(Management is techne)"라고 말하면서 경영의 중요성을 주장했다. 다음은 드러커가 이러한 경영의 의의를 설명한 사례이다.

- 엔지니어가가 아니라 기업가가 기술을 실현한다.
- 근대적인 유니버설 뱅크Universal Bank 모델은 1870년에서 1914년 사이에 등장했다. 도이체 뱅크Deutsche Bank(1879, George Siemens)가 일반 대출이 아니라 기업가 금융을 시작했으며, J.P. 모건J.P. Morgan을 포함해서 미국 전역과 일본 등지에 이 기술이 확산되었다.
- 미국의 GE를 설립한 사람은 발명왕 에디슨Edison이지만 에디슨은 경영자로서는 실패했고, GE를 성장시킨 것은 J.P.모건 은행과 찰스 코핀Charles Coffin이라는 초대 CEO(1892~1913)였다.
- 세계 제2차대전 이후 맥도날드McDonald 햄버거 체인이 등장했는데, 이것은 진정한 경영혁신이라고 할 만하다. 동네 가게를 전국 체인 모델로 최초로 도입한 사례다. 이것이 가능했던 이유는 "균질하고 믿을 만한 품질, 신속한 서비스, 청결, 친근감"이라는 가치를 전 체인점에서 운영 모델로 실현한 데 있다(드러커, 2007).

---

* 한국에서는 『피터 드러커·매니지먼트』(청림출판, 2007)로 번역되었다.

오늘날의 4차산업혁명이 이끄는 모멘텀을 앞에 두고 기업가는 다음과 같은 질문을 해야 한다. 다가오는 미래에 삶의 변화를 이끄는 기술은 무엇일까? 어떤 기술이 삶의 변화에 긍정적 기여를 할 수 있을까? 생활의 변화, 노동의 변화 등 인간 삶의 변화는 어떤 것이 될 수 있을까? 이 변화를 현실로 구현하려면 지금 무엇을 해야 하는가? 현재의 사업과 기술, 공정, 사업 관행은 어떻게 변해야 하는가? 무엇이 바뀌지 않으면 안 되는가? 이것은 경영에 대한 질문들이다. 그다음은 이러한 질문을 통해 변화를 이끌어갈 수 있는 영역을 발견하고 이를 기회로 활용하는 것이다. 변화의 계기는 기회에 대한 새로운 인식을 요구한다.

기술은 기회를 이해하는 창이다, 머무를 집이 아니라

기술은 변화를 가능하게 하는 핵심 동인이자 요소다. 따라서 기술이라는 창을 통해 기회를 발견하기 위한 질문을 해야 한다. 미래의 중심 기술은 당신이 참여하고 있는 분야와 관련될 수도 있고 아닐 수도 있지만, 중대한 변화를 이끌 기술로 전망되는 분야들이다. 기술이 미치는 변화를 지금 단정할 수는 없다. 어쩌면 현재는 무관한 것이지만 당신이 참여하고 있는 분야에 중대한 영향을 미칠 수도 있다.

- 어떠한 기술이 등장하고 또 발전하고 있는가?
- 이 기술을 통한 변화가 실제로 일어난다면 내가 일하는 분야는 어떻게 될까?
- 이러한 변화를 이용하기 위해 어떤 준비를 해야 할까?
- 이러한 변화를 이용하기 위해 무엇을 더 배워야 하는가?
- 앞으로 쓸모가 없어질 것은 무엇인가?
- 지금은 쓸모가 없지만 중요하게 될 수 있는 것은 무엇일까?

4차산업혁명 13대 신성장동력분야[•]

4차산업혁명이라는 모멘텀은 상당한 기간 동안 인간 생활의 변화를 만들 수 있는 가능성이 있다. 다음 13가지 영역을 우선 살펴보기를 제안한다. 이들 영역은 시민 생활과 경제 등 많은 분야에 영향을 미치고, 상품을 제공하는 기업과 조직의 가치 창출 방식이나 경쟁 우위를 바꿀 수 있는 큰 가능성이 있다. 기업가는 이러한 영역에서의 기술변화가 어떤 기회를 제공할 수 있을까를 판단해야 한다.

혁신 예산Innovation Budget을 준비한다

혁신에 대한 주장은 많고 다양하지만, 드러커는 일찌감치 1954년 『경영의 실제』라는 책에서 기업의 기본 기능은 마케팅과 혁신이라고 주장하면서 혁신의 본질적 의미와 중요성을 설명했다. 이 말을 '인간에게 건강은 기본이다'라는

• 자료: 과학기술정보통신부(2017.11).

말처럼 이해한다면 이런 생각은 어리석다. 건강이 기본이라면 건강함을 위한 습관이 뒤따르는 것처럼, 혁신을 기본으로 실천하려면 기업은 혁신 실행력을 자원(시장에서 구매할 수 있는 것)이 아니라 습관으로 갖춰야 한다는 뜻이다. 드러커는 이러한 관점에서 매우 중요한 접근방법을 제안했다.

첫째는 혁신을, 정확하게는 혁신의 기회를 파악하는 안목이다. 드러커는 이를 '혁신의 원천'으로 설명했다(본문 49쪽 '올바른 사명 만들기' 참조). 드러커에 따르면 혁신의 기회는 여러 영역에 잠재해 있으며 기업가는 혁신의 원천을 늘 파악하고, 그 기회를 활용할 수 있는 높은 시야를 갖춰야 한다. 만일, 당신이 4차산업혁명이라는 변화의 계기에서 혁신의 기회를 찾지 못한다면 이것은 기업가로서, 경영자로서 실격이다.

두 번째는 혁신에 대한 준비 태세다. 드러커는 혁신 예산이라는 실용적이고 가능한 방법을 제안했다. 혁신 예산은 기업의 미래를 준비하는 예산이다. 따라서 기업에는 기존 사업을 위한 예산과 미래 사업을 위한 예산이 있다. 기존 예산은 현재의 사업을 수행하고, 이로부터 이익을 창출하는 예산이다. 반면, 혁신 예산은 미래를 위해 기술을 개발하고, 경쟁 우위를 창출하며, 조직을 변화시키는 예산이다. 즉 혁신예산은 연구개발을 포함하여 진정으로 새로운 가치를 창출하는 활동을 위한 예산이다. 먼저 연구개발R&D 예산은 대체로 미래를 위한 것이지만 혁신 예산은 단지 현재 사업의 개선이나 개량이 아니라 진정으로 새로운 가치를 창출하는 기술과 사업에 투자하는 예산이다. 따라서 연구개발예산이 조직 전체 예산의 몇 %라는 것만으로는 의미가 없다. 진정으로 혁신 활동에 투자하는 연구개발 예산만이 진정한 혁신예산이다. 그리고 다음과 같은 다른 혁신 활동에 투자하는 예산도 혁신예산이다.

혁신은 기업 성장의 필수 기능이지만 진정한 혁신 예산에 투자하는 기업은 극히 소수이다. 제약기업이라면 신약개발이나 신공정개발, 자동차 기업이라면 가솔린자동차의 개량이 아니라 전기차, 수소차 등 새로운 동력으로 움직이

는 자동차를 개발하는 예산이 혁신 예산이다. 그렇지만, 혁신 예산을 준비하

혁신 예산

- 신산업, 신기술을 개발하는 투자예산
- 새로운 분야에서 일할 인재를 확보하고 유지하는 예산
- 새로운 시장에 진출하기 위한 마케팅 예산
- 미래 기업을 이끌 경영자를 훈련하고 확보하는 예산
- 아직 체계화되지 않은 영역에서 새로운 지식을 축적하기 위한 연구예산

지 못하는 기업 관행에 대해 경영자에게 전적인 책임을 묻기는 어렵다. 혁신은 기존 사업과 경제 논리를 파괴하는 위험한 것이기에 혁신 예산에 대한 투자는 기업가적 정신에 따른 과감한 용기를 필요로 하기 때문이다. 왜 20세기 산업의 총아였던 자동차 분야를 이끌고 있는 거대 기업들이 전기차에서는 미국 테슬라에 뒤처졌을까? 그것은 자원의 부족도 기술력의 부족도 아니다. 글로벌기업들은 테슬라보다도 먼저 전기차를 개발했었다.

따라서 혁신 예산을 준비하는 것은 기업가적 정신과 밀접하게 연관되어 있다. 당신 조직의 예산이 어디에 사용되는지 점검해 보라. 기존 사업이 성공적으로 운영되고 있다면 더더욱 예민하게 살펴봐야 한다. 밝을 때 어두움을 상상하기는 어렵다. 그렇지만 기업가에게는 이러한 상상력이 있어야만 한다.

작은 기업이라면 더욱더 혁신 예산을 갖춰야 한다. 그것도 혁신 예산의 비중이 더 높아야 한다. 작은 기업은 대체로 기존 산업, 시장의 빈틈(니치)Niche에서 출발한다. 따라서 스타트업으로서 자신은 혁신적인 기업이라고 간주하는 경우가 많다. 빈틈을 찾아 창의적 사업모델과 방식으로 도전장을 내밀고 등장했으니 그렇게 생각해도 틀린 것은 아니다. 그러나 중요한 점은 혁신적 아이디어가 주류로 등장하는 것이다. 즉, 시장의 규모와 무관하게 기업이 참

여하는 작은 시장에서 리더십 지위를 만들어야 한다. 이를 위해서는 취약한 역량(자원, 사람과 지식, 브랜드, 고객인지도 등)을 극복하는 혁신이 계속 이어져야만 한다. 따라서 더더욱 혁신 예산이 필요하다. 단지, 기존 사업 관행(주류로 인정되는 관행)을 슬쩍 바꾸는 것만으로는 부족하다. 자사의 사업 방식이 주류 방식을 대체할 만큼의 가치를 창출할 수 있도록 활동하는 예산을 갖추고 있어야 한다.

혁신을 보호하고 가꾼다

혁신은 필수적으로 기존 대상과 방식을 파괴하는 변화다. 따라서 자연적인 저항과 함께 새로운 것을 실현하기 위한 에너지가 필요하다. 기업 내부에서 혁신이 어려운 이유는 바로 이것 때문이다. 따라서 혁신 활동은 저항의 에너지를 변화의 에너지로 바꾸는 의식적이고 체계적인 노력을 요구한다. 드러커는 혁신을 성공시키는 필수적인 행동 관행과 해서는 안 되는 행동을 제안했는데, 이 모든 관행은 혁신을 소중하게 다루고 도토리 씨앗이 상수리나무가 되기 위한 신중한 행동을 의미한다. 기업가가 혁신을 얼마나 부르짖든 간에 혁신은 풍요로운 땅에서 자라는 예방접종을 마친 건강한 씨앗이라기보다는 척박한 땅에서 비바람을 견디는 잡초와 유사한 것이다. 기업가는 혁신의 첫 번째 후원자가 되어야 하며, 직원들이 혁신활동에 최선을 다할 수 있도록 밑을 떠받치는 토양이 되어야 한다. 에디슨은 1870년대 후반에 비로소 전구를 상업적으로 성공시켰다. 전구 기술은 이미 1870년대 전반에 여러 과학자가 발견(발명)한 기술이었다. 10년 이상의 연구개발 기간이 소요되는 신약개발도 이미 존재하는 니즈에 초점을 맞춘다. 즉, 현재의 기회, 현재의 수용 가능성, 현재의 지식/인프라를 기반으로 혁신할 때 성공 가능성이 높아진다.

혁신 5대 DO's•

① 기회를 분석하라

일곱 가지 원천에 혁신의 기회가 숨어 있다. 체계적으로 살피고 분석한다.

② 느껴야 한다

현장으로 가서 보고 듣고 물어야 한다.

③ 단순해야 한다

한 가지의 명확한 니즈에 초점을 두라. 혁신은 복잡하면 성공하기 어렵다.

④ 작게 시작하라

세상을 바꿔놓겠다는 식의 사업 추진은 대부분 실패한다. 기업에게는 늘 자원은 유한하다. 유한한 자원을 돋보기처럼 집중시키라. 소수 인력, 적은 자금, 한정된 시장에서 시작하라.

⑤ 선도 기업을 목표로 한다

최대 기업bigness이 아니라, 선도 기업이 되어야 한다.

혁신 3대 DON'ts

① 너무 영리해지려고 하지 마라

혁신은 평범한 사람들이 할 수 있는 것이어야 한다. 기업에 천재는 극히 소수다. 또한 소수의 전문가나 천재들만이 할 수 있는 일은 대부분 실패한다.

② 너무 분산시키지 마라

한 번에 너무 많은 것들을 다 하려고 하지 마라. 혁신은 집중할 때 성공할 가능성이 높아진다.

③ 미래를 위해 혁신하려고 하지 마라

먼 미래를 향한 혁신은 실패 가능성이 높다. 현재, 가까운 미래를 보고 혁신하라.

• 이 글은 드러커(2004: Ch.1)를 인용했다.

2

다섯 가지 질문 작성 양식(Template)

다섯 가지 중요한 질문		
1	우리의 사명은 무엇인가?	
	조직: 작성자: 작성일: 년 월 일	
	사명과 비전	사명
		비전
2	우리의 고객은 누구인가?	
3	우리의 고객이 가치 있게 여기는 것은 무엇인가?	

4 우리의 결과는 무엇인가?

결과영역	결과	결과지표
고객경험		
재무성과		
조직 효율성		
조직역량		
사회적책임		

5 우리의 계획은 무엇인가

Action	Steps	시한	책임

Key Questions

우리는 무엇으로 기억되기를 원하는가?
우리의 강점들은 무엇인가?
우리가 활용할 수 있는 기회는 어떤 것이 있는가?

우리의 고객은 누구인가?(핵심고객, 지원고객)
우리의 고객은 어떻게 변할 것인가?
우리는 올바른 고객에게 봉사하고 있는가?
우리는 어떤 고객들을 추가하거나 빼야 하는가?
고객이 해결해야 하는 진정한 문제는 무엇인가?
어떻게 하면 고객의 가치를 제대로 알 수 있는가?

사명과 목적을 실현하는 결과는 어떤 것인가?
결과를 달성하는 데 기여한 주된 활동과 프로그램들은 무엇인가?
우리는 내부 · 외부 자원들을 얼마나 잘 활용하는가?

우리의 사명을 실현하는 목적과 목표는 무엇인가?
결과를 달성하기 위한 우리의 계획은 무엇인가?
우리의 사명, 계획, 결과를 어떻게 알릴 것인가?

3

피터 드러커는 누구인가

드러커는 현명하고, 유쾌하고, 통찰력 있는 겸손한 교사로서 자신의 거실에서
많은 사람들과 만나서 질문을 하고는, 자신이 이미 훌쩍 건너간 그곳으로
사람들이 따라올 때까지 인내심을 갖고 기다려주었다.
드러커는 자신이 항상 했던 말, 즉 보이는데도 그 의미를 모르고 있는 새로운 현실을
우리가 알 수 있게 도와준 사람이었다.

앨런 G. 래플리•

이 글은 필자가 저술한 『피터 드러커 경영수업』(21세기북스, 2016, 355~369쪽)의 「나와 피터 드러커」를 출판사의 동의를 얻어 재정리해서 쓴 글이다.

하나의 세계 이상에서 산 사람

경영학을 공부한 사람은 드러커를 경영학자로 기억하고, 드러커를 만나 통찰력을 얻은 사람은 그를 멘토로, 책을 통해 드러커를 만난 사람들은 그를 뛰어난 경영이론가 혹은 미래학자로 생각한다. 틀린 생각은 아니지만 드러커를 온전하게 표현하는 생각은 아니다.

• Alan G. Lafley, P&G 전 CEO.

드러커를 누구라고 한마디로 설명하기는 어렵다. 그가 삶의 무대로 삼았던 시간과 공간이 방대했기 때문이다. 그는 20세기를 온전히 살았고(1909~2005) 금융분석가, 저널리스트, 교수, 사상가, 저술가, 컨설턴트로 다양한 삶의 영역을 넘나든 인물이다. 경영, 경제, 사회, 법, 기술, 문학, 예술 등 학제를 넘어서는 통찰력을 발휘하고 다양한 업적을 성취한 사람이다.

필자는 드러커는 20세기의 마지막 르네상스인으로 하나의 세계 이상에서 살아간 사람이라고 생각한다. 그는 수십 년 동안 다양한 분야에서 시대를 앞선 통찰력으로 영향력 있는 성과를 지속해서 내놓은 경영사상가였고 작가이자 학자로서, 또한 컨설턴트로서 학교와 기업, 정부와 공공기관, 비영리조직을 넘나들면서 그가 발견한 것을 사람들과 나누고 사상의 실천을 위해 생을 보낸 사람이었다.

드러커는 연구를 넘어 실천을 지향한 사상가였다. 드러커는 조직의 경영이라는 주제에 평생을 헌신하면서 올바른 경영, 즉 그의 말대로 '목표를 달성하는 경영'에 관한 지식을 통찰하고 현장에서의 적용을 전제로 이를 제시한 사상가이다. 그가 전달한 모든 지식은 조직이 제대로 경영을 함으로써 인간과 사회의 발전을 돕는 것이었다. 그가 평생의 가치로 염원한 '정상적으로 기능하는 사회'를 실현하는 것이었다.

어떻게 드러커는 이러한 삶을 살게 되었을까? 또한 그러한 삶에서 비범한 업적을 성취할 수 있었을까? 필자는 드러커가 내면에 간직하고 평생을 실천한 삶의 태도와 가치가 그의 인생을 만든 에너지였다고 추측한다. 즉, 드러커는 한 인간으로서 할 수 있는 최선을 다하는 삶을 지향했고 이로써 충만한 삶의 모범을 보여준 사람이다.

먼저, 드러커의 업적을 간단하게 살펴보자.

- 경영·경제·정치·사회, 예술, 소설을 포함해서 39권의 저서를 출간했다. 최초의 저서는 30세가 되던 해에 출간되었으며, 90세가 넘어서까지 글쓰기를 멈추지 않았다.
- 50년이 넘도록 교수, 컨설턴트, 저술가로서 그가 인생의 목표로 지향한 '정상적으로 기능하는 사회'를 만들기 위한 지식을 개발하고 전달했다. 매우 오랜 기간 경력을 유지했다는 것은 지적 호기심과 함께 평생학습을 삶의 방식으로 실천했다는 사실을 말해준다.
- 경영사상가로서 드러커는 경영의 개념, 기업의 목적과 목표, 경영자의 역할과 과업, 조직운영의 원칙, 목표관리, 기업가정신과 혁신, 비영리조직의 경영 등 경영학이 담을 수 있는 거의 모든 주제에 대해 이론적 기초를 세웠다.
- 1939년 독일과 러시아의 1939년 독일과 러시아의 불가침조약(몰로토프-리벤트로프조약) 체결, 민영화, 지식사회로의 전환과 지식근로자의 등장, 연금자본주의 등 미래의 변화에 대한 통찰과 함께 기업과 사회에 제기되는 과제를 제시했다.
- 기업, 정부, 비영리조직 등 수많은 조직을 위한 컨설팅, 자문, 봉사를 평생 실천했다. GE, P&G와 같은 기업들, 미국 정부, 구세군, 미국 걸스카우트, 일본 기업 등 드러커로부터 지혜를 빌린 기관은 매우 많고 다양했다.

이러한 업적은 한 사람이 달성한 유산으로는 매우 비범한 것이다. 아울러 짧게 빛나는 천재의 삶이 아니라(화려하고 멋있기는 하지만) 90세가 넘어서도 활동을 계속하면서 오랜 기간 자신의 지혜를 나눠준 삶이란 매우 특별하다. 드러커는 자신이 진정으로 기여할 수 있는 가치를 위해 평생을 노력하고 살았다. 자기 경영에 최선을 다해 살았던 지식근로자가 바로 드러커다.

그의 삶은 자신이 잘하는 일에 헌신하는 인간, 지식을 활용해 가치 있는 기여를 하는 지식근로자, 자기를 갱신하면서 자신의 세계를 넓힌 충만한 삶을 대변한다.

드러커가 본 것, 생각한 것, 살아온 것으로 나눠 그의 삶을 살펴보자.

드러커가 본 것

드러커는 탁월한 관찰자다. 그는 사회 속에서 일어나고 있는 어떤 사건이나 현상을 관찰하고 그것이 사회에 주는 의미와 미래에 미칠 영향을 이해하고 이를 전달했다. 드러커는 자신을 사회생태학자로 생각한다면서 이러한 자기 인식을 설명했다. 드러커가 저술한 유일한 자서전 『방관자의 모험(The Adventures of Bystander)』(1994)• 서문에서 드러커는 자신을 구경꾼이라고 생각한다면서 다음과 같이 말했다.

> 극 중의 구경꾼들은 자신에 관한 이야기가 없기 마련이다. 그들은 무대에 오르지만 중요한 역할을 하지 않는다. 그렇다고 관객도 아니다. 연극의 성공은 물론 무대에서는 배우의 성공도 관객에 달려 있다. 반면에 구경꾼의 행동은 자신 외에는 아무런 영향을 주지 못한다. 그러나 구경꾼은 옆에 서 있으면서 배우나 관객이 알아차리지 못하는 것들을 본다. 무엇보다도 그는 배우 또는 관객이 보는 방식과 다르게 본다. 구경꾼은 빛을 반사한다. 그 반사는 직접 비추는 거울이라기보다 프리즘이다. 프리즘은 빛을 굴절시킨다(드러커, 1994).

드러커는 정상적으로 기능하는 사회에 대한 꿈을 평생에 걸쳐 간직했다. 그는 20세기 초에 태어나 전체주의가 불러온 엄청난 비극을 온몸으로 겪은 사람으로서, 정상적인 사회는 몽상이 아니라 반드시 성취해야 하는 가치였다. 드러커는 바람직한 인간의 삶은 무엇이며 어떻게 가능한지를 평생을 걸쳐 탐구한 따뜻한 사람으로서 사회와 인간을 함께 이해하려고 했다.

• 한국에서는 『피터 드러커 자서전』(한국경제신문, 2005)으로 번역되었다.

- 정상적으로 기능하는 사회는 사람들에게 사회적 지위와 보람을 줄 수 있는 사회다. 사람의 역량과 역할에 맞게 일할 기회와 이를 통해 사회에 기여할 기회를 주는 사회다.
- 현대사회는 조직 사회다. 사람들의 삶은 조직에서 이루어지며 조직이 제공하는 다양한 것들로 영위된다. 기업, 정부, 학교, 비영리기관 등 다양한 조직으로 이루어진 사회에서 조직은 사회를 위해 가치 있는 것을 제공해야 한다.
- 조직이 제 몫을 하도록 만드는 것이 경영이다. 경영은 조직의 핵심 기관이다. 조직이 목표를 달성하도록 하고 조직이 사회를 위해 공헌하도록 하는 핵심 장치다. 현대문명과 사회가 발전해 온 것은 바로 경영이 이룩한 공헌이다.
- 경영은 누가 실행하는가? 바로 경영자다. 조직 사회에서 경영자는 필수 요소다. 경영자가 조직을 필요로 하는 것이 아니라 조직이 경영자를 필요로 한다.
- 조직의 목표 달성을 위한 경영자의 올바른 행동이 경영이다. 조직이 다르더라도 경영의 목적은 같다. 경영은 보편적인 원리와 체계적인 실천 원칙을 가지고 있다.
- 20세기 중반 이후 현대는 지식사회로 전환했으며, 그 중추 세력은 지식근로자다. 이들이 중심인 사회는 자율과 책임에 가치를 둔다. 지식근로자의 목표 달성 능력은 사회의 성과를 좌우한다.
- 사회는 비영리기관의 역할과 공헌을 필요로 한다. 이들은 사람을 변화시키는 것을 목적으로 하기 때문이다. 더 많은 비영리기관이 중대한 사회적 과제를 담당할 것이며 비영리기관은 자신의 사명을 달성하기 위한 효과적인 경영을 필요로 한다. 이것이 『다섯 가지 원칙』을 저술한 동기였다.

드러커는 사회와 경영, 조직과 경영, 경영과 경영자를 하나의 맥락에서 이해하고 체계적인 경영의 원칙을 세우려고 노력했다. 경영을 통해 조직의 목적을 달성하도록 돕는 것이 인간에게 바람직한 사회를 만들어가는 중요한 과제라고 이해했기 때문이다.

드러커가 생각한 것

드러커는 르네상스 정신을 가진 현대의 마지막 사상가다. 드러커가 살아온(살아야만 했던) 시대의 과제와 정신은 그의 생각을 키운 자양분이었고 이를 통찰력으로 승화시킨 것은 그의 휴머니즘이었다.

드러커의 삶은 1909년 오스트리아에서 시작되었다. 이때 오스트리아는 합스부르크 제국의 영광을 과거에 묻고 유럽의 소국으로 전락하고 있었으며 유럽은 국가 간 갈등과 민족 간 분쟁으로 매우 혼란스러웠다. 드러커는 유년기와 청년기를 두 차례의 세계대전과 함께 보냈다. 어둠의 시대라 할 만하다. 그러나 또한 이 시기는 드러커가 정신적 기초와 삶의 태도를 형성했던 중요한 시기였다.

당시 드러커의 집에서는 빈 이브닝(매주 세 차례 저녁마다 빈에 있던 드러커의 집에서 열린 모임. 경제학자, 고급관료, 법률가, 심리학자, 의사, 때로는 음악가가 초대되어 정치와 경제, 사회, 심리, 예술에 관한 주제를 토론함)이 열렸다. 소년 드러커는 이 모임에 참여할 수 있었고 뛰어난 지성인들로부터 다양한 지식을 배우고 학제를 뛰어넘는 호기심을 키우고 교양을 배양했다. 또한 이 시기는 자본주의든 공산주의든 유토피아를 약속하는 절대주의가 망상이라는 것을 깨닫는 시기였다. 자본주의는 끊임없는 성장을 통한 평등을 약속했지만 공황과 실업은 사람들을 좌절시켰고 계급 없는 사회라는 사회주의의 이념은 허구였음이 증명되었다. 히틀러는 이러한 좌절과 분노를 재료로 모든 인간성을 말살하는 전체주의를 통해 전 세계를 지배하려는 전쟁을 일으켰고 이로 인해 유럽은 현재까지도 유래가 없는 큰 희생을 치러야만 했다.

이러한 현실을 겪으면서 많은 지식인들은 좌절을 택했다. 그러나 드러커는 인간의 존엄과 가치가 존중받는 정상적인 사회에 대한 그만의 휴머니즘을 키웠다. 드러커는 완벽한 사회가 아니라 최소한의 인간성이 발현되는 사회에 대한 신념을 평생 간직했고 사회, 조직, 경영을 연구했다. 드러커에게 휴머니즘과 사회, 조직, 경영은 하나의 전체다.

• 정상적인 사회란 어떤 사회인가?

인간의 존엄성을 인정하고 발휘하도록 하는 사회, 인간이 누려야 마땅한 자부심과 품위를 가지고 살아가는 사회가 정상적인 사회이고 기능하는 사회이다. 드러커는 절대주의가 약속하는 유토피아의 망상을 경계했고 인간이 올바른 인식과 협력을 통해 더 좋은 사회를 만들 수 있다는 희망을 잃지 않았다.

• 조직은 정상적인 사회의 바탕이다

조직은 정상적으로 기능하는 사회를 형성하는 핵심 기관이다. 조직은 사회를 위해 가치 있는 것을 제공해야 하며 그 안에서 일하는 사람에게 적절한 지위, 역할, 의미 있는 경험을 제공해야 한다. 이를 통해 인간은 자신이 가치 있는 존재라는 경험을 하게 되고, 조직 속에서 자신의 몫을 기여한다.

• 경영은 사람에 관한 것이다

경영은 조직의 기관organ이다. 인간의 몸속 기관이 제대로 기능하지 않으면 인간의 생명이 유지되지 않는 것처럼 경영이 제대로 되지 않으면 조직은 목표를 달성할 수 없다. 또한 경영은 사람에 관한 것이다. 경영은 사람들의 협력을 통해 목표를 달성하는 것이다. 사람들의 강점을 바탕으로 의미 있는 공헌을 하게 함으로써 전체의 목표를 달성하는 것이다. 경영은 경제적 효율성을 극대화하는 기술이나 방법론이 아니다.

• 경영자는 책임지는 사람이다

경영자란 누구인가? 경영자는 지위와 특권이 아니라 책임을 지는 사람이다.

조직의 목표 달성을 위한 일을 하는 것이 그의 불변의 책임이다. 경영자는 경영에 대한 전적인 책임을 받아들이고 이를 효과적으로 실천하는 사람이다. 경영이란 복잡한 현실을 다루고 현재와 미래에 관여하고 자원과 사람을 활용하는 것으로서 비전과 목표에 대한 경영자의 치열한 성찰과 체계적인 실천을 필요로 한다. 따라서 경영자는 자신이 하고 싶은 일이 아니라 조직이 요구하는 일을 하는 사람이다.

- **모든 조직에게는 사회적책임이 있다**

실패한 사회 속에서 성공하는 조직은 없고 효과적인 경영도 불가능하다. 조직은 자신의 목적과 함께 긍정적인 사회적 영향이라는 책임을 실천해야 한다.

- **기업의 목적**

기업의 유일한 목적은 고객 창조이다. 고객은 조직을 존속시키는 유일한 토대이다. 따라서 기업의 기본 기능은 마케팅과 혁신에 있다.

드러커가 살아온 것

드러커가 이룬 객관적인 업적과 성취만으로도 그는 위대한 인물이다. 그렇지만 드러커의 삶 자체야말로 그가 누구인가를 말해주고 사람들을 진심으로 감화시킨다. 많은 리더들이 공헌하는 행동과 책임지는 삶을 촉구하는 그의 신념에 깊은 감명을 받았다고 고백했다. 그는 자신을 본보기로 해서 충만한 삶을 드러내는 구체성과 넓이를 보여줬기 때문이다.

내가 젊은 경영자였을 때는 소위 경영의 대가들과 컨설턴트에게 매우 회의적이었다. 그러나 드러커를 만나자마자 나의 의심은 사라졌다. 드러커가 했던 말은 진정으로 나의 가슴에 들렸다.

– 앤디 그로브Andy Grove
Intel 전 CEO

피터 드러커는 나에게 경영뿐만 아니라 삶도 가르쳐주었다. 그 자신을 본보기로 해서 드러커는 자신이 하는 일을 사랑하는 것과 열정을 다른 사람들에게 전달하는 것이 중요함을 보여주었다. 피터 드러커는 단지 그가 저술한 책을 통해서만이 아니라 그가 누구인지를 보여줌으로써 가르침을 전한 사람이었다.

– 마셜 골드스미스Marshall Goldsmith
경영자 코치, 리더십 전문가

피터 드러커의 품성에서 한 가지 핵심적인 특성을 꼽자면 그것은 바로 사람들을 해방시키는 능력이다.

– 엘리자베스 하스 에더샤임
뉴욕컨설팅파트너스 대표

• 자신의 가치를 찾는 선택

드러커가 태어나고 자란 시대에 오스트리아 상류층의 자녀들이 선택하는 길은 주로 정부 관료, 법률가, 의사였다. 드러커에게는 이러한 경로를 선택할 기회가 있었다. 그런데 드러커는 고등학교를 졸업하고 자신의 선택으로 함부르크에 있는 섬유 회사의 수습사원으로 사회에 첫발을 내디뎠다. 그 후 기자, 증권 분석가, 통신원을 거쳐 교수와 저술가, 컨설턴트로 일했다. 그의 말에 따르면 모든 일이 자신이 가장 잘할 수 있는 것을 선택한 결과였으며 경제발전을 통한 인간의 행복과 조직을 조직답게 하는 경영에 대한 신념이 선택의 바탕에 있었다.

모든 인간에게는 저마다의 삶의 조건이 주어진다. 원하든 원하지 않든 이러한 조건은 인간의 선택을 제한한다. 그런데, 탁월한 인물들에게는 조건이 구속하는 수동적인 경로가 아니라 자신의 목적과 가치에 따르는 선택을 한다는 공통점이 있다. 10대 소년이 선택한 경로는 누가 보더라도 미래가 보장되지 않는 위험한 선택이었다. 그러나 보다 넓은 세계를 탐험하고, 자신의 가치를 탐색하기를 원했던 드러커는 위험한 선택을 했고, 이후에 이어지는 다양한 직업 속에서 평생의 소망인 정상적인 사회와 목표를 달성하는 경영에 대한 의미를 발견하고, 스스로 자신의 길을 개척했다.

• 새로운 학문에 뛰어든 학자

20세기 전반을 살았던 지식인들이 선택한 학문의 여정과 드러커를 비교해 보면 드러커가 밟은 여정은 독특하다. 드러커는 오랜 권위를 가진 법학이나 경제학, 정치학을 연구하지 않았다. 그는 경영을 연구했고 이를 통해 경영학이라는 학문의 기초를 세웠다. 동료들과 후배들은 드러커를 '경영학의 아버지'라고 칭송했고 미국의 조지 W. 부시 전 대통령은 2002년에 드러커에게 일반 시민에게 수여하는 최고의 영예인 '미국 대통령자유메달'상을 수여하면서 드러커를 “현대 경영학의 개척자”라고 언급했다.

그런데 드러커가 탐구한 것은 20세기와 21세기를 사는 사람들이 분명히 생각해야 했던 것들이다. 조직으로 구성된 사회의 문제, 조직을 운영하는 경영의 문제, 조직이 사회에 미치는 영향에 대한 문제는 철학, 법학, 경제학, 사회학 등의 기존 학문 체계로는 풀기 어려운 것이었다. 실제로 기존 학문의 대가들에게는 이 주제는 관심 밖이었다. 비트겐슈타인, 프로이트, 슘페터, 칼 멩거 등 당시 세계 지성사를 빛내던 오스트리아의 천재들도 기존 학문의 경계를 넓혔지만, 드러커는 유럽 정신사의 풍부한 자양분을 바탕으로 삼으면서도, 스스로 새로운 영토를 만들었다.

• 멈추지 않는 지적 호기심과 평생에 걸친 탐구

드러커는 평생 39권의 저서를 저술했다. 이 중 3분의 2는 65세를 넘었을 때 출간한 것이다. 그리고 90세까지 강의를 했다. 자신의 선택에 대한 책임, 평생학습, 완벽함에 대한 열정이 바탕에 있다. 첫 책은 정치를 분석한 것이었고 [『경제인의 종말(The End of Economic Man)』(1939)] 뒤이어 사회 경제[『산업인의 미래(The Future of Industrial Man)』(1942)]로 확장되고 이윽고 경영으로 이어진다. 예술을 다룬 한 권의 책과 두 권의 소설도 있다. 정치, 사회, 경제, 문화는 그에게는 하나의 세계였다.

한 가지 주제를 연구하기도 쉽지 않은데, 다양한 주제를 탐구하고 이를 책으로 정리하고 많은 사람들에게 전달하는 교류를 지속했다는 것은 천재성이라는 말로 설명하기는 어렵다. 지적 호기심이라는 우물이 평생 마르지 않았다는 사실, 생각을 글로 정리하고 말로 전달하기 위한 지적·육체적 에너지를 유지하기 위한 최선의 노력이 숨어 있다. 드러커는 자신이 지향하는 가치와 이를 실천하는 일에 전적으로 헌신했다.

- **다른 사람에게 관심을 가진 사람**

드러커는 오랜 기간 교수로 일했지만 일반인이 생각하는 교수의 상과는 전혀 다른 인물이다. 심지어 그는 하버드대학교의 교수직 초빙을 컨설팅에 대한 기회를 주지 않는다는 이유로 고민 없이 거절했으니까. 드러커는 현실에 관심이 있었고 실질적인 결과를 중시한 사람이다. 그리고 그 바탕에는 사람들에게 흥미를 가진 그가 있다.

드러커는 기업, 정부 기관, 대학, 교회, 의료기관 등 다양한 조직의 리더들에게 경영, 리더십, 책임지는 삶에 대한 지혜를 나눠주는 데 아낌없이 시간을 쓴 사람이다. 조직은 고객과 사회에 대한 책임이 있다는 것, 경영은 특권이 아니라 책임이라는 것, 경영자는 조직에 대한 비전을 가져야 한다는 것, 인생에서 자신을 갱신하는 삶의 가치를 알려줬다. 그로부터 경영에 대한 비전과 영감을 얻고 경영자의 삶에 대한 의미를 깨달은 리더는 수없이 많다. 드러커는 조직에서 관리자나 경영자로 일하지는 않았지만(드러커는 대학에서 교수가 아닌 보직을 맡은 적이 있는데 매우 힘들었고 자신은 교수가 아닌 다른 직위에는 형편없다는 것을 알았다고 고백하기도 했다), 많은 사람들에게 영향을 미쳤다. 그가 발휘한 영향력은 직위나 권위가 아니라 공감과 감화에서 나오기 때문에 오랜 생명력을 가지고 있다.

드러커는 말년에 미국 ≪비즈니스 위크≫, 존 번John. A.Byrne과의 인터뷰에서 자신이 남긴 정신적 유산에 대한 질문에 다음과 같이 말하기도 했다.

> 나는 자기고찰적인 편이 아니다. …… 내가 하고 싶은 말은 몇몇 사람이 올바른 일을 효과적으로 할 수 있도록 도와주었다는 것이다(*Businessweek*, 2002).

드러커의 자기 경영 정신

드러커는 관찰하고, 생각하고, 가르치고, 저술하고, 조언하는 삶을 통해 전 세계에 그의 사상을 전했다. 그의 사상을 압축하면 개인으로서 항상 성장하기 위해 노력하고 비전을 위해 살라는 것과 조직의 경영자로서 조직의 목표 달성에 대한 책임을 완수하라는 것이다. 바로 이것이 자기 경영에 대한 책임이다. 자기 경영은 자신의 가치대로 살고 자신의 재능을 통해 기여하고 자신에 대한 책임을 실천하는 삶을 의미하기 때문이다.

자기 경영은 경영자에게는 필수적인 덕목이다. 경영은 경영자를 통해서 이루어지기 때문이다. 경영자의 비전, 윤리적 가치, 목표 달성 능력은 경영의 성과, 조직의 성과를 좌우한다. 경영자의 결정과 행동으로 인해 조직은 만들어지고, 성장하고, 없어진다. 경영자는 자신이 누구인지, 무엇을 추구하는지, 무엇을 하는지를 인식하고 결과에 대한 책임을 져야 한다. 곧 자기를 경영할 수 있어야 한다.

드러커는 자신이 더 이상은 다른 사람들을 관리하는 법을 가르치지 않으며, 자신을 경영하는 법을 가르치고 있다고 1998년에 있던 어느 인터뷰에서 말했다.

또한 자기 경영은 조직의 경영자에만 해당되는 것이 아니다. 자신의 성과에 책임을 지는 모든 사람, 즉 지식근로자에게도 자기 경영의 책임이 있다. 드러커는 "지식근로자들은 각자가 모두 CEO"라는 말로 지식근로자의 경영자적 인식과 경영자적 책임을 강조했다. 지식근로자는 자기가 맡은 영역에서는 스스로 성과를 달성하고 이를 통해 기여할 책임이 있다는 뜻이다.

자기 경영은 바로 이 책임에서 출발한다. 드러커는 자신이 무엇에 공헌해야 하는지를 자기 자신에게 물어보라고 말했다. 자신의 가치를 인식하고 사회나 조직이 자신에게 요구하는 책임을 출발점으로 할 때 자기 경영이 시작된다.

책임이란 원래 무거운 것이다. 그러나 이 무거움은 부담이 아니다. 책임은 스스로 결정하고 자유롭게 행동하는 자유인만이 이행할 수 있는 것이기 때문이다. 따라서 책임은 자존감을 통해 새로운 차원으로 사람을 고양시킨다. 자신이 할 수 있는 공헌에 대해 온전하게 책임을 지려는 사람은 자기 일의 목적과 비전을 갖게 되고 이를 통해 자신의 한계를 극복하려고 노력하면서 해방의 경험을 하게 된다. 세계적인 조직을 이끌었던 리더들이 "드러커는 자신을 해방시켰다"라고 고백했다는 것을 생각해 보라.

드러커는 리더에게 먼저 자기를 경영하라고 말한다. 자기를 경영하지 못하면 결코 조직에 대한 책임을 맡아서는 안 된다고도 말했다. 그리고 스스로를 경영하는 책임을 받아들이는 것, 자기 경영을 위한 원칙과 태도를 갖는 것, 우선순위에 따라 필요한 일에 집중하는 용기를 가질 것을 조언했다.

만인의 현자, 한 사람을 위한 현자

이처럼 드러커는 그 누구하고도 비교하기 힘든 삶을 살았고 뚜렷한 업적을 남겼다. 그러나 드러커가 후손들에게 남긴 가장 중요한 유산은 그가 사람들에게 미친 영향이다. 마음과 마음, 정신과 정신으로 이어지는 영향 말이다. 그것은 '스스로를 경영하고 책임지는 사람으로 살아가는 충만한 삶'이다.

죽음을 몇 년 남기지 않은 시점에 "당신이 가장 크게 기여한 것은 무엇인가?"라는 존 번 기자의 질문을 받고 드러커는 다음과 같이 말했다.

> 거의 60여 년 전에 일찍부터 경영은 조직들이 모인 사회에서 조직의 기본적인 기관이고 기능이 되었다는 사실을 깨달은 것과 경영이란 사업관리가 아니라 현대사회의 모든 조직을 위한 통치 기관이라는 점을 인식했다는 것, 그리고 경영학을 자체의 내

용을 가진 학문으로서 연구할 수 있는 체계를 세웠다는 것, 경영학을 사람과 권한, 가치, 구조와 구성 요소 특히 책임에 초점을 둔 것, 그럼으로써 경영학을 진정한 인문학으로 바라볼 수 있게 된 것이다(*Businessweek*, 2002).

또한 드러커는 "어떤 사람으로 기억되고 싶은가"라는 기자의 질문에 이렇게 대답했다.

다른 사람의 목표 달성을 도와준 사람

독자들은 드러커가 살아온 삶의 여정이 지향했던 의미를 분명하게 느낄 수 있을 것이다. 96세 생일을 8일 남겨놓은 2005년 11월 11일, 드러커는 생을 마감했다. 드러커는 현재 이 세계에 없지만 인간을 존중하는 정상적인 사회에 대한 그의 비전과 목표를 달성하는 경영에 대한 그의 신념은 많은 경영자들과 리더들의 삶 속에서 다시 계승되고 있다. 아마도 이러한 삶이 탄생과 죽음이라는 인간의 한계를 넘어서는 불멸성이 아닐까라는 생각을 하게 한다. 어떠한 불멸성일까?

드러커는 단 한 사람을 위한 멘토로서 책임을 다하고 공헌하기를 열망하는 모든 사람들을 위한 스승으로서 우리에게 남아 있다.

드러커 연표

1909.11.19	오스트리아 빈 출생
1927(18세)	함부르크, 무역회사 견습생 생활, 함부르크대학교 법학부 수학
1928(19세)	프랑크푸르트대학교 법학부(법학박사)
1929(20세)	프랑크푸르트 ≪게네랄 안차이거(General Anzeiger)≫ 기자
1933(24세)	런던, 보험회사와 은행에서 근무
1937(28세)	도리스 드러커와 결혼, 미국으로 이주
1939(30세)	뉴욕, 새라로런스대학 강사, 최초의 저서 『경제인의 종말』 출간
1943(34세)	제너럴모터스 컨설팅을 하며, 『기업의 개념』 출간
1950~1971 (41세~62세)	뉴욕대학 경영학부 교수. 『경영의 실제』 등 본격적인 경영 연구 및 저술
1954(45세)	한국 방문, 한국 교육 부흥 계획
1971~2004 (62세~94세)	클레어몬트대학원 대학교 석좌교수
1990(81세)	드러커 비영리재단 설립, 명예 이사장
2002년(92세)	미국 대통령자유메달 수상
2005년	95세로 사망

참고문헌

/

찾아보기

참고문헌

단행본

가드너, 하워드(Howard Gardner). 2006.『통찰과 포용』. 송기동 옮김. 북스넛.

김형태. 2016.『예술과 경제를 움직이는 다섯 가지 힘』. 문학동네. 207~211쪽.

드러커, 피터(Peter F. Drucker). 2004.『미래사회를 이끌어가는 기업가정신』. 이재규 옮김. 한국경제신문. Ch.1

________. 2005.『피터 드러커 자서전』. 이동현 옮김. 한국경제신문. 424~425쪽.

________. 2006.『경영의 실제』. 이재규 옮김. 한국경제신문. 128쪽.

________. 2008.『피터 드러커, 창조하는 경영자』. 이재규 옮김. 청림출판. 170쪽.

________. 2010.『피터 드러커의 다섯 가지 경영원칙』. 이한 옮김. 아시아코치센터. 29쪽.

________. 2011.『피터 드러커 강의』. 이재규 옮김. 랜덤하우스코리아. 336쪽.

________. 2011.『피터 드러커의 다섯 가지 경영원칙 자가평가 워크북』. 윤영애 옮김. 아시아코치센터.

드러커, 피터(Peter F. Drucker)·프랜시스 헤셀바인 (Frances Hesselbein)·조안 스나이더 컬(Joan Snyder Kuhl). 2017.『피터 드러커의 최고의 질문』. 유정식 옮김. 다산북스. 49~50쪽

린드비스트, 매그너스(Magnus Lindkvist). 2010.『우리가 아는 모든 것은 틀렸다』. 차미례 옮김. 리베르. 129~131쪽.

마그레타, 조안(Joan Magretta). 2004.『경영이란 무엇인가』. 권영설·김홍열 옮김. 김영사. 228~229쪽.

마시아리엘로, 조지프 A.(Joseph A. Maciariello)·카렌 E. 링크레터(Karen E. Linkletter). 2013.『CEO가 잃어버린 단어』. 비즈니스맵. 446~447쪽.

마틴, 로저(Roger Martin). 2018.『디자인 씽킹 바이블』. 현호영 옮김. 유엑스리뷰. 318~319쪽.

베리, 레오나드(Leonard L. Berry). 2010.「소매업을 떠받치는 5개의 기둥」.『CRM 전략』. 전행선 옮김. 21세기북스. 82~85쪽.

사이먼스, 로버트(Robert Simons). 2015.『전략을 보는 생각』. 김은경 옮김. 전략시티.

사카모토 다카시(坂本孝). 2016.『오레노 식당』. 이용택 옮김. 북앳북스.

샌더스, 벳시(Betsy Sanders). 2004.『신화가 된 전설적인 서비스』. 양영철 옮김. 미래지식.

스마트, 제프(Geoff Smart)·랜디 스트리트(Randy Street)·앨런 포스터(Alan Foster). 2016.『사장의 질문』. 이주만 옮김. 부키. 37쪽

시소디어, 라젠드라(Rajendra Sisodia)·잭디시 세스(Jagdish Sheth)·데이비드 울프(David Wolff). 2008.『위대한 기업을 넘어 사랑받는 기업으로』. 권영설·최리아 옮김. 럭스미디어. 159~160쪽.

애들러, 모티머 J.(Mortimer J. Adler). 2007.『개념어 해석』. 최홍주 옮김. 모티브북. 82쪽.

에더샤임, 엘리자베스 하스(Elizabeth Haas Edersheim). 2007.『피터 드러커, 마지막 통찰』. 이재규 옮김. 명진출판사 .57~58쪽

오스터왈더, 알렉산더(Alexander Osterwalder)·예스 피그누어(Yves Pigneur)· 2011.『비즈니스 모델의 탄생』. 유효상 옮김. 타임비즈.

오스터왈더, 알렉산더(Alexander Osterwalder)·예스 피그누어(Yves Pigneur)·그렉 버나다(Greg Bernarda)·앨런 스미스(Alan Smith). 2018.『밸류 프로포지션 디자인』. 조자현 옮김. 생각정리연구소.

유필화. 2016.「이 리더를 주목하라_교보생명 신창재 회장」.『무엇을 버릴 것인가』. 비즈니스북스.

225~255쪽.
윤태성. 2016.『고객은 독이다』. 한국경제신문. 35쪽.
이재규. 2005.『피터 드러커 경영키워드 365』. 사과나무. 250쪽.
이재규. 2008.『역사에서 경영을 만나다: 통섭, 경영의 역사』. 사과나무. 96쪽.
장정빈. 2009.「서비스는 주인정신이다」.『Remarkable Service 리마커블 서비스』. 올림. 58~59쪽.
전성철·조미나·정진호·양백. 2013.『가치관 경영』. 쌤앤파커스. 65~66쪽.
코션, 대니얼(Daniel Korschun)·그랜트 웰커(Grant Welker). 2016.『마켓바스켓 이야기』. 윤태경 옮김. 가나출판사.
코헨, 윌리엄 A.(William A. Cohen). 2015.『드러커의 마케팅 인사이트』. 이수형 옮김. 중앙경제평론사. 212~213쪽
클락, 에벌린(Evelyn Clark). 2008.『이야기 경영』. 서정아 옮김. 연암사. 189쪽.
한근태. 2014.『피터 드러커 노트』. 21세기북스. 232~233쪽

Drucker, Peter F. 1964. *Managing for Results*, pp.94~98.
Osterwalder, Alexander·Yves Pigneur·Greg Bernarda·Alan Smith. 2014. *Value Proposition Design*. John Wiley & Sons Inc. p.18.

신문

박재현. 2007.8.28. "첫 '인상주의 전시'는 조롱거리였다". ≪주간경향≫.
http://weekly.khan.co.kr/khnm.html?mode=view&code=116&artid=15249&pt=nv
주선영. 2015.5.26. "세계에서 가장 영향력 있는 경영 사상가, 짐 콜린스 인터뷰". ≪조선일보≫. https://www.chosun.com/site/data/html_dir/2015/05/25/2015052501077.html (검색일: 2017.3.5)

매거진·보고서

과학기술정보통신부.「혁신성장동력이 이끄는 4차 산업혁명」. ≪과학기술정보통신부 웹진≫. https://www.msit.go.kr/webzine/posts.do?postIdx=352 (검색일: 2020.1.4)
사이먼스, 로버트(Robert Simons). 2014.3.「핵심 고객을 선정하라」. ≪하버드비즈니스리뷰≫. https://www.hbrkorea.com/article/view/atype/ma/category_id/1_1/article_no/207/page/1 (검색일:2016.11.20)
이선주. 2014.12. "세계 모든 아이들이 교육받을 수 있는 그날까지 학교를 세울 겁니다" ≪topclass≫. http://topclass.chosun.com/board/view.asp?catecode=L&tnu=201412100003 (검색일: 2018.8.25)
황혜정. 2010.「시장이 알아주지 않는 혁신들」. ≪LG Business Insight≫ 1114호. LG경제연구원.

Bain & Company 서베이, 2006. https://bscdesigner.com/balanced-scorecard-fact-sheet.htm (검색일: 2021.3.15)
Gardner, John. 1990.11.10. "Personal Renewal." Delivered to McKinsey & Company, Phoenix, AZ
Girl Scouts-Arizona Cactus-Pine Council, Inc. 2001. *Strategic Planning, Shared Discovery*.
Kaplan, Robert S.·David P. Norton. 1992.1/2.「The Balanced Scorecard—Measures that Drive Performance」. ≪Harvard Business Review≫. https://hbr.org/1992/01/the-balanced-scorecard-measures-that-drive-

performance-2
Sahlman, William A. 1997.7/8. 「How to Write a Great Business Plan」. ≪Harvard Business Review≫. https://hbr.org/1997/07/how-to-write-a-great-business-plan
≪Business 2.0≫. 2001. 인터뷰, "박사님은 어떤 사람으로 기억되고 싶습니까?"라는 질문에 대한 대답.
≪The Economist≫. 2009.6. "Mission statement." https://www.economist.com/news/2009/06/02/mission-statement

웹사이트

blog.navr.com/tobi75 (검색일: 2016.10.1)
http://www.drucker.institute/about-peter-f-drucker/ (검색일: 2016.10.1)
http:tesla.com/ko.kr/blog (검색일: 2016.10.1)
http:tesla.com/ko.kr/blog (검색일: 2017.2.10)
https://about.google (검색일: 2016.10.1)
https://about.google/intl/ALL-us (검색일: 2016.10.1)
https://en.wikipedia.org/wiki/Business_plan (검색일: 2017.1.3)
https://en.wikipedia.org/wiki/Planning_fallacy#Real-world_examples (검색일: 2017.1.3)
https://kickstart.org/about-us/#our-mission (검색일: 2016.10.1)
https://kickstart.org/about-us/#our-mission (검색일: 2016.10.1)
https://ko.wikipedia.org/wiki/딥워터_허라이즌_기름_유출_사고 (검색일: 2017.2.16)
https://namu.wiki/w/테슬라 (검색일: 2017.2.10)
https://pencilsofpromise.org/ (검색일: 2016.10.1)
https://www.drucker.institute/ (검색일: 2016.10.1)
https://www.drucker.institute/about/ (검색일: 2016.11.1)
https://www.jnj.com/credo/ (검색일: 2016.5.10)
https://www.merriam-webster.com/dictionary/mission (검색일: 2016.11.1)
https://www.patagonia.com/home/ (검색일: 2016.10.1)
https://www.starbucks.com/about-us/company-information/mission-statement
https://www.wholefoodsmarket.com (검색일: 2016.10.1)

찾아보기

[주요 용어]

[기타]

[인명]

지은이

문정엽

서울대학교 경영학과를 졸업하고 연세대학교 경영대학원에서 MBA 과정을 마쳤다. 볼보자동차코리아와 모토로라코리아 등 글로벌 기업 한국 법인과 SK C&C, 대웅제약, 고진모터스 등의 한국 기업에서 기획·재무관리 임원과 대표로 활동했고, 비영리법인 대표로도 일했다. 또한 직접 창업한 컨설팅 기업의 대표 컨설턴트로서 전략기획과 혁신프로젝트를 수행했다.

현재 올바른 경영마인드 형성과 전략 수립, 인재 육성을 통해 조직 혁신과 경영자의 성공을 돕는 컨설팅&교육 기업 모멘텀메이커스를 운영하고 있으며, 스타트업 성장을 돕는 멘토로도 활동하고 있다. 30대 중반, 피터 드러커를 통해 경영은 인간 성장과 조직 발전을 통해 미래를 만드는 가치 있는 실천지식이라는 것을 깨닫고 드러커 사상을 연구하고 있으며, 블로그 활동과 저술을 통해 이를 전달하고 있다. 탁월함을 얻는 행동 지식과 목표 달성을 위한 실천적 지혜를 담은 저서 20권 출간을 인생 후반의 목표로 삼고 있다. 이 책은 2016년 출간한 도서 『피터 드러커 경영수업』에 이은 두 번째 결과물이다.

블로그: '탁월함을 찾아서' jakiva. tistory. com

브런치: https://brunch.co.kr/@jakiva

이메일: jakiva@gmail.com

감사의 글

온전하게 소유권을 주장할 수 있는 지식이 있을까요? '경영'이라는 주제에 대해 제가 알고 있는 거의 모든 내용은 앞선 선배들의 가르침이 바탕에 있습니다.

인간의 몸이 세대를 넘어 이어지듯이 정신도 그렇다고 생각합니다. 이 책의 구상에서부터 저술까지 드러커 박사의 사상은 씨앗부터 열매까지를 아우른 원천이었습니다. 저는 메신저로서 내용을 다듬었을 뿐입니다. 인간의 삶을 바꾸고 세상을 향상시키는 실천적 지혜로서 '경영'을 깨닫게 해준 드러커 박사께 감사드립니다.

이 책은 제게는 생애 두 번째 책으로 첫 책 발간 이후 5년이 지나서 발간되는 책입니다. 특히 어려웠던 편집과 교정 과정을 탁월하게 진행해 준 한울엠플러스(주) 편집진에게 각별히 감사의 뜻을 전합니다.

한 사람의 개인으로 삶을 살아가는 생명과 함께, 세상에서 배우고 성장하는 바탕을 주셨던 부모님께 감사드립니다. 지금은 하늘에 계시지만 아직도 따뜻한 부모님의 얼굴과 목소리가 그립습니다. 그리고 글을 쓸 수 있도록 배려해 주고 응원해 주는 가족에게 마음을 전합니다. 지혜롭고 든든한 반려자 경희, 어려운 선택을 감당하고 의료인으로서 자신의 꿈을 펼치고 있는 지은, 늘 새로움을 찾는 디자이너가 되기 위해 수학 중인 소은에게 미안함과 고마움을 전합니다.

2021년 4월

문정엽

스타트업, 드러커를 만나다

위대한 조직, 탁월한 경영을 찾는 가상 멘토링

지은이 **문정엽**
펴낸이 **김종수**
펴낸곳 **한울엠플러스(주)**
편집책임 **최진희**
편집 **정은선**

초판 1쇄 인쇄 2021년 4월 1일
초판 1쇄 발행 2021년 4월 20일

주소 10881 경기도 파주시 광인사길 153 한울시소빌딩 3층
전화 031-955-0655
팩스 031-955-0656
홈페이지 www.hanulmplus.kr
등록번호 제406-2015-000143호

Printed in Korea.
ISBN 978-89-460-8036-2 03320 (양장)
978-89-460-8037-9 03320 (무선)

* 책값은 겉표지에 표시되어 있습니다.

피터 드러커가 가르쳐주는 사람 중심의 경영 7원칙

- 무라세 코스케 지음 | (주)애드리치 마케팅전략연구소 옮김
- 2020년 10월 30일 발행 | 국판 | 200면

'기업은 결국 사람을 위해 존재한다'

피터 드러커의 경영 철학을 일곱 가지 원칙으로 압축하다

"사람은 논리만으로는 행복해지지 않는다. 눈에 보이는 세계와 마음으로 느끼는 세계가 조화를 이루어야 행복해진다. 경영 또한 마찬가지다. 눈에 보이는 성과와 마음에서 느끼는 성과가 조화를 이룰 때, 조직은 건강해지고 기업은 성장해 간다." 이 책의 저자 무라세 코스케가 서문에 쓴 것처럼, 이 책은 피터 드러커의 정신을 경영자와 리더들에게 전달하고자, 즉 사회 구성원 모두의 행복하고 풍요로운 삶의 영위를 위해 기업이 존재함을 널리 알리기 위해 쓰였다.

이 책에서 소개하는 사람 중심의 경영 7 원칙, 그러니까 고객 지향의 원칙, 변혁의 원칙, 성과 집중의 원칙, 학습하는 조직의 원칙, 리더십의 원칙, 사명의 원칙, 사람 중심의 경영원칙은 '기업은 결국 사람을 위해 존재한다'는 사실을 전제로 전개된다. 피터 드러커의 경영론을 전파하는 컨설턴트로서 각종 세미나와 강연회를 오랫동안 진행해 온 저자는 기업 생존의 열쇠인 고객을 위해, 기업 성과의 동력인 조직 구성원을 위해 경영 리더는 어떤 마음가짐으로 기업을 이끌어나가야 할지 일곱 가지 개념을 중심으로 그 방법을 제시한다.

CFO의 전략적 역할

- 한국공인회계사회 기획
- 2020년 5월 8일 발행 | 신국판 | 360면

CFO의 전략적 판단이 기업을 키운다

변화무쌍한 국내·외 경영환경 속에서 CFO의 새로운 역할에 대한 요구는 갈수록 증대되고 있다. 기업의 존재 이유가 이윤 극대화와 주주 만족을 넘어 사회와 국가, 나아가 인류 전체의 가치 증대와 창출 그리고 공동선의 구현에까지 이르게 된다면 그 험난한 여정의 최일선에는 각 기업의 CFO들이 포진하게 될 것이다. 누가 뭐라 해도 CFO는 기업을 대표하는 혁신·창조와 통합의 리더이기 때문이다. 과거 CFO의 역할이 충실한 재산관리자에 머물던 시절, CFO는 회계 업무에만 능통하면 직무를 수행할 수 있었다. 그러나 오늘날의 CFO는 조직 내부와 외부로부터 수많은 요구와 기대를 한 몸에 받고 있다.

『CFO의 전략적 역할』은 전문성과 현장감을 높이기 위해 현재 CFO로 근무 중이거나 기업 재무컨설팅 경험을 보유한 컨설팅사와 회계법인 전문 인력들로 집필진을 구성하여 공인회계사들이 CFO 업무를 할 때 필요한 지식과 노하우를 쉽게 익힐 수 있도록 가이드라인을 제공할 뿐만 아니라 CFO에 관심이 있는 일반 독자들이 CFO가 무슨 일을 하는지 이해하기 쉽게 설명한다.

뷰카(VUCA) 시대, 일 잘하는 리더

- 배선희 지음
- 2020년 4월 6일 발행 | 신국판 | 232면

변화하고, 불확실하고, 복잡하고, 모호한 뷰카의 세상,
기업과 조직과 리더가 갖춰야 할 자질과 자세

선도적인 글로벌 다국적 기업들에서 30년 동안 일하며 뷰카의 개념에 주목하게 된 저자는 다양한 채널을 통해 얻은 지식과 현장의 경험에서 스스로 체득한 교훈과 팁, 그리고 많은 성찰과 고민을 바탕으로 얻어낸, 독자들이 실질적으로 활용할 수 있는 제안들을 이 책에 담아내고 있다. 저자는 4차 산업혁명 시대에 성공할 수 있는 리더의 특성은 전통적인 산업 시대의 리더십과는 다르며 모든 환경을 새로이 구축하게끔 요구하는 뷰카 환경에 맞게 리더십도 새롭게 정립되어야 한다는 점을 주목한다.

이 책은 직원들의 학습과 성장을 촉진하는 구조화된 대화로서의 코칭 리더십, 집단 지성과 창의력을 높이는 퍼실리테이티브 리더십, 조직의 다양성 수용을 통해 긍정적 성과와 문화를 만들어가는 포용적 리더십, 선한 영향력을 행사하는 진성 리더십, 여러 세대가 조화롭게 함께 일하고 특히 최근 부상하는 밀레니얼 세대를 이해하고 지원하는 다세대를 위한 리더십 등을 뷰카 시대에 부응하는 리더십 유형들로 제시한다.

*뷰카(VUCA)란 변동성(Volatility), 불확실성(Uncertainty),
복잡성(Complexity), 모호성(Ambiguity)의 첫 글자들을 조합한 신조어이다.